Tomkowiak/Marzolph · Grimms Märchen International

Band 1: Texte

Grimms Märchen International

Zehn der bekanntesten Grimmschen Märchen und ihre europäischen und außereuropäischen Verwandten

Band 1: Texte

Zusammengestellt und herausgegeben von

Ingrid Tomkowiak und Ulrich Marzolph

Ferdinand Schöningh

Paderborn · München · Wien · Zürich

Die Deutsche Bibliothek – CIP-Einheitsaufnahme

Grimms Märchen international: zehn der bekanntesten Grimmschen Märchen und ihre europäischen und außereuropäischen Verwandten. –
Paderborn; München; Wien; Zürich: Schöningh
NE: Grimm, Jacob [Hrsg.]

Bd. 1. Texte / zsgest. und hrsg. von Ingrid Tomkowiak und Ulrich Marzolph. – 1996
ISBN 3-506-75415-7
NE: Tomkowiak, Ingrid [Hrsg.]

Gedruckt auf umweltfreundlichem, chlorfrei gebleichtem und alterungsbeständigem Papier ♾ ISO 9706

Printed in Germany. Herstellung: Ferdinand Schöningh, Paderborn

ISBN 3-506-75415-7

Inhaltsverzeichnis

Vorwort

Bekannt und unbekannt zugleich sind die Geschichten in diesem Buch. Ob Kinder oder Erwachsene – wer kennt sie nicht, die *Bremer Stadtmusikanten*, *Hänsel und Gretel*, den *Gestiefelten Kater* oder *Aschenputtel*? Meist lesen, hören oder sehen wir diese und andere Märchen heute so, wie sie Jacob und Wilhelm Grimm zu Beginn des 19. Jahrhunderts in ihren *Kinder- und Hausmärchen* erzählt haben, oder in Fassungen, die auf den Texten der Brüder Grimm beruhen. Weniger geläufig ist es dagegen, daß ebensolche Geschichten vor und nach den deutschen *Kinder- und Hausmärchen* auch in vielen anderen Ländern der Erde erzählt und gedruckt wurden. Ganz ähnlich wie bei den Brüdern Grimm oder aber auch ganz anders: mit anderen Heldinnen und Helden, anderen Schwierigkeiten, Lösungen oder Belohnungen. Viele Märchen haben ihren Ausgang in der Literatur benachbarter europäischer oder auch außereuropäischer Länder genommen und sind erst dann in unser Sprachgebiet gekommen. Viele der Geschichten aus anderen Ländern erzählen die uns bekannte Handlung auf ihre ganz eigene Art und spiegeln die dortige Landschaft und Kultur, andere wiederum zeugen davon, daß die Grimmschen Märchen auch in diesen Kulturen gelesen werden und das Erzählen geprägt haben.

Erzählungen sind nicht an bestimmte Kulturen gebunden. Auf Reisen oder bei der Arbeit begegnen sich Menschen und erzählen einander, was sie gehört, gesehen, gelesen oder erlebt haben. Bücher aus allen Ländern wandern von Hand zu Hand, und ihre Geschichten werden gelesen, übersetzt und wiedererzählt. Wer sie weiterträgt, paßt die Geschichten der neuen Umgebung an. Die Einsicht in solche Prozesse kultureller Vermittlung kann ebenso helfen, die eigenen Traditionen besser einzuschätzen, wie auch das Verständnis für fremde Kulturen vertiefen. Diese Art interkultureller Verständigung ist das Ziel unserer Ausgabe *Grimms Märchen International*. Sie besteht aus einem Textband und einem Kommentarband und gibt Lehrern und Schülern, aber durchaus auch allen anderen Interessierten Material an die Hand für den Vergleich von zehn der bekanntesten Grimmschen Märchen mit hierzulande vielfach unbekannten Varianten dieser Geschichten aus anderen Ländern. Die Verschiedenheiten der Erzählungen bieten Einblicke in die uns fremden Kulturen. Die vielen Gemeinsamkeiten in Handlung und Darstellung aber helfen, vorschnelles Urteilen über die dort lebenden oder von dort kommenden Menschen zu verhindern. Vielmehr zeigen sie, daß Geschichten, ohne dabei an Ausdruckskraft zu verlieren, regionale, nationale, sprachliche, kulturelle und religiöse Grenzen überschreiten. Damit und mit dem Blick auf die Textgeschichte der Grimm-Fassungen wird dann auch deutlich, wie sehr sich die jeweils eigene Erzählkultur aus Elementen jeweils anderer Kulturen zusammensetzt. Märchen und andere mündlich wie schriftlich überlieferte Geschichten sind daher nicht – wie so oft behauptet – nationales Erbe und nationaler Besitz eines Volkes, sondern international und multikulturell.

Ausgangspunkt unserer Auswahl sind die *Kinder- und Hausmärchen* der Brüder Jacob und Wilhelm Grimm. Diese enthielten schon in der Erstausgabe 1812/15 nicht nur Zaubermärchen, sondern ebenso Tiermärchen, Schwänke, Schwankmärchen und Lügengeschichten. Entsprechend haben auch wir uns bemüht, die verschiedenen Gattungen zu berücksichtigen, wobei wir in der Mehrzahl auf sehr bekannte Grimm-Texte – alle aus der sogenannten *Kleinen Ausgabe* von 1825 – zurückgreifen. Anlaß für diese Entscheidung war die Überlegung, gerade jene, in heutigen Märchen-Ausgaben meist an den Grimm-Fassungen orientierten Geschichten durch internationales Vergleichsmaterial in ihrer Vielfältigkeit und Wandelbarkeit zu zeigen. Insgesamt haben wir bei den Grimm-Texten darauf geachtet, die verschiedenen zu Lebzeiten der Brüder Grimm erschienenen Ausgaben der *Kinder- und Hausmärchen* zu benutzen. Dies soll dazu anregen, auch einmal die unterschiedlichen Fassungen in den einzelnen von den Brüdern selbst besorgten Ausgaben zu vergleichen. Wie sehr die Grimms ihr Material von ihren Aufzeichnungen 1810 bis zur Erstausgabe (und weiter bis zur siebenten Ausgabe letzter Hand 1857) bearbeitet und zeitgenössischen gesellschaftlichen und pädagogischen Auffassungen angepaßt haben, wird etwa am Beispiel *Hänsel und Gretel* (Nr. 4 unserer Auswahl) sichtbar.

Zu jedem der zehn Erzähltypen steht zuerst eine Fassung der Brüder Grimm. Bis auf eine Ausnahme schließt sich mindestens ein Text an, der älter ist als die Erstveröffentlichung der Grimmschen *Kinder- und Hausmärchen*. Die darauf folgenden Varianten aus anderen Ländern und Kulturen sind so ausgewählt, daß möglichst viele Regionen der Erde und möglichst viele verschiedene Sammlungen zu Wort kommen, denn auch diese haben ja jeweils ihre eigene Entstehungsgeschichte und ihren eigenen Charakter. Europäische Länder sind ebenso vertreten wie außereuropäische. Es handelt sich jedoch immer nur um eine Auswahl, denn bei jedem Erzähltyp gibt es noch zahlreiche weitere internationale Varianten. Der augenfälligste Grund dafür, daß mal mehr, mal weniger Varianten aufgenommen wurden, ist die unterschiedliche Länge der Texte. Das wichtigste Auswahlkriterium aber war stets der Inhalt der Geschichten: Ein überraschender Verlauf der Handlung, ein allgemeinen Erwartungen zuwiderlaufendes Verhalten der Figuren, eine besondere Art des Erzählens, ein ausgeprägtes Lokalkolorit ... – dies alles hatte bei der Auswahl den Vorrang. Und lieber haben wir eine schöne Variante mehr aufgenommen als eine zu wenig.

Der vorliegende Band enthält allein die ausgewählten Erzählungen, deren Herkunft durch ein Register am Ende des Bandes aufgeschlüsselt wird. Der dazugehörige Kommentarband liefert eine Einführung in Aspekte historischer und vergleichender Erzählforschung und kommentiert jeden der zehn ausgewählten Erzähltypen: Hier stehen Erläuterungen zur Geschichte und geographischen Verbreitung des Erzähltyps, zur abgedruckten Fassung der Brüder Grimm sowie zu den ausgewählten Varianten mit ihren mal mehr, mal weniger ausgeprägten regionaltypischen Eigenheiten. Außerdem bieten die Kommentare Hilfestellung für die Interpretation und Hinweise auf weiterführende Literatur. Eine kommentierte Literaturliste zur Erzählforschung schließt den Kommentarband ab.

Doch nun möchten wir die Leserinnen und Leser nicht länger aufhalten und wünschen vergnügliche Lektüre, angenehme, entdeckungsreiche und nachdenkliche Stunden – beim Ausflug in die Welt des Erzählens und das Erzählen der Welt.

Göttingen, im Herbst 1995 *Ingrid Tomkowiak und Ulrich Marzolph*

1. Der gestiefelte Kater

A. Der gestiefelte Kater.

Ein Müller hatte drei Söhne, seine Mühle, einen Esel und einen Kater; die Söhne mußten mahlen, der Esel Getreide holen und Mehl forttragen und die Katz die Mäuse wegfangen. Als der Müller starb, theilten sich die drei Söhne in die Erbschaft, der älteste bekam die Mühle, der zweite den Esel, der dritte den Kater, weiter blieb nichts für ihn übrig. Da war er traurig und sprach zu sich selbst: „Ich hab es doch am allerschlimmsten kriegt, mein ältster Bruder kann mahlen, mein zweiter kann auf seinem Esel reiten, was kann ich mit dem Kater anfangen? Laß ich mir ein paar Pelzhandschuhe aus seinem Fell machen, so ists vorbei." – „Hör, fing der Kater an, der alles verstanden hatte, was er gesagt, du brauchst mich nicht zu tödten, um ein paar schlechte Handschuh aus meinem Pelz zu kriegen, laß mir nur ein paar Stiefel machen, daß ich ausgehen kann und mich unter den Leuten sehen lassen, dann soll dir bald geholfen seyn." Der Müllerssohn verwunderte sich, daß der Kater so sprach, weil aber eben der Schuster vorbeiging, rief er ihn herein und ließ ihm ein paar Stiefel anmessen. Als sie fertig waren, zog sie der Kater an, nahm einen Sack, machte den Boden desselben voll Korn, oben aber eine Schnur daran, womit man ihn zuziehen konnte, dann warf er ihn über den Rücken und ging auf zwei Beinen, wie ein Mensch, zur Thür hinaus.

Dazumal regierte ein König in dem Land, der aß die Rebhühner so gern: es war aber eine Noth, daß keine zu kriegen waren. Der ganze Wald war voll, aber sie waren so scheu, daß kein Jäger sie erreichen konnte. Das wußte der Kater und gedacht seine Sache besser zu machen; als er in den Wald kam, that er den Sack auf, breitete das Korn auseinander, die Schnur aber legte er ins Gras und leitete sie hinter eine Hecke. Da versteckte er sich selber, schlich herum und lauerte. Die Rebhühner kamen bald gelaufen, fanden das Korn und eins nach dem andern hüpfte in den Sack hinein. Als eine gute Anzahl darin war, zog der Kater den Strick zu, lief herzu und drehte ihnen den Hals um; dann warf er den Sack auf den Rücken und ging geradeswegs nach des Königs Schloß. Die Wache rief: „Halt! Wohin." – „Zu dem König," antwortete der Kater kurzweg. – „Bist du toll, ein Kater zum König?" – „Laß ihn nur gehen, sagte ein anderer, der König hat doch oft lange Weil, vielleicht macht ihm der Kater mit seinem Brummen und Spinnen Vergnügen." Als er vor den König kam, machte er einen Reverenz und sagte: „Mein Herr, der Graf, dabei nannte er einen langen und vornehmen Namen, läßt sich dem

Herrn König empfehlen und schickt ihm hier Rebhühner, die er eben in Schlingen gefangen hat." Der König erstaunte über die schönen fetten Rebhühner, wußte sich vor Freude nicht zu lassen, und befahl dem Kater so viel Gold aus der Schatzkammer in den Sack zu thun, als er tragen könne: „Das bring deinem Herrn und dank ihm noch vielmal für sein Geschenk."

Der arme Müllerssohn aber saß zu Haus am Fenster, stützte den Kopf auf die Hand und dachte, daß er nun sein letztes für die Stiefeln des Katers weggegeben, und was werde ihm der großes dafür bringen können. Da trat der Kater herein, warf den Sack vom Rücken, schnürte ihn auf und schüttete das Gold vor den Müller hin: „Da hast du etwas für die Stiefeln, der König läßt dich auch grüßen und dir viel Dank sagen." Der Müller war froh über den Reichthum, ohne das er noch recht begreifen konnte, wie es zugegangen war. Der Kater aber, während er seine Stiefel auszog, erzählte ihm alles, dann sagte er: „Du hast zwar jetzt Geld genug, aber dabei soll es nicht bleiben, morgen zieh ich meine Stiefel wieder an, du sollst noch reicher werden, dem König hab ich auch gesagt, daß du ein Graf bist." Am andern Tag ging der Kater, wie er gesagt hatte, wohl gestiefelt wieder auf die Jagd, und brachte dem König einen reichen Fang. So ging es alle Tage, und der Kater brachte alle Tage Gold heim, und ward so beliebt wie einer bei dem König, daß er aus- und eingehen durfte und im Schloß herumstreichen, wo er wollte. Einmal stand der Kater in der Küche des Königs beim Heerd und wärmte sich, da kam der Kutscher und fluchte: „Ich wünsch' der König mit der Prinzessin wär beim Henker! ich wollt ins Wirthshaus gehen und einmal trinken und Karte spielen, da soll ich sie spazieren fahren an den See." Wie der Kater das hörte, schlich er nach Haus und sagte zu seinem Herrn: „Wenn du willst ein Graf und reich werden, so komm mit mir hinaus an den See und bad dich darin." Der Müller wußte nicht, was er dazu sagen sollte, doch folgte er dem Kater, ging mit ihm, zog sich splitternackend aus und sprang ins Wasser. Der Kater aber nahm seine Kleider, trug sie fort und versteckte sie. Kaum war er damit fertig, da kam der König dahergefahren; der Kater fing sogleich an, erbärmlich zu lamentieren: „Ach! allergnädigster König! mein Herr, der hat sich hier im See gebadet, da ist ein Dieb gekommen und hat ihm die Kleider gestohlen, die am Ufer lagen, nun ist der Herr Graf im Wasser und kann nicht heraus, und wenn er länger darin bleibt wird er sich verkälten und sterben." Wie der König das hörte, ließ er Halt machen und einer von seinen Leuten mußte zurückjagen und von des Königs Kleidern holen. Der Herr Graf zog die prächtigsten Kleider an, und weil ihn ohnehin der König wegen der Rebhühner, die er meinte von ihm empfangen zu haben, gewogen war, so mußte er sich zu ihm in die Kutsche setzen. Die Prinzessin war auch nicht bös darüber, denn der Graf war jung und schön, und er gefiel ihr recht gut.

Der Kater aber war vorausgegangen und zu einer großen Wiese gekommen, wo über hundert Leute waren und Heu machten. „Wem ist die Wiese, ihr Leute?“ fragte der Kater. – „Dem großen Zauberer.“ – „Hört, jetzt wird der König bald vorbeifahren, wenn der fragt, wem die Wiese gehört, so antwortet: dem Grafen; und wenn ihr das nicht thut, so werdet ihr alle todtgeschlagen.“ – Darauf ging der Kater weiter und kam an ein Kornfeld, so groß, daß es niemand übersehen konnte, da standen mehr als zweihundert Leute und schnitten das Korn. „Wem ist das Korn ihr Leute?“ – „Dem Zauberer.“ – „Hört, jetzt wird der König vorbeifahren, wenn er frägt, wem das Korn gehört, so antwortet: dem Grafen; und wenn ihr das nicht thut, so werdet ihr alle todtgeschlagen.“ – Endlich kam der Kater an einen prächtigen Wald, da standen mehr als dreihundert Leute, fällten die großen Eichen und machten Holz. – „Wem ist der Wald, ihr Leute?“ – „Dem Zauberer.“ – „Hört, jetzt wird der König vorbeifahren, wenn er frägt, wem der Wald gehört, so antwortet: dem Grafen; und wenn ihr das nicht thut, so werdet ihr alle umgebracht.“ Der Kater ging noch weiter, die Leute sahen ihm alle nach und weil er so wunderlich aussah, und wie ein Mensch im Stiefeln daherging, fürchteten sie sich vor ihm. Er kam bald an des Zauberers Schloß, trat kecklich hinein und vor ihn hin. Der Zauberer sah ihn verächtlich an, und fragte ihn, was er wolle. Der Kater machte einen Reverenz und sagte: „Ich habe gehört, daß du in jedes Thier nach deinem Gefallen dich verwandeln könntest; was einen Hund, Fuchs oder auch Wolf betrifft, da will ich es wohl glauben, aber von einem Elephant, das scheint mir ganz unmöglich, und deshalb bin ich gekommen um mich selbst zu überzeugen.“ Der Zauberer sagte stolz: „Das ist mir eine Kleinigkeit,“ und war in dem Augenblick in einen Elephant verwandelt. „Das ist viel, aber auch in einen Löwen?“ – „Das ist auch nichts,“ sagte der Zauberer und stand als ein Löwe vor dem Kater. Der Kater stellte sich erschrocken und rief: „Das ist unglaublich und unerhört, dergleichen hätt’ ich mir nicht im Traume in die Gedanken kommen lassen; aber noch mehr, als alles andere, wär es, wenn du dich auch in ein so kleines Thier, wie eine Maus ist, verwandeln könntest, du kannst gewiß mehr als irgend ein Zauberer auf der Welt, aber das wird dir doch zu hoch seyn. Der Zauberer ward ganz freundlich von den süßen Worten und sagte: „O ja, liebes Kätzchen, das kann ich auch“ und sprang als eine Maus im Zimmer herum. Der Kater war hinter ihm her, fing die Maus mit einem Sprung und fraß sie auf.

Der König aber war mit dem Grafen und der Prinzessin weiter spazieren gefahren, und kam zu der großen Wiese. „Wem gehört das Heu?“ fragte der König – „Dem Herrn Grafen“ – riefen alle, wie der Kater ihnen befohlen hatte. – „Ihr habt da ein schön Stück Land, Herr Graf," sagte er. Darnach kamen sie an das große Kornfeld. „Wem gehört das Korn, ihr Leute?" – „Dem Herrn Grafen." – „Ei! Herr Graf! große, schöne Ländereien!" – Darauf zu dem Wald: „Wem gehört das Holz, ihr Leute?" – „Dem Herrn Grafen." – Der König verwunderte sich noch mehr und sagte: „Ihr müßt ein reicher Mann seyn, Herr Graf, ich glaube nicht, daß ich einen so prächtigen Walde habe." Endlich kamen sie an das Schloß, der Kater stand oben an der Treppe, und als der Wagen unten hielt, sprang er herab, machte die Thüre auf und sagte: „Herr König, Ihr gelangt hier in das Schloß meines Herrn, des Grafen, den diese Ehre für sein Lebtag glücklich machen wird." Der König stieg aus und verwunderte sich über das prächtige Gebäude, das fast größer und schöner war, als sein Schloß; der Graf aber führte die Prinzessin die Treppe hinauf in den Saal, der ganz von Gold und Edelsteinen flimmerte.

Da ward die Prinzessin mit dem Grafen versprochen, und als der König starb, ward er König, der gestiefelte Kater aber erster Minister.

Quelle: Kinder- und Haus-Märchen. Gesammelt durch die Brüder Grimm. Berlin 1812, 147–155, Nr. 33.

B. Der Meisterkater oder Der gestiefelte Kater

Ein Müller hinterließ als einziges Vermögen den drei Kindern, die er hatte, nur seine Mühle, seinen Esel und seinen Kater. Die Teilung war bald gemacht; weder Notar noch Prokurator wurden dazu gerufen – die hätten das armselige Erbe nur zu rasch verzehrt gehabt. Der Älteste bekam die Mühle, der Zweite bekam den Esel, und der Jüngste bekam nur den Kater.

Dieser Jüngste war untröstlich, einen so geringen Anteil bekommen zu haben. Er sagte: „Meine Brüder können ihren Lebensunterhalt ehrlich verdienen, indem sie sich zusammentun; ich aber, wenn ich meinen Kater gegessen und mir aus seinem Fell einen Muff gemacht habe, ich muß Hungers sterben."

Der Kater, der diese Rede hörte, es sich aber nicht merken ließ, sagte mit gewichtiger und ernsthafter Miene zu ihm: „Seid nicht traurig, mein Herr; Ihr braucht mir nur einen Sack zu geben und mir ein Paar Stiefel machen zu lassen, mit denen ich durch das Gestrüpp laufen kann, und Ihr sollt sehen, daß Ihr nicht so schlecht gefahren seid, wie Ihr glaubt."

Obwohl der Herr des Katers nicht zu sehr darauf baute, hatte er ihn immerhin so viele geschickte Streiche machen sehen, um Ratten oder

Mäuse zu fangen (indem er sich etwa an den Füßen aufhing oder sich im Mehl versteckte und tot stellte), daß er durchaus nicht ohne Hoffnung war, von ihm Hilfe in seinem Elend zu erfahren.

Als der Kater über das verfügte, was er verlangt hatte, zog er sich keck die Stiefel an, nahm seinen Sack auf den Hals, wobei er die Bänder mit den Vorderpfoten festhielt, und lief schnurstracks zu einem Gehege, in dem eine große Zahl von Kaninchen gehalten wurde. Er tat Kleie und Korndisteln in seinen Sack, legte sich längelang hin, als sei er tot, und wartete, daß irgendein junges und mit den Tücken dieser Welt noch wenig vertrautes Kaninchen in seinen Sack laufen möchte, um zu fressen, was er hineingetan hatte.

Kaum hatte er sich ausgestreckt, da hatte er schon Erfolg: ein junges, unbedachtes Kaninchen lief in seinen Sack, und Meister Kater zog sogleich die Bänder zu, griff es und tötete es ohne Erbarmen.

Ganz stolz auf seine Beute lief er schnurstracks zum König und verlangte ihn zu sprechen. Man ließ ihn in die Gemächer Seiner Majestät kommen, wo er gleich beim Eintreten eine tiefe Verbeugung vor dem König machte und zu ihm sagte: „Hier bringe ich Euch, Sire, ein Gehegekaninchen. Der Herr Marquis von Carabas" (diesen Namen geruhte er seinem Herrn zu geben) „hat mich beauftragt, es Euch in seinem Namen zu überbringen."

„Sage deinem Herrn", gab der König zur Antwort, „daß ich ihm danke und daß er mir damit eine Freude macht."

Ein anderes Mal versteckte er sich in einem Kornfeld und hielt wieder seinen Sack auf, und als zwei Rebhühner hineingelaufen waren, zog er die Bänder zu und griff sie beide. Dann brachte er sie dem König, genau so, wie er es mit dem Gehegekaninchen getan hatte. Der König nahm die zwei Rebhühner wiederum mit Vergnügen und ließ ihm ein Trinkgeld geben.

Durch zwei oder drei Monate fuhr der Kater fort, dem König von Zeit zu Zeit ein Wildbret von der Jagd seines Herrn zu bringen. Eines Tages aber hörte er, daß der König am Ufer des Flusses mit seiner Tochter, der schönsten Prinzessin auf der Welt, spazierenfahren sollte, und er sprach zu seinem Herrn: „Wenn Ihr meinem Rat folgen wollt, so ist Euer Glück gemacht: Ihr braucht nur im Fluß zu baden an der Stelle, die ich Euch zeigen will, und dann laßt mich machen."

Der Marquis von Carabas tat, was ihm sein Kater riet, ohne zu wissen, wozu das gut sein mochte. Während er gerade badete, kam der König vorbei, und der Kater begann aus vollem Halse zu rufen: „Hilfe! Hilfe! Der Herr Marquis von Carabas ist am Ertrinken!"

Auf dieses Geschrei hin steckte der König den Kopf aus der Wagentür, und als er den Kater erkannte, der ihm so oft Wildbret gebracht hatte, befahl er seinen Leibwächtern, man möge rasch dem Herrn Marquis von Carabas zu Hilfe eilen.

Während man den armen Marquis von Carabas aus dem Fluß zog, ging der Kater auf die Karosse zu und erzählte dem König, daß, während sein Herr gebadet habe, Diebe gekommen seien, die seine Kleider mitgenommen hätten, obwohl er aus vollem Halse „Haltet den Dieb" gerufen habe; sein leichtsinniger Herr habe sie unter einem Stein versteckt gehabt.

Der König befahl sogleich den Offizieren seiner Leibgarde, eines seiner schönsten Kleider für den Herrn Marquis von Carabas zu holen, ja, er sagte ihm tausend Freundlichkeiten, und als die schönen Kleider, die man ihm inzwischen gegeben hatte, sein hübsches Gesicht erst zur Geltung brachten (er war nämlich schön und von wohlgeratenem Wuchs), da fand ihn die Tochter des Königs sehr nach ihrem Geschmack, und der Marquis von Carabas hatte ihr kaum zwei oder drei zutiefst ergebene und ein klein wenig zärtliche Blicke zugeworfen, da war sie schon ganz närrisch in ihn verliebt.

Der König bestand darauf, daß er in die Karosse einstieg und an der Spazierfahrt teilnahm. Der Kater sah mit Entzücken, daß sein Plan anfing zu gelingen; er lief voraus, und als er ein paar Bauern traf, die eine Wiese mähten, sagte er zu ihnen: „Ihr guten Leute, die ihr da mäht, wenn ihr nicht zum König sagt, daß die Wiese, welche ihr mäht, dem Herrn Marquis von Carabas gehört, so sollt ihr alle kleingehackt werden wie Pastetenfleisch."

Der König verfehlte nicht, die Mäher zu fragen, wem die Wiese gehöre, die sie da mähten.

„Sie gehört dem Herrn Marquis von Carabas", sagten sie alle zugleich; denn die Drohung des Katers hatte ihnen Angst gemacht.

„Ihr habt da ein schönes Erbteil", sagte der König zum Marquis von Carabas.

„Wie Ihr seht, Sire", erwiderte der Marquis, „das ist eine Wiese, die unfehlbar alle Jahre einen überreichen Ertrag bringt."

Meister Kater, der immer noch vorauslief, traf ein paar Schnitter und sagte zu ihnen: „Ihr guten Leute, die ihr das Korn schneidet, wenn ihr nicht sagt, daß alle diese Felder dem Herrn Marquis von Carabas gehören, so sollt ihr alle kleingehackt werden wie Pastetenfleisch."

Als der König einen Augenblick später vorbeikam, wollte er wissen, wem alle diese Kornfelder gehörten, die er sah. „Sie gehören dem Marquis von Carabas", antworteten die Schnitter. Und der König freute sich auch darüber mit dem Marquis.

Der Kater, der vor der Karosse herlief, sagte immer das gleiche zu allen Leuten, auf die er traf, und der König war ganz erstaunt über die großen Güter des Herrn Marquis von Carabas.

Endlich kam Meister Kater vor ein schönes Schloß, dessen Herr ein böser Zauberer war, der reichste, den man je gesehen hatte; denn alle Ländereien, durch die der König seine Spazierfahrt gemacht hatte, waren diesem Schlosse lehnspflichtig. Der Kater, der sich klüglich erkundigt hatte, wer dieser Zauberer war und was er konnte, verlangte ihn zu sprechen, indem er sagte, er habe nicht so nahe an seinem Schloß vorbeiziehen wollen, ohne die Ehre zu haben, ihm seine Aufwartung zu machen. Der Zauberer empfing ihn so höflich, wie es ein böser Zauberer kann, und ließ ihn Platz nehmen.

„Man hat mir versichert", sagte der Kater, „daß Ihr die Gabe habt, Euch in jede Art von Tier zu verwandeln; daß Ihr Euch also zum Beispiel in einen Löwen oder in einen Elefanten verwandeln könnt."

„Das ist wahr", erwiderte der Zauberer barsch, „und um es Euch zu beweisen, werdet Ihr gleich sehen, wie ich ein Löwe werde."

Der Kater war so erschrocken, einen Löwen vor sich zu sehen, daß er sogleich auf die Dachtraufen floh, wahrlich nicht ohne Mühe und Gefahr wegen seiner Stiefel, die nicht geeignet waren, mit ihnen auf den Dachziegeln zu laufen.

Bald darauf, als der Kater gesehen hatte, daß der Zauberer wieder aus seiner ersten Verwandlung geschlüpft war, kam er herunter und gestand, daß er große Angst gehabt habe.

„Man hat mir sogar versichert", sagte der Kater, „aber ich vermag es nicht zu glauben, daß Ihr auch Fähigkeit hättet, die Gestalt der allerkleinsten Tiere anzunehmen, also zum Beispiel Euch in eine Ratte oder in eine Maus zu verwandeln. Aber ich muß Euch gestehen, daß ich das für ganz unmöglich halte."

„Unmöglich?" versetzte der Zauberer. „Ihr werdet sehen." Und im gleichen Augenblick verwandelte er sich in eine Maus, die auf dem Boden umherzulaufen begann. Kaum hatte der Kater sie gesehen, da sprang er zu und fraß sie auf.

Unterdessen wollte der König, der im Vorbeifahren das schöne Schloß des Zauberers sah, hereinkommen. Als der Kater den Lärm der Karosse hörte, die über die Zugbrücke rollte, lief er entgegen und sagte zum König: „Eure Majestät sei willkommen im Schloß des Herrn Marquis von Carabas!"

„Wie denn, Herr Marquis", rief der König aus, „auch dieses Schloß gehört Euch! Es kann unmöglich etwas Schöneres geben als diesen Hof und alle diese Gebäude, die ihn umstehen; sehen wir uns doch einmal das Innere an, wenn es Euch gefällig ist."

Der Marquis gab der jungen Prinzessin die Hand, und indem sie dem König folgten, der als erster hineinging, betraten sie einen großen Saal, wo sie einen prächtigen Imbiß vorfanden, den der Zauberer für seine

Freunde hatte anrichten lassen, die ihn gerade an diesem Tage besuchen kommen sollten, aber nicht einzutreten gewagt hatten, als sie erfahren hatten, daß der König da sei.

Da der König nun von den Eigenschaften des Herrn Marquis von Carabas entzückt und auch seine Tochter ganz in ihn vernarrt war, und da er die großen Güter sah, die er besaß, sprach er zu ihm, nachdem er fünf oder sechs Becher getrunken hatte: „Es liegt nur bei Euch, Herr Marquis, ob Ihr mein Schwiegersohn sein wollt."

Der Marquis nahm unter tiefen Verbeugungen die Ehre an, die ihm der König erwies, und noch am selben Tage heiratete er die Prinzessin. Der Kater wurde ein großer Herr und stellte den Mäusen fortan nur noch zu seiner Zerstreuung nach.

Moral
Wie groß auch sein mag der Betrag,
den einer glücklich erben mag
an Hab und Gut vom Vater auf den Sohn –
gemeinhin sind für junge Leute
doch Fleiß und klug erjagte Beute
mehr wert als solch ein müheloser Lohn.

Weitere Moral
Wenn hier der Sohn des Müllers so geschwind
das Herz der Königstochter sich gewinnt,
und sie ihm Blicke schenkt, aus denen Liebe spricht –
so sehn wir: Kleidung, Jugend, Mienen,
sie sind, um zarter Mädchen Neigung zu verdienen,
die schlechtesten Gehilfen nicht.

Quelle: Perrault, Charles: Der gestiefelte Kater und die anderen Märchen. München 1983, S. 54–67.

C. Helge-Hal im blauen Berg

Es waren einmal zwei unheimlich alte Leute, die wohnten unter freiem Himmel. Alles, was sie hatten, waren drei Söhne, ein alter Kochtopf, eine alte Pfanne und eine alte Katze. Da starb der Mann und nach einiger Zeit starb auch die Frau. Nun sollte das Erbe geteilt werden. Da nahm der älteste den alten Kochtopf, der zweite die alte Pfanne, und dem Ebe Aschenpeter blieb keine Wahl mehr, er mußte die alte Katze nehmen, er wurde nicht gefragt, ob er wollte oder nicht.

„Bruder Peter darf den Kochtopf auskratzen, wenn er ihn ausgeliehen hat,“ sagte Ebe, „Bruder Paul bekommt eine Brotrinde, wenn er seine Pfanne ausleiht, aber was fange ich mit der elenden Katze an?“ Und er war böse und neidisch. Aber er kraute doch die Katze und streichelte sie, und das behagte der Katze so gut, daß sie zu schnurren anfing und ihren Schwanz in die Höhe streckte.

„Wart, wart, ich will dir schon helfen,“ sagte die Katze, „wart, wart, ich will dir schon helfen!“

In der Hütte war nichts zu beißen und zu brechen. Bruder Peter und Bruder Paul waren jeder nach seiner Seite davongegangen. Nun zog auch Ebe ab, die Katze voraus und er hinterdrein; aber nach einer Weile kehrte er wieder um und ging heim, um zu sehen, ob der Boden auch gekehrt war, und die Katze pfotelte allein weiter. Als sie eine Weile tipp tapp tipp tapp ihres Wegs gelaufen war, kam sie auf einen großen Felsen; da traf sie ein ungeheures Rudel Renntiere. Die Katze schlich sich um das Rudel sachte herum, und in einem Satz sprang sie dem stattlichsten Bock zwischen die Hörner.

„Wenn du nicht gehst, wie ich will, kratz ich dir die Augen aus und jage dich über Fels und Abgrund!“ sagte sie. Da wagte der Bock nichts anderes zu tun, als was die Katze wollte, und es ging über Stock und Stein, von Felsklippe zu Felsklippe, dicht an Ebe vorbei, der gerade die Türschwelle zu Hause putzte, und in einem Satz ins Schloß hinein.

„Ich soll einen schönen Gruß von Ebe sagen, und ob der Herr König vielleicht diesen Renntierbock zum Anspannen haben wolle,“ sagte die Katze. Ja, er könne wohl ein so frisches und stattliches Tier brauchen, wenn er einmal zu Besuch zum Nachbarkönig fahren wolle.

„Das muß aber ein stolzer und mächtiger Herr sein, dieser Ebe,“ sagte der König, „wenn er mir solche Geschenke machen kann.“

„Ja, er ist der größte Herr in deinem Land und Reich,“ sagte die Katze, aber der König mochte fragen, so viel er wollte, mehr bekam er nicht heraus.

„Sag ihm, ich ließe schön danken,“ sagte der König und schickte ihm eine ganze Fuhre schöner Geschenke. Aber Ebe schaute an ihnen vorbei und kümmerte sich nicht darum.

„Bruder Peter darf den Kochtopf auskratzen, wenn er ihn ausgeliehen hat, Bruder Paul bekommt eine Brotrinde, wenn er seine Pfanne ausleiht. Aber was fange ich mit der elenden Katze an!“ sagte er und war böse und neidisch; aber er kraute die Katze doch und streichelte sie, und das behagte ihr so sehr, daß sie zu schnurren anfing und den Schwanz in die Höhe streckte.

„Wart, wart, ich will dir schon helfen,“ sagte die Katze, „wart, wart, ich will dir schon helfen!“

Am Tag darauf zogen sie wieder beide aus, die Katze voraus und Ebe hinterdrein. Aber nach einer Weile kehrte er wieder um, um nachzusehen, ob der Klapptisch zu Hause wohl gescheuert sei. Und die Katze pfotelte allein weiter. Als sie eine Weile tipp tapp tipp tapp ihres Weges gelaufen war, kam sie an einen dichten Waldhang. Da fand sie ein ungeheures Rudel Elche. Die Katze schlich sich sachte heran und saß auf einmal dem stattlichsten Elchbullen zwischen den Hörnern.

„Wenn du nicht gehst, wie ich will, so kratz ich dir die Augen aus und jage dich über Fels und Abgrund!“ sagte die Katze. Der Elch traute sich nichts anderes zu tun, als was die Katze wollte, und nun ging es wie der Blitz über Stock und Stein, von Felsklippe zu Felsklippe und gerade vorbei an Ebe, der vor dem Haus stand und die Fensterläden scheuerte, und in einem Satz ins Königsschloß hinein.

„Ich soll einen schönen Gruß sagen von Ebe, und ob der Herr König nicht gerne diesen Elchbullen haben wolle für Kurierdienste?“ Das war klar, wenn der König einmal einen raschen Boten brauchte, so konnte er keinen rascheren im ganzen Reich finden.

„Das muß ein ganz besonders vornehmer Herr sein, dieser Ebe, wenn er solche Geschenke für mich hat,“ sagte der König.

„Ja, das kann man schon sagen, daß er ein vornehmer Herr ist,“ sagte die Katze, „sein Reichtum ist ohne Grenzen und Enden.“ Und der König mochte weiter fragen, was er wollte, genauere Auskunft erhielt er nicht.

„Sag ihm, ich ließe schön danken, und er möchte mich doch besuchen, wenn er hier vorbeikommt,“ sagte der König und schickte ihm ein ebenso schönes Gewand, wie er es selbst trug, und drei Fuhren schöner Geschenke. Ebe aber mochte das Königsgewand überhaupt nicht anziehen und schaute die übrigen Geschenke gar nicht recht an.

„Bruder Peter darf den Kochtopf auskratzen, wenn er ihn ausgeliehen hat, Bruder Paul bekommt eine Brotkruste, wenn er die Pfanne ausleiht, aber was hilft mir die elende Katze!“ sagte er trotz allem; aber er streichelte doch die Katze und legte sie an seine Wange und kraute sie, und das behagte der Katze so sehr, daß sie noch mehr wie die ersten Male schnurrte und ihren Schwanz kerzengerade in die Luft streckte.

„Wart, wart, ich will dir schon helfen,“ sagte die Katze, „wart, wart, ich will dir schon helfen!“

Am dritten Tage zogen sie wieder aus, die Katze voran und Ebe hinterdrein. Aber nach einer Weile fiel ihm ein, umzukehren und die Mäuse aus dem Haus zu lassen, damit sie in der alten Hütte nicht ganz verhungern sollten; und die Katze ging allein weiter. Als sie eine Weile tipp tapp tipp tapp ihres Weges gegangen war, kam sie in einen dichten Tannenwald; da begegnete sie einem Bären, einer Bärin und einem kleinen Bärlein. Die Katze schlich sich sachte an sie heran und auf einmal hing sie mit den Klauen am Kopf von Meister Petz.

„Wenn du nicht gehst, wohin ich will, so kratz ich dir die Augen aus und jage dich über Fels und Abgrund!" sagte die Katze und fauchte und machte einen Buckel. Da traute sich Meister Petz nichts anderes zu tun, als was die Katze wollte, und nun ging es im Sturm an Ebe vorbei, der eben alle jungen Mäuschen über die Schwelle geschafft hatte, über Stock und Stein, von Felsklippe zu Felsklippe, daß die Erde bebte und wankte. Der König stand gerade im Hausgang und wunderte sich gar nicht wenig, als solche Gäste ankamen.

„Einen schönen Gruß von Ebe soll ich sagen, und ob der Herr König nicht diesen Petz als General oder Reichsrat haben wolle?" sagte die Katze. Dem König war es mehr als lieb, einen solchen Weisen als seinen nächsten Ratgeber zu bekommen, daran war kein Zweifel.

„Sag ihm, ich ließe schön danken; aber ich weiß gar nicht, wie ich mich erkenntlich zeigen soll?" sagte der König.

„Ja, er möchte gern die jüngste Prinzessin heiraten!" sagte die Katze.

„Ja, das ist aber viel verlangt," meinte der König, „aber er soll mich doch einmal besuchen."

„Ebe geht nicht in so einfache Häuser," sagte die Katze.

„Hat er denn ein noch schöneres Schloß?" fragte der König.

„Noch schöner? Dein Schloß ist wie die schäbigste Hütte im Vergleich zu dem seinigen!" gab die Katze zur Antwort.

„Du wagst, vor mich zu treten und zu sagen, daß jemand in meinem Reich schöner wohnt als ich, der ich doch der König bin?" schrie der König und war außer sich vor Wut; er hätte fast der Katze den Hals umgedreht.

„Du wirst warten können, bis du es siehst," sagte die Katze. Der König sagte, ja, er wolle warten. „Aber wenn du mich angelogen hast, mußt du das Leben lassen, und wenn du sieben Leben hättest," sagte er.

Am Morgen machte der König und der ganze Hof sich auf, um nach dem Schloß des Ebe Aschenpeter zu reisen. Die Katze war in dem Hüttchen und holte Ebe ab, sie dachte, es wäre am besten, wenn sie beide sich eine Stunde früher auf den Weg machten. Als sie eine Weile gegangen waren, trafen sie Leute, die Schafe hüteten; über die ganze Ebene hin blökten und mähten die Schafe. Sie waren so groß wie stattliche Kälber und hatten so lange Wolle, daß sie auf der Erde nachschleppte. „Wem gehören die Schafe?" fragte die Katze.

„Helge-Hal im blauen Berg," sagten die Leute.

„Gleich kommt der Hof hier vorbei," sagte die Katze, „und wenn ihr da nicht sagt, daß sie Ebe gehören, so kratz ich euch die Augen aus und jag euch über Fels und Abgrund!" sagte die Katze und fauchte und machte einen Buckel und fletschte die Zähne. Da bekamen die Hirten solche Angst, daß sie sogleich versprachen, zu tun wie die Katze befahl.

„Aber wem gehören denn die vielen Schafe da?“ fragte der König, als er hernach mit dem Hof vorbeikam. „Die sind ja gerade so schön wie die meinigen!“

„Die gehören Ebe,“ sagten die Hirten.

Dann wanderten die Katze und Ebe eine Strecke weiter; da kamen sie an einen dichten Waldhang. Dort trafen sie Leute, die Geißen hüteten. Die Geißen hüpften und sprangen überall herum und sie gaben so schöne Milch, daß man nirgends bessere finden konnte.

„Wem gehören die Geißen?“ fragte die Katze.

„Helge-Hal im blauen Berg,“ sagten die Hirten. Da machte die Katze wieder ihre grimmigen Anstalten, und die Leute fürchteten sich so, daß sie nicht wagten, gegen ihren Willen zu tun.

„Aber wer in aller Welt hat denn so viele Geißen?“ fragte der König. „Ich selbst habe keine schöneren!“

„Die gehören Ebe,“ sagten die Leute.

Nun wanderten sie wieder eine Weile; da trafen sie Leute, die Kühe hüteten; die Kühe brüllten und glänzten, wo man hinsah, und jede gab Milch für drei. Als die Katze vernahm, daß diese Hirten auch bei Helge-Hal im blauen Berg im Dienst standen, fauchte sie wieder und machte einen Buckel, und da waren alle Hirten gleich bereit, zu sagen, was sie haben wollte.

„Aber wem, um Gottes willen, gehört denn das schöne Vieh?“ fragte der König. „Solches Prachtvieh gibt es in meinem ganzen Land nicht!“

„Das gehört dem Herrn Ebe,“ sagten die Hirten.

Dann wanderten sie wieder ein langes, langes Stück. Da kamen sie auf eine große Ebene, dort trafen sie Pferdehirten; auf dem ganzen Platz wieherten und tummelten sich die Pferde; und sie hatten ein so feines Fell, daß sie glänzten wie vergoldet; jedes von ihnen war ein ganzes Schloß wert.

„Für wen hütet ihr die Pferde?“ fragte die Katze.

„Für Helge-Hal im blauen Berg,“ gaben die Leute zur Antwort. „Ja, der Hof wird gleich hier vorbeikommen,“ sagte die Katze, „und wenn ihr da nicht sagt, daß ihr sie für Ebe hütet, so kratz ich euch die Augen aus und jag euch über Fels und Abgrund,“ sagte die Katze und fauchte und zeigte ihnen Zähne und Klauen und war so böse, daß ihr den ganzen Rücken entlang die Haare zu Berg standen. Da bekamen die Hirten schrecklich Angst und wagten nichts anderes zu sagen, als was die Katze wollte.

„Aber wem, um Himmels willen, gehören denn die vielen Pferde?“ fragte der König, als er mit dem Hof an dieser Stelle vorbeikam.

„Die gehören Ebe,“ sagten die Hirten.

„So etwas habe ich meiner Lebtag noch nicht gehört oder gesehen!“ rief der König aus. „Was für ein vornehmer Herr dieser Ebe sein muß, das geht über meinen Verstand.“

Die Katze und Ebe waren schon lange wieder unterwegs und wanderten weit und immer weiter über Berg und Fels. Am Abend in der Dämmerung kamen sie an ein Königsschloß, das glitzerte und schimmerte, als wäre es aus purem Silber und Gold – und das war es auch. Es war düster und traurig und einsam und öde da, und nirgends fand sich eine Spur von Leben.

Hier traten sie ein, und die Katze stellte sich mit einem Kuchen aus Roggenmehl mitten unter die Tür. Plötzlich donnerte und polterte es, daß die Erde bebte und das ganze Schloß wankte, das war der Troll, der heimkam. Auf einmal wurde es wieder ruhig, und ehe man sich's versah, hatte Helge-Hal im blauen Berg drei große greuliche Köpfe zur Tür hereingestreckt.

„Laß mich herein! laß mich herein!“ schrie er, daß es nur so dröhnte.

„Wart, wart ein Weilchen! Ich will dir erzählen, was der Roggen durchzumachen hatte, ehe er zu diesem Kuchen wurde,“ sagte die Katze und redete ihn gar lieblich an. „Erst wurde er gedroschen, dann wurde er geklopft, dann wurde er geschlagen, dann wurde er gehauen, dann wurde er von einer Wand an die andere geworfen, dann wurde er durch ein Sieb gesiebt – „

„Laß mich herein, laß mich herein, du Plaudertasche!“ schrie der Troll und war so zornig, daß die Funken von ihm sprühten.

„Wart ein wenig, wart ein wenig, ich will dir erzählen, was der Roggen durchzumachen hatte, ehe er zu diesem Kuchen wurde!“ sagte die Katze und redete noch viel zierlicher auf ihn ein.

„Erst wurde er gedroschen, dann wurde er geklopft, dann wurde er geschlagen, dann wurde er gehauen, dann wurde er von einer Wand an die andere geworfen, dann wurde er durch ein Sieb gesiebt und dahin und dorthin geschüttelt, dann kam er auf den Trockenboden und dann in den Ofen, bis es ihm so heiß wurde, daß er immer mehr aufging und heraus wollte, aber er konnte nicht,“ sagte die Katze und ließ sich gute Weile.

„Scher dich weg und laß mich hinein!“ schrie der Troll wieder und platzte fast vor Wut; aber die Katze tat, als ob sie nichts hörte, blieb stehen und schwatzte das Blaue vom Himmel herunter, ging hin und her dabei und jedesmal, wenn der Troll herein wollte, kam sie ihm unter der Tür mit dem Kuchen entgegen.

„Nein, schau nur die glänzende Jungfrau an, die da hinter dem Felsen heraufkommt!“ sagte die Katze, nachdem sie lang und breit über das Leiden des Roggens gesprochen hatte. Und Helge-Hal im blauen Berg drehte seine drei Köpfe um und wollte die schöne Jungfrau auch sehen. Da ging die Sonne auf und der Troll erstarrte zu Stein. Nun bekam Ebe all den Reichtum, den der Troll besessen hatte, die Schafe und die Geißen und die Kühe und all die mutigen Pferde und das schöne gelbe Schloß und auch noch etliche mächtige Säcke voll Geld.

„Jetzt kommt der König mit dem Hof," sagte die Katze, „geh nur hinaus vor die Tür und nimm sie in Empfang!"

Da machte sich Ebe auf und ging ihnen entgegen.

„Du bist aber ein sehr vornehmer Herr!" sagte der König zu ihm. „Du kannst meinetwegen die jüngste Prinzessin bekommen!"

Nun fing in höchster Eile ein großes Brauen und Backen an, und alles wurde für die Hochzeit bereit gemacht. Am ersten Tag des Festes kam die Katze und bat den Bräutigam, er solle ihr den Kopf abhauen. Er wollte durchaus nicht; aber die Katze fauchte und zeigte ihre Zähne, und da wagte Ebe ihr nicht zu widersprechen. Aber als der Kopf zu Boden fiel, verwandelte sich die Katze in den allerschönsten Prinzen. Der nahm die zweite Prinzessin zur Frau, und als der Brautzug unterwegs zur Kirche war, begegnete ihnen ein Prinz, der suchte eine Frau; der nahm die älteste Prinzessin. Nun feierten sie alle zusammen Hochzeit, daß man in zwölf Königreichen davon hörte, denn das Bier war stark und der Spielmann tüchtig dabei, und jeder tanzte und trank für ein Dutzend und zwei.

Ich war bloß so lange dabei, bis das erste Bierfaß leer war; aber das war so groß, daß der Küchenmeister fast darin ertrunken wäre, denn er kletterte hinauf und wollte sehen, wieviel noch darin sei; da gab ihm ein Mädchen einen Puff, daß er kopfüber durchs Spundloch fiel; und wir wußten uns nicht anders zu helfen, als daß wir ganz furchtbar zu trinken anfingen, alle, wer nur ein Trinkgefäß auftreiben konnte. Schließlich konnten wir alle nicht mehr; da kam der Koch zum Hahnen herausgeschwommen mit der Zipfelmütze in der einen Hand und dem Maßkrug in der anderen. Und er lachte dröhnend laut, bis ihm die Tränen über die Backen liefen.

Schnipp schnapp schnaus
Hier ist das Märchen aus!

Quelle: Stroebe, Klara: Nordische Volksmärchen. Bd. 2: Norwegen. Jena 1915, 242–250, Nr. 42.

D. Der Bauer Paalak und der Knecht Fuchs

Zur Zeit der Fronbauern lebte ein sehr armer Bauer namens Paalak. Er hatte einen Knecht, der Fuchs hieß und ebenso schlau war wie ein echter

Fuchs. Der Bauer gab ihm einen Sack voll Verpflegung mit und schickte ihn für den ganzen Tag zur Arbeit.

Der Knecht ging in den Wald, schlief den ganzen Tag, aß das mitgebrachte Essen auf und kam am Abend nach Hause.

Am nächsten Morgen wurde nach dem Bauern geschickt, er solle aufs Gut kommen. Dort wurde er verprügelt und dann gefragt: „Warum hast du deinen Knecht nicht zur Arbeit geschickt?"

Der Mann entschuldigte sich: „Ich habe den Knecht geschickt, aber wenn er nicht zur Arbeit gekommen ist, hat er sicherlich irgendwo geschlafen."

„Sieh zu, daß du den Knecht zur Arbeit schickst!" wurde er auf dem Gut verwarnt.

Der Mann kam nach Hause, legte wieder Essen in einen Sack und schickte den Knecht unter strengen Verwarnungen zur Arbeit.

Der Knecht schlief wieder den ganzen Tag, aß auf, was ihm mitgegeben wurde, und kam nach Hause.

Am nächsten Tag wurde der Bauer wieder auf den Gutshof geholt. Der Bauer begriff, daß der Knecht wieder nicht zur Arbeit gewesen war. Auf dem Gut bekam der Bauer erneut Prügel. Obwohl er behauptete: „Ich habe den Knecht geschickt", half es ihm doch nichts. Nun wurde er ganz streng verwarnt, den Knecht ja zur Arbeit zu schicken.

Der Mann kam nach Hause, bat und drohte dem Knecht, um ihn zu bewegen, zur Arbeit zu gehen. Doch der machte es am dritten Tag genauso wie an den vorangegangenen Tagen.

Der Bauer bekam wieder das Fell vollgehauen.

Was sollte er jetzt tun?! Lebensmittel mußten in die Stadt gebracht werden; fährt er selbst in die Stadt, geht der Knecht wieder nicht zur Arbeit. So schickte er den Knecht mit den Lebensmitteln in die Stadt und ging selbst zur Arbeit.

Na schön, der Knecht Fuchs lieferte die Lebensmittel ab und verkaufte daraufhin das Pferd samt dem Wagen.

Die anderen versuchten ihn zurückzuhalten: „Bist du blind, was tust du? Dieser arme Mann hat ja nicht noch mehr Pferde und Wagen, und du verkaufst diese."

Doch er kümmerte sich nicht darum.

Nun ja, die anderen fuhren nach Hause, er blieb in der Stadt. Er ging zum Haus des Königs und bat den Diener um ein Maß.

Der Diener fragte: „Wozu brauchst du es?"

Der Knecht antwortete: „Mein Herr will sein Maß nach dem des Königs stempeln."

Man gab ihm ein kupfernes Maß.

Der Fuchs ging und kam nach drei Tagen wieder; er hatte aber auf den Maßboden zwischen Boden und Seitenwand ein Silberstück gelegt.

Der König schaute nach, sah das Silbergeld und fragte: „Was hat dein Herr gemessen?"

Der Knecht entgegnete: „Woher soll ich das wissen!"

Der König: „Ist dein Herr reich?"

Der Knecht: „Was soll ich sagen, er ist recht wohlhabend!"

Der König: „Hat er auch Geld? Vielleicht hat er Geld gemessen?"

Der Knecht: „Woher soll ich es wissen, was er gemessen hat! Geld hat er sehr viel. Sein Geldkeller reicht für viele Scheffel."

Der König: „Oh, mit diesem Mann muß ich mich treffen und mich mit ihm unterhalten. Sag ihm, er soll zu mir kommen!"

Der König gab dem Knecht auch einen Brief mit.

Fuchs ging nach Hause.

Der Bauer kam ihm traurig entgegen und fragte: „Wo sind das Pferd und der Wagen?"

Der Knecht antwortete: „Ich habe sie verkauft."

Der Bauer: „Wo ist das Geld?"

Der Knecht: „Was fragst du nach dem Geld, du wirst es bekommen. Mach dich schnell fertig, und dann gehen wir zum König."

Jetzt gab er dem Bauern den Brief des Königs. Der Bauer schaute nach: Es stimmt, er soll sofort zum König kommen, und der Brief trägt die Unterschrift des Königs. Da darf man sich nicht weigern. O Jammer! Bin schon dreimal wegen des Knechts auf dem Gut verprügelt worden, nun hat er das Pferd und den Wagen verkauft, und wer weiß, was noch beim König zu erwarten ist.

Fuchs war natürlich der Begleiter auf dem Wege zum König. Am Wegrande, kurz vor der Stadt, floß ein kleiner schmutziger Bach. Als sie über diesen Bach gingen, stieß der Knecht den Bauern hinein. Paalak kletterte heraus, doch seine alten zerrissenen Kleider waren wie bei einem Bettler mit Schmutz und Unrat bedeckt, so daß er fürchterlich aussah.

Nun sagte der Knecht zu ihm: „Bleib hier stehen, geh nicht weg, bis ich zurückkomme."

Paalak blieb stehen und wartete. Fuchs ging zum König.

Der König fragte: „Wo ist dein Herr?"

Der Knecht sagte: „Der Herr hatte Pech, als er über einen Bach ging – er ist hineingefallen und kann jetzt nicht zum König kommen."

Der König: „Bring ihm meine Kleider hin."

Er befahl, einige Kleider zu bringen.

Fuchs schaute sie sich an und sagte: „So schäbige Kleider trägt mein Herr nicht."

Es wurden andere Kleider gebracht.

Fuchs sagte: „Diese Kleider wage ich auch nicht meinem Herrn zu bringen, er hat immer bessere gehabt."

Dann wurden ganz teure Kleider aus reinem Purpur und aus Seide gebracht.

„Nun, in diesen Kleidern könnte mein Herr notfalls noch kommen."

Fuchs ging mit den Kleidern zum Bauern, half ihm, die alten Lumpen auszuziehen und die königlichen Kleider anzuziehen. Nun machten sie sich auf den Weg zum König.

Fuchs belehrte den Bauern: „Wenn vielleicht zum Essen gebeten wird und man sich unterhält, so sage stets ‚ja', ‚ja', immer nur ‚ja'."

Jetzt hörte der Bauer zum ersten Mal angenehme Worte, nämlich, daß vielleicht zum Essen gebeten werde.

Nun kamen sie zum König. Der König empfing sie freundlich, bat sie, auf einem Sofa Platz zu nehmen, und ließ Speisen auftragen. Er selbst setzte sich neben Paalak; seine Frau und seine Tochter setzten sich ihm gegenüber. Mit den feinen Eßbestecken verstand der Mann nicht gut umzugehen und half zuweilen mit seiner eigenen Fünf-Finger-Gabel nach.

Der König sprach vom Reichtum und Besitz und fragte: „Hast du auch eine große Herde?" Der Mann entgegnete: „Ja, ja!"

Schließlich fragte der König: „Bist du noch Junggeselle?"

Paalak: „Ja, ja!"

Der König: „Vielleicht nimmst du dann meine Tochter zur Frau?"

Was sollte Paalak jetzt antworten? Er hatte ja Frau und Kind zu Hause. Da schaute er sich nach dem Fuchs um, der als Diener mit im Schloß war.

Paalak fragte Fuchs um Rat, der sagte: „Jetzt läuft die Sache richtig. Sag ‚ja, ja'".

Paalak ging zurück und sagte auch „Ja, ja!"

Was jetzt? Er sollte sich verloben. Es wurde der Pastor geholt, und die Verlobung fand statt. Dann folgte sehr bald die Hochzeit. Alle Generale und Würdenträger kamen zur Hochzeit, um den Schwiegersohn des Königs zu sehen, der der reichste Mann im Land sein sollte.

Die Hochzeit wurde drei Wochen gefeiert.

Als die Festlichkeiten vorüber waren, sagte Fuchs: „Hier wurde die Hochzeit drei Wochen gefeiert, im Hause des Bräutigams wird sie sechs Wochen gefeiert werden."

Es wurde alles zur Abfahrt vorbereitet. Fuchs bekam ein Pferd, er sollte allen vorausreiten. Hinter ihm her fuhr eine Kutsche, dann folgte der König mit seiner Frau, und hinter ihnen in der dritten Kutsche saß das junge Paar – insgesamt waren es zwölf Kutschen, und auch Soldaten folgten ihnen.

Fuchs ritt schnell, um den anderen voraus zu sein. Am Wegrand sah er eine riesengroße Herde sehr schöner Tiere.

Fuchs fragt: „Wessen Herde ist das?“

„Sie gehört den Teufeln“, antworteten die Hirten.

Fuchs sagt: „Hinter mir kommt der König mit seinem Heer. Sagt nicht, daß die Herde den Teufeln gehört, sonst nimmt man euch alle Tiere weg. Sagt, sie gehöre Paalak, dann rührt euch keiner an.“

Fuchs ritt schleunigst weiter.

Der Hochzeitszug näherte sich der Herde. Der König ließ die Pferde halten und den Diener fragen: „Wem gehört die Herde?“

„Dem Herrn Paalak“, sagten die Hirten.

Der König und alle anderen freuten sich darüber. Paalaks Herz hüpfte vor Freude.

Fuchs sieht, am Wegrand weidet eine Herde sehr teurer Pferde. Er fragt: „Wem gehören die Pferde?“

Die Pferdehirten antworten: „Den Teufeln.“

Fuchs sagt: „Hütet euch, das zu sagen! Hinter mir kommt der König mit einem großen Heer. Wenn ihr das sagt, nimmt man euch alle Pferde weg. Sagt: ‚Sie gehören Paalak.‘ ‚Dann rührt euch keiner an.“

Fuchs ritt weiter. Als der König mit den Hochzeitsgästen bei der Pferdeherde anlangte, ließ er halten und fragte: „Wessen Pferde sind das?“

„Des Herrn Paalak“, antworteten die Wächter.

Nun war die Freude bei allen sehr groß!

Die Fahrt ging weiter.

Fuchs jagte mit Windeseile voraus in die Stadt der Teufel. Der Torwächter fragte: „Wohin stürmst du so, Fuchs?“

Japsend und nach Luft ringend, keuchte der: „Es kommen – es kommen – es kommen – fünfhundert weiße – Wölfe – sie kommen! Flüchtet!“

Der Wächter rannte schnell die anderen verständigen, daß fünfhundert weiße Wölfe kommen. Fuchs, der gute Mann, habe sie verständigt.

Alle liefen zusammen, um gemeinsam zu flüchten. Die Stadt wurde ganz leer. Fuchs sah: Nur der einäugige Wächter des Geldkellers stand noch auf seinem Posten, die Schlüssel in der Hand.

Fuchs sagte zu ihm: „Flüchte, flüchte! Willst du dich allein auffressen lassen? Alle anderen sind schon geflohen. Wirf den Schlüssel des Geldkellers her!“

Der Wächter warf den Schlüssel Fuchs zu und machte sich selbst aus dem Staube, den anderen nach.

Der Hochzeitszug kam an. In der Stadt gab es reichlich von allem, denn die Teufel hatten alles zurückgelassen. Die Hochzeit wurde sechs Wochen lang gefeiert. Der König und seine Frau wollten den Goldkeller besichtigen und baten Paalak, ihn zu zeigen.

Paalak sagte zum Fuchs: „Was sollen wir jetzt tun?“

Fuchs entgegnete: „Es macht doch nichts – alles ist in Ordnung. Ruf sie, wir zeigen den Keller. Kommt!"

Sie folgten alle Fuchs. Der ließ die Tür vom Goldkeller öffnen.

Oh, diese Menge Geld! Alle Kästen voll. Vorne standen Kästen mit Kupfergeld, dann folgten welche mit Silbergeld und dann Kästen mit Goldgeld – sie waren sogar aufeinandergestapelt. Und um sie herum brannten Kerzen. Oh, dieser Reichtum! Nun, nicht einmal ein Drittel davon hätte man mit dem Maß messen können, das der König Fuchs gegeben hatte, um das Geld seines Herrn zu messen.

Der König freute sich, daß er einen so reichen Schwiegersohn bekommen hatte. Er hoffte, im Notfall von Paalak borgen zu können.

Nach sechs Wochen begaben sich alle nach Hause. Nur das junge Paar blieb in der Stadt wohnen. Die Teufel wagten es nicht mehr, in ihre Stadt zu kommen und nicht einmal in ihre Richtung zu schauen, denn sie fürchteten, daß die Wölfe kommen und sie zerreißen würden.

Alles wäre gut, doch was wurde aus der Frau Paalaks und den Kindern?

Fuchs sagte: „Du kannst sie auch hierherholen. Deine Frau kann als Köchin hier wohnen. Du kannst doch beide ernähren."

So ging Paalak, um seine Frau und die Kinder zu holen. Er verbot ihnen, jemals zu sagen, wer sie seien, und brachte sie in seine Stadt. Und wenn sie nicht gestorben sind, dann leben sie heute noch.

Quelle: Viidalepp, Richard: Estnische Volksmärchen. Berlin 1980, 186–190, Nr. 69.

E. Der Fuchs und der Schäfer

Es war einmal ein Schäfer, der von Kind an im Wald lebte und Schafe hütete. Einmal hielten die Schafe unter einem Baum Mittagsruhe, der Schäfer setzte sich hin, um etwas zu essen, und kaum hatte er mit der Mahlzeit begonnen, kam ein klapperdürrer Fuchs daher, der nur noch Haut und Knochen war, setzte sich neben den Schäfer und bat ihn, ihn aufzunehmen und für ihn zu sorgen, damit er nicht Hungers sterben müsse. Er möge sich erbarmen und ihm einen Bissen Brot abgeben. Dem Schäfer tat der Fuchs, der so abgemagert und entkräftet war, leid, und er gab ihm etwas Brot und Milch. Der Fuchs fraß sich satt und legte sich hin, um auszuruhen. Um ihn herum lagen die Hunde, die ihn gar nicht beachteten, so dürr war er. Von dieser Zeit an kam der Fuchs jeden Tag, um zusammen mit dem Schäfer zu essen, und sie wurden so gute Freunde, daß sie nicht mehr getrennt leben konnten. Ihre Freundschaft dauerte volle zehn Jahre.

Als sie sich einmal in der Sonne wärmten, sprach der Fuchs zum Schäfer: „Bruderherz, ich lebe nun schon so lange Zeit bei dir wie ein Bruder. Ich wäre vor Hunger gestorben, wenn du mich nicht zu dir genommen hättest, und ich habe nur dank deiner Liebe und Güte überlebt. Jetzt möchte ich dir zum Dank eine große Wohltat erweisen."

„Was für eine große Wohltat kannst du mir schon erweisen?" fragte der Schäfer. „Ich bin ein Schäfer und werde ein Schäfer bleiben, solange ich lebe!"

„Nicht doch", sagte der Fuchs. „Du bist zwar ein Schäfer, aber ich werde es einrichten, daß du die Zarentochter zur Frau nimmst und der Schwiegersohn des Zaren wirst."

Die beiden stritten, ob daraus etwas werden könnte oder nicht, aber der Fuchs blieb hartnäkig bei seiner Meinung; der Schäfer würde Schwiegersohn des Zaren, wenn er dem Fuchs gehorchte und all das täte, was jener sage. Schließlich willigte der Schäfer ein.

Der Fuchs lief zum Zarenschloß und sagte, man möge dem Zaren ausrichten, er sei von einem anderen Zaren in einer wichtigen Angelegenheit gesandt. Die Diener überbrachten dies dem Zaren, und der befahl, den Fuchs vorzulassen. Der Fuchs trat vor den Zaren, gab ihm einen Ring mit einem kostbaren Stein, den er seinem Wahlbruder, einem Drachen, gestohlen hatte und der so schön war, wie es keinen zweiten auf der Welt gab und sagte: „Glückseliger Zar, dieser Ring ist das Geschenk eines Zarensohns, der deine Tochter zur Frau begehrt, weil sie ihm sehr gefällt."

Der Zar sprach: „Wie soll ich ihm meine Tochter geben, wenn ich nicht mal weiß, wer er ist und was er ist? Mag er herkommen, damit wir uns kennenlernen und damit ihn auch meine Tochter sieht und wir ein wenig miteinander plaudern können, und wenn es Gottes Wille ist, sollen sie heiraten."

Da sagte der Fuchs: „Glückseliger Zar, er ist sehr hochmütig und eingebildet, darum will er nicht kommen, aber er hat mir aufgetragen, dir zu sagen, daß er dein Reich erobern und sich die Jungfrau rauben wird, falls du sie ihm nicht gibst!"

Der Zar wurde nachdenklich und wußte nicht recht, was er tun sollte, denn er hatte Angst vor einem Krieg, und schließlich sprach er zum Fuchs: „Geh und sag dem Zarensohn, daß er die Hochzeit vorbereiten kann, ich will ihm meine Tochter geben, denn an dem Ring sehe ich, daß er ein sehr mächtiger Zar ist."

Der Fuchs lief zum Schäfer zurück, berichtete, was vorgefallen war, und sagte ihm, was er zu tun habe, er selbst aber machte sich auf und lud jeden, dem er unterwegs begegnete, als Gast zur Zarenhochzeit. Als viele

Hochzeitsgäste versammelt waren, brachen sie auf, um die Braut zu holen. Kaum waren sie auf dem Weg, suchten die Gäste den Zarensohn in ihren Reihen, aber er war nirgendwo zu sehen, und so fragten sie den Fuchs, der ihnen sagte, daß der Zarensohn noch komme, und daß er sie später einholen werde, weil er noch etwas für die Hochzeit besorgen müsse. Der Fuchs eilte voraus, und als er sich dem Zarenschloß näherte, wälzte er sich im Sand, beschmierte sich mit Straßendreck und lief weinend zum Zaren: „Glückseliger Zar, Räuber haben uns überfallen. Sie haben alles, was wir an Hochzeitsgeschenken bei uns trugen, geraubt und dem Bräutigam die Kleider weggenommen, denn die waren aus purem Gold und Edelsteinen; sie ließen ihn nackt zurück, und nun schämt er sich, so zu erscheinen."

Als der Zar dies vernahm, befahl er sogleich, daß man seinem Schwiegersohn Zarenkleider zum Anziehen bringe. Der Fuchs, der Schlaukopf, lief zu den Hochzeitsgästen zurück und sagte ihnen, sie sollten alle rufen: ‚Räuber haben uns ausgeplündert! Räuber haben uns ausgeplündert!' Der Zar habe es so befohlen. Dem Schwiegersohn wurden goldene Kleider angelegt, und dann ging man ins Schloß und nahm an der Hochzeitstafel Platz. Der Zar setzte sich an die Tafel, neben ihn setzte sich der Bräutigam, und ihnen gegenüber saß der Fuchs als Vater des Bräutigams. Sie ließen sich Gottes Gaben schmecken, der Schwiegersohn aber blieb stumm und brachte kein Wort über die Lippen, er besah und bestaunte nur seine kostbaren Zarenkleider. Der Zar merkte, wie sich der Schwiegersohn betrachtete, und sprach zum Fuchs: „Warum, Gevatter, beschaut der Schwiegersohn seine Kleider so und sagt nichts?"

„Der Schrecken, den ihm die Räuber eingejagt haben, steckt ihm noch in den Gliedern", erwiderte der Fuchs, „denn als sie uns überfielen und ausplünderten, ist er gerade noch mit dem Leben davongekommen, sie haben sich alle auf ihn gestürzt, und nun braucht es seine Zeit, bis er wieder zu sich findet. Na, und die Kleider betrachtet er, weil sie sehr schlicht sind. Du hättest die seinen sehen sollen – sie waren aus purem Gold und mit Edelsteinen besetzt – sogar du wärest von ihrer Schönheit geblendet worden!"

Als der Fuchs so sprach, glaubte ihm der Zar, und jener stieß heimlich den Schäfer an und flüsterte ihm zu, er solle seine Kleider nicht länger so anschauen.

Nachdem das Festmahl beendet war, wurde das Brautpaar zur Trauung geführt. Sie brachen auf, und als sie sich ein Stück vom Schloß entfernt hatten, drehte sich der Fuchs um und sah, daß ihnen vier Höflinge folgten. Der Zar hatte sie ausgesandt, damit sie seine Tochter in ihr neues Heim begleiteten und erkundeten, wo sich dieses Zarenreich befand, was es für ein Land war und wie seine Tochter dort leben würde. Irgend etwas hatte den Zaren beunruhigt, und es ließ ihn dem Schwiegersohn mißtrauen. Der Fuchs überlegte, was er nun tun könnte, wohin er den langen Hochzeitszug bringen und wie er die Höflinge hinters Licht führen könnte. Da kam es ihm in den Sinn, seinen reichen Gevatter, den Drachen, hereinzulegen. Er eilte voraus und bat alle Schäfer und Hirten, die ihre Herden weideten, jedem, der sie danach fragte, zu antworten, alles gehöre seinem Herren. Dann lief er zum Drachenschloß und rief schon von weitem unter Tränen: „Ach, Bruder Drachen, was machen wir bloß? Schnell, versteck dich, Brüderchen, sonst wird dich ein Unheil ereilen!"

Da öffneten sich die Buchsbaumtore des Schlosses, der Drachen trat heraus, erkannte seinen Freund den Fuchs, und fragte ihn: „Was ist geschehen, Brüderchen, warum weinst du?"

Der Fuchs drehte sich um, zeigte auf das Feld und sagte: „Sieh doch, Bruder, dort kommt ein Heer! Ich weiß nicht, was du ihrem Zaren getan hast, jedenfalls schickt er sein Heer, damit es dich tötet."

„Gar nichts habe ich getan, Bruder, was soll ich ihm getan haben!"

„Aber sie kommen zu dir und wollen dich umbringen! Ich habe gehört, wie sie darüber gesprochen haben. Und ich bin unbemerkt zu dir geeilt, um es dir zu verkünden."

„Wenn sie die Absicht haben, mich zu töten, wird sie nichts davon abbringen", sprach der Drache. „Sag, was kann ich nur tun?"

„Was du tun sollst?" erwiderte der Fuchs. „Du mußt dich verstecken, und wenn sie kommen, will ich ihnen sagen, daß du nicht hier bist, dann werden sie wieder abziehen."

„Aber wo kann ich mich verstecken, Brüderchen?"

„Na, steig doch in den Brunnen und kauere dich auf den Boden, und obenauf werde ich Stroh füllen, damit sie dich nicht bemerken."

Der Drache sprang schnell in den tiefen Brunnen, der Fuchs häufte Stroh auf ihn, und da kamen auch schon die Hochzeiter. Wie es sich für den Vater des Bräutigams ziemt, empfing sie der Fuchs auf dem Hof und sprach zu ihnen: „In diesem Schloß ist es von alters her Brauch, daß jeder, der es betreten will, zuerst zwei Steine von diesem Haufen in den Brunnen werfen muß, damit Glück und Freude im Hause herrschen."

Da ergriff jeder Hochzeitsgast zwei große Steine und warf sie in den Brunnen, und der Drache wurde erschlagen und verschüttet. Dann betraten alle das Schloß, und was sahen ihre Augen! Es glänzte wie die Sonne, denn alles war aus Marmor, Gold, Silber und Edelsteinen angefertigt, und es gab einen Garten, der einem Paradies glich. Die Hochzeitsgäste wurden von Staunen ergriffen, aber am meisten wunderten sich die Höflinge, die die Zarentochter begleitet hatten. Währenddessen befreite der Fuchs vierzig wunderschöne Mädchen und vierzig Jünglinge, die von dem Drachen gefangengehalten wurden, und hieß sie die Festtafel decken. Drei Tage und drei Nächte lang wurde Hochzeit gefeiert, man speiste und trank nach Herzenslust. Schließlich öffnete der Fuchs die Schatzkammer des Drachen, beschenkte die Höflinge des Zaren mit Edelsteinen und Gold und schickte sie in ihr Reich zurück. Dann verabschiedete er auch alle anderen Hochzeitsgäste mit Geschenken, und zu guter Letzt gab er den versklavten Jungfrauen und Burschen die Freiheit wieder und schickte sie alle nach Hause.

Einmal unterhielt sich der Fuchs allein mit dem Zaren, der einst Schäfer gewesen war, und er bat ihn, er möge ihn nach seinem Tod in dem Zimmer begraben, wo er und die Zarin schliefen, und nicht draußen auf dem Friedhof wie alle anderen.

„So soll es geschehen", gab der Zar zur Antwort.

Nach einiger Zeit spielte der Fuchs den Kranken: Er stöhnte, ächzte, warf sich zu Boden, und schließlich tat er, als wäre er gestorben. Der Zar wußte nicht recht, was er mit ihm anfangen sollte, endlich packte er ihn beim Schwanz und warf ihn vom Balkon hinunter. Der Fuchs fiel zu Boden und hatte sich die Knochen gebrochen, erst nach zwei Stunden kam er wieder zu sich und schleppte sich langsam und leise zu dem Zarenpaar. Als der Zar und die Zarin ihn sahen, wurden sie von tiefem Schrecken ergriffen, verneigten sich vor ihm bis zur Erde und flehten um Vergebung für das, was sie ihm angetan hatten. Der Fuchs verzieh ihnen, und sie lebten miteinander friedlich wie zuvor. Doch einige Tage später starb der Fuchs wirklich, vor seinem Tode aber konnte er noch dem Zaren und der Zarin sagen: „Ich habe gesehen, wie einem auf dieser verlogenen Welt Wohltaten gedankt werden, begrabt mich deshalb auf dem Friedhof, wie alle Toten."

Dann starb er.

Quelle: Ognjanowa, Elena: Märchen aus Bulgarien. Wiesbaden 1987, 130–135, Nr. 30.

F. Graf Martin von der Katze

Ein armer Vater hinterliess beim Sterben seinen beiden Söhnen nichts als eine Bank und eine Katze. „Theilt euch in das kleine Erbe", hatte der Vater noch gesagt, als ihm schon die Augen zufielen; „ein Streit kann hierüber zwischen euch doch nicht entstehen." Da sagte der ältere: „Ich nehme die Bank; wenigstens kann ich mich doch darauf setzen und ausruhen, so oft ich will." – „Und ich nehme die Katze", sprach der jüngere, welcher Martin hiess, „sie ist mir ohnehin anhänglich und läuft mir überall nach.“

Beide gingen auf verschiedenen Wegen in die Welt. Der Aeltere trug die Bank mit sich und so oft er müde war, setzte er sich darauf und ruhte aus. Martin aber zog mit seiner Katze seines Weges und hatte alle Ursache sich seiner Wahl zu freuen. So oft er Hunger hatte, ging die Katze in die Häuser, wo eine Tafel gedeckt war und trug vor den Augen der erstaunten Leute Speisen weg, um sie ihrem Herrn zu bringen, so dass es ihm nie an Essen und Trinken fehlte. Aber auch für seine Kleidung sorgte sie, indem sie bald da bald dort ein schönes Stück Gewand erhaschte und ihm brachte, so dass er gekleidet war, wie ein rechter Herr. Desshalb sagte auch die Katze zu ihm: „Wenn die Leute dich um den Namen fragen, so antwort' ihnen, du heissest Graf Martin von der Katze.“ Das war ihm ganz lieb und recht: „Hätt' ich's mir doch nie träumen lassen“, sagte er lachend zu sich selbst, „dass ich durch meine liebe Katze auch noch ein Graf werden sollte.“

Eines Tages kamen sie auf eine weite Ebene. Da waren gar schöne grüne Wiesen und Felder und sie fragten die Leute, wem dieselben gehörten. „Diesem und diesem Grafen“, antworteten sie. Und sie kamen weiter, da standen wieder schöne Wälder, dann waren wieder schöne Weiden da mit vielen Herden und Hirten und so oft sie fragten, gehörte alles nur jenem Grafen. Endlich kamen sie zum Schlosse, wo der alte reiche Graf selbst mit seiner Frau wohnte und erhielten die gewünschte Aufnahme. Als nun der alte Herr in den Keller ging, um Wein zu holen, nahm die Katze die Gelegenheit wahr, schlich ihm nach und erdrosselte ihn im Keller. Dann kam die Frau des Grafen, um nachzusehen, was ihr Mann so lange im Keller thue; da sprang die Katze auf sie und erwürgte sie auch. Nun ging sie hinauf und sagte zu ihrem Herrn: „Die beiden Alten unten im Keller sind todt, jezt bist du der Herr des Schlosses und sollst dich als solcher benehmen; das Weitere überlass nur mir.“ Dann sprang sie vor das Schloss hinaus durch Felder und Wiesen und Wälder und überall, wo sie Mähder, Holzfäller oder Hirten antraf, rief sie ihnen zu: „Der alte Graf und seine Frau sind todt und haben meinen Herrn, den Grafen Martin von der Katze als ihren Erben eingesetzt; der ist jezt euer rechter Herr und lässt es euch durch mich ankünden, damit ihr seinen Namen wisst und fürder ihm allein gehorcht!“ Ueberall aber antworteten die Leute: „Eure Diener, Frau Katze und wenn unser alter Herr gestorben ist, so ist er wol gestorben: es lebe unser neuer Herr!“

Graf Martin von der Katze hatte nun das herrlichste Leben von der Welt. Eines Tages kam auch sein Bruder in das Schloss, der trug noch immer die Bank mit sich und war blutarm geblieben. Martin, der von ihm nicht mehr erkannt wurde, nahm ihn bestens auf und sezte ihn als Maier auf einen schönen Hof, wo auch er das beste Leben hatte und auf seiner Bank sitzen konnte, so oft er wollte.

Nach einiger Zeit sagte die Katze zu ihrem Herrn: „Ich fühle, dass ich alt werde und dass es mit mir zu Ende geht. Da ich dir aber zu so grossem Glücke verholfen habe, so sei mir dankbar, lass mich geziemend begraben und mir ein schönes Denkmal setzen, ich hab' es wol verdient." Und sie beschloss heimlich es auf eine Probe ankommen zu lassen; eines Tages lag sie wie todt ausgestreckt auf dem Söller. Da kam er und als er sie sah, rief er: „Ist das abscheuliche Thier doch endlich todt!" und wollte sie in den Hof hinab werfen. Da sprang sie wieder auf die Füsse und rief: „Undankbarer, so willst du an mir handeln, der du doch alles verdankst?" Und sie ergoss sich in eine Flut von Vorwürfen, die er schweigend hinnahm; denn er fühlte, er habe sie verdient. Er antwortete ihr, es sei ihm leid und bat sie um Verzeihung. „Gewiss werde ich dich nach deinem Tode geziemend begraben und dir ein schönes Denkmal setzen lassen", versprach er ihr auf das Feierlichste.

Wieder verfloss einige Zeit, da starb die Katze wirklich. Graf Martin hielt sein Versprechen und liess die Katze feierlich begraben – fast mag ich's nicht sagen, aber es ist mir doch so gesagt worden – sogar in einer Kirche liess er sie begraben und ihr einen schönen Grabstein setzen, worauf die Verdienste der Katze in prunkenden Worten geschildert waren. Heute ist der Stein nicht mehr zu finden und kann sich auch Niemand erinnern denselben gesehen oder doch wenigstens gehört zu haben, wo er hingekommen sei.

Quelle: Schneller, Christian: Wälschtirol. Innsbruck 1867, 122–124, Nr. 43.

G. Der Prinz und der Affe

Es lebte einmal in einem Land ein König mit seiner Königin. Sie hatten sieben Söhne. Der jüngste Sohn war ein Taugenichts. Er saß den ganzen Tag nur müßig herum und wollte weder lernen noch spielen. Er fand nicht einmal Gefallen daran, mit den anderen auf die Jagd zu gehen. Er schlug sich den Bauch voll, ging in die Küche und legte sich neben der Feuerstelle auf die Asche schlafen.

Eines Tages sagte der König zu seiner Königin: „Unser jüngster Sohn tut den ganzen Tag nichts anderes als in Asche zu baden. Er ist zu nichts zu gebrauchen! So denke ich, es wäre das Beste, wenn wir ihn töten ließen!" Darauf erwiderte die Königin: „Wozu soll das gut sein? Warum sollen wir ihn töten lassen? Schick ihn doch einfach fort! Dulde ihn nicht länger in deinem Palast!“ Der König war mit dem Vorschlag der Königin einverstanden und bat sie, den Prinzen fortzuschicken.

Am Tag darauf sagte die Königin dem jüngsten Prinzen: „Dein Vater, der König, möchte, daß du den Palast verläßt!“ Der Prinz erwiderte darauf: „Nun, Mutter, ich will tun, was du mir rätst. Gib mir aber zuerst tausend Goldstücke und ein Paket Reis! Dann werde ich ausziehen und mein Glück als Händler versuchen!“ Die Königin war froh, daß ihr Sohn einwilligte und gab ihm, was er verlangte. Der Sohn ging hinaus auf die Straße und zog fort. Als er schon eine Weile gegangen war, wurde er müde und machte Rast an einem Ambalama am Wegesrand. Da kam ein Mann mit einem Affen auf seiner Schulter. Der Prinz fragte ihn: „Wohin trägst du diesen Affen?“ Der Mann antwortete: „Ich will diesen Affen loswerden. Ich trage ihn zum Fluß, um ihn zu ertränken!“ – „Willst du mir den Affen verkaufen?“ fragte da der Prinz. Der Mann, der erkannte, daß der Prinz ein sorgloser Geselle war, sagte: „Gut! Ich werde dir den Affen verkaufen, wenn du mir tausend Goldstücke dafür gibst!“ Der Prinz gab ihm darauf die tausend Goldstücke und nahm den Affen. Der Mann war überglücklich und dachte bei sich: „Das ist mein Glückstag!“

Der Prinz öffnete das Paket mit Reis und teilte das Essen mit dem Affen. Dann ging er mit dem Affen zurück zum Palast. Die Königin sah den Prinzen und fragte erstaunt. „Was! Bist du wieder da? Was hast du mit den tausend Goldstücken gemacht?“ Der Prinz antwortete erfreut: „Sieh nur, Mutter, ich habe dafür diesen Affen gekauft!“ Da klagte die Königin: „Ach, mein einfältiger Sohn! Wenn das der König erfährt, wird er dich bestrafen. Geh schnell wieder fort und laß dich nie wieder im Palast sehen!“ Sie gab ihm ein zweites Mal tausend Goldstücke und schickte ihn fort.

Der Prinz zog frohen Mutes mit seinem Affen und dem Geld in ein anderes Land. Nach einer langen Reise rastete er wieder einmal an einem Ambalama. Die Goldstücke hatte er längst für Essen, Trinken und unnützes Zeug ausgegeben. Da sie nun nichts mehr besaßen und zudem Hunger litten, ging der Affe alleine in die Stadt und ließ den Prinzen an dem Ambalama zurück. In der Stadt tanzte der Affe und führte den Leuten allerlei Kunststücke vor. Dafür bekam er ein paar Münzen und Essensreste. Als er genug zusammen hatte, ging er zu dem Ambalama zurück, teilte alles mit dem Prinzen, und dann ruhte er sich aus.

So ging es auch die Tage darauf. Der Prinz lag den ganzen Tag in dem Ambalama und ließ sich von dem Affen versorgen. Eines Tages ging der Affe zum König und grüßte ihn ehrfürchtig. Der König fragte: „Was willst du von mir, Affe?“, und der Affe antwortete: „Majestät! Bitte leiht mir eine Waage. Ich möchte Gold abwiegen!“ Der König befahl, dem Affen eine Waage zu geben, worauf der Affe sich verbeugte, sich bedankte und mit der Waage fortging.

Nach einem Monat kam er wieder an den Hof, um dem König die geliehene Waage zurückzugeben. Der König fragte erstaunt: „Wie kommt es, Affe, daß du erst nach einem Monat wiederkommst?“ – „Majestät!“ erwiderte der Affe, „ich kann es leider nicht ändern! Es ist wirklich nicht meine Schuld. Verzeiht, aber es gab so viel abzuwiegen!“ – „Bist du mit deiner Arbeit fertiggeworden?“ wollte der König dann wissen. Der Affe erwiderte: „Ich habe nicht einmal die Hälfte der Goldstücke abwiegen können!“ – „Das muß ja eine unglaublich große Menge Gold sein!“ staunte der König. „Wem gehört denn all das Gold?“ Der Affe antwortete: „Die Goldstücke sind ein Teil von dem Schatz des Ascheprinzen, in dessen Diensten ich stehe!“ Dann tanzte der Affe für den König und wurde reichlich dafür beschenkt. Er nahm die Geschenke dankend an und verließ unter vielen Verbeugungen den Saal. Als er durch den Palastgarten kam, stahl er ein seidenes Tuch, das zusammen mit anderen Tüchern zum Lüften ausgehängt war.

Er kehrte darauf zu dem Prinzen zurück und gab ihm, was er mitgebracht hatte. Der Affe sagte: „Zieh deinen mit Asche verschmutzten Schal aus und lege statt dessen dieses Seidentuch um.“ Der Prinz erwiderte barsch: „Mein Schal ist gut genug!“ und warf dabei das Tuch, das der Affe ihm gegeben hatte, von sich. Es fiel neben die Feuerstelle zu Boden, fing Feuer und verbrannte. Der Affe sprang auf und löschte das Feuer, aber er konnte nur einen kleinen Zipfel des Seidentuches retten. Er ging damit zum König und grüßte ihn wie zuvor. Der König, der erstaunt war, den Affen schon wieder zu sehen, erkundigte sich: „Was ist es dieses Mal, Affe?“ Der Affe antwortete: „Majestät! Das Seidentuch unseres Ascheprinzen ist leider verbrannt! Ich möchte euch bitten, ein solches Tuch weben zu lassen.“ Der König erwiderte: „Woher soll ich wissen, was für ein Seidentuch ich weben soll? Wenn du mir ein Stück des Tuches oder ein ähnliches bringen kannst, werde ich die Weber mit der Arbeit beauftragen.“ Da zeigte der Affe ihm den unversehrten Zipfel des Tuches, und der König ließ ein herrliches Tuch, noch schöner als das alte, für den Ascheprinzen weben. Als es fertig war, kam der Affe, um es zu holen. Er bedankte sich im Namen des Ascheprinzen und fügte hinzu: „Majestät! Der Prinz, in dessen Diensten ich stehe, hat mich beauftragt, euch um die Hand eurer Tochter zu bitten!“ Der König antwortete: „Ich werde dem Prinzen meine Tochter gerne als Gemahlin geben, zuvor jedoch möchte ich ihn sehen! Bitte den Prinzen, in den Palast zu kommen!“

Der Affe ging darauf zu einem Haus in der Nähe, lieh sich zwei Messingtöpfe, füllte sie mit Wasser, badete den Prinzen und kleidete ihn in prunkvolle Gewänder. Dann gingen die beiden zum Palast des Königs.

Der König hatte alles für den Empfang vorbereiten lassen. Als er den Prinzen sah, gefiel ihm dieser sofort. Er begleitete seine Gäste, den Ascheprinzen und den Affen, zu der Festtafel und bat sie, Platz zu nehmen. Dann kamen die sieben Prinzessinnen, eine nach der anderen, und trugen dem Prinzen die herrlichsten Speisen auf. Der Prinz, der den Prinzessinnen keinerlei Aufmerksamkeit schenkte, schlang die herrlich zubereiteten Speisen laut schmatzend gierig in sich hinein. Da kniff ihn der Affe, der hinter ihm hockte, und flüsterte ihm zu: „Laß dir Zeit! Iß nicht so hastig! Das gehört sich nicht für einen Prinzen!" Der Prinz jedoch überhörte das alles und grunzte vor sich hin. Halb auf der Tafel hängend, stopfte er die Speisen in seinen vollen Mund und ließ dabei die Hälfte danebenfallen. Er aß so lange, bis er nicht mehr atmen konnte und zu platzen drohte.

Der König, der den Prinzen beobachtet hatte, fragte den Affen erstaunt: „Warum ißt der Prinz so gierig?" Der Affe antwortete schlau: „Majestät! Unser Prinz hat sehr lange mit einer schweren Krankheit daniedergelegen. Der Veda, der ihn behandelt hat, gab ihm Medizin, die ihm den Appetit verdorben hat. So konnte der Prinz lange keine Speise zu sich nehmen. Er ist jetzt wieder ganz gesund und hatte großen Hunger. Unser Prinz ißt sonst nicht so!" Der König war durch die Erklärung des Affen beruhigt. Er gab dem Prinzen seine älteste Tochter zur Frau und sagte dem Affen: „Nun macht euch auf den Weg in euren Palast!" Da der Prinz aber keinen Palast besaß, sagte der Affe: „Majestät! Unser Prinz war lange Zeit nicht zu Hause, und der Palast muß deshalb zuerst hergerichtet werden. Gebt uns tausend Hacken, tausend Spaten, tausend Äxte und dreitausend Leute zum Arbeiten!" Der König befahl darauf, das, was der Affe verlangt hatte, herbeizuschaffen und bereitete sich selbst auf die Reise vor, denn er hatte beschlossen, den Prinzen und seine Tochter zu begleiten.

Am nächsten Tag zogen der Prinz, die Prinzessin, der König und die Gefolgschaft von dreitausend Männern mit dem Affen an der Spitze aus. Auf dem Weg gelangten sie an eine Stadt. Der Affe, der vorausgelaufen war, empfing den König am Stadttor. Als der König ihn fragte: „Wem gehört diese Stadt?", antwortete der Affe ihm: „Dies ist die Stadt unseres Ascheprinzen! Hier leben seine Untertanen!"

Darauf liefen sie weiter und der Affe lief wieder allen voraus. Sie kamen nach einer Weile an eine zweite Stadt, und wieder erwartete der Affe den König am Tor. Der König fragte erneut: „Und wessen Stadt ist das?" – „Auch sie gehört unserem Ascheprinzen!" antwortete der Affe. „Hier leben seine Minister!" Nach einem weiteren Teil des Weges gelangten sie in einen tiefen Wald. Der Affe sprang von Ast zu Ast und von Baum zu Baum, während die anderen zu Pferde oder zu Fuß daherzogen. In der Ferne konnte der Affe einen Palast sehen. Er wußte, daß dieser Palast von einem Rāksa und dessen Frau bewohnt wurde. Der Rāksa und die Rāksi waren jedoch zu dieser Zeit nicht da. So ging der Affe, der den anderen weit vorausgelaufen war, in den Palast, öffnete die Tore, stellte sich in königlicher Pose davor und wartete auf die Ankunft des Königs und seiner Gefolgschaft.

Als der König den großen Palast des Rāksa sah, war er sehr beeindruckt. Er verbrachte eine Nacht in dem schönsten Gemach und kehrte am Tag darauf nach Hause zurück.

Als der Rāksa und seine Frau in die Nähe ihres Palastes kamen, sahen sie eine große Schar von Leuten um den Palast herum. Sie alle trugen Hacken, Spaten und Äxte und wollten gerade mit der Arbeit beginnen. Da wurden der Rāksa und seine Frau von Angst gepackt, ergriffen die Flucht und wurden seither nicht mehr gesehen. Der Affe ließ die Männer den Wald um den Palast herum roden und errichtete dort eine prächtige Stadt für seinen Prinzen.

Als alles fertig war, sprach der Affe zu dem Prinzen: „Sieh, das alles habe ich für dich getan, weil du mir damals zu Hilfe gekommen bist, als der Mann mich in dem Fluß ertränken wollte. Bist du zufrieden?“ Der Prinz erwiderte: „O mein kleiner Bruder! Ich werde dir mein ganzes Leben lang dankbar sein!“

Und so blieb der Affe bei dem Prinzen und achtete darauf, daß er nichts von dem, was er nun besaß, wieder verlieren würde.

Quelle: Schleberger, Eckard: Märchen aus Sri Lanka (Ceylon). München 1985, 92–97, Nr. 25.

H. Hans Habenichts

Es war ein bitterarmer Mann, der gar nichts besaß, womit er sein Leben hätte fristen können. Da fand er eines Tages auf dem Felde das Rohr von einer alten Flinte, nichts als das Rohr. Daraus machte er sich eine Büchse, mit der man auch schießen konnte, und nun ging er auf die Vogeljagd. So konnte er wenigstens essen! Zur Winterszeit, als es regnete, konnte er nicht auf die Jagd gehen. „Was soll ich anfangen, heute habe ich auch gar nichts zu essen!“ sagte er bei sich. Da läuft doch ein Mäuslein über die Bäumchen und schlüpft durch das Gesträuch! Schon zielt er nach ihm. Er wollte bereits auf es schießen und schoß doch nicht. Ganz nahe war er schon herangekommen und rückte ihm immer dichter auf den Pelz, da sprach es: „Töte mich nicht, zu essen will ich dir verschaffen, und reichlich obendrein!“

„Aber ich habe doch so großen Hunger! Wo es heute doch gar nichts Eßbares gibt! Und wenn es auch nur ein Mäuslein ist, ich werde es verzehren.“

„Nein“, sagte die Maus, „töte mich nicht, ich will dir Essen holen.“

Und die Maus lief fort, und jetzt seht ihr schon, wie sie sich auf die Kunst, etwas aufzutreiben, verstand, sie kam mit Mehl, Salz, Fett und allem, was er zum Essen brauchte, zurück. Und die beiden begannen sogleich mit der Zubereitung einer Mahlzeit. So lebten sie schon eine Zeitlang zusammen, als Hans Habenichts sich eine Hütte auf dem Feld zurechtmachte, ein Hüttchen aus lauter Tierhäuten, und darin wohnte er. Schön, eines Tages hatte er keine Seife, um sich zu waschen, da lief er hinaus in die Sonne, zog die Kleider aus und suchte Baumblätter zusammen.

„Was machst du denn da, Hans Habenichts?“ fragte die Maus. „Ist das etwa dein Geld, und zählst du das? Sieh einer an, was für hübsches Geld! Ich will zum König gehen und ein Zehn-Liter-Maß ausleihen, damit du es zählen kannst!“

„Aber siehst du denn nicht, daß ich nicht einmal waschen kann? Und alles ist schmutzig!“

„Aber warte doch!“

Die Maus lief zum König, dessen Palast in der Nähe war. „Daß die Hunde mich nicht beißen! Daß die Hunde mich nicht beißen!“ schrie sie, als sie dort ankam.

Das Dienstmädchen kam heraus.

„Und Ihr, Mäuslein? Wollt Ihr etwas, weil Ihr so redet?“

„Ja, Fräulein.“

„Und was wollt Ihr?“

„Ich möchte gern mit dem Herrn König sprechen.“

„Es ist gut.“

Das Dienstmädchen ging und sprach beim König: „Da kommt ein Mäuslein an, das will Euch sprechen.“

„Sagt ihm, es soll hereinkommen“, sagte der König.

Da war es schon drinnen.

„Guten Tag, Herr König, teure Majestät.“

„Guten Tag, Mäuslein, was suchst du bei mir?“

„Mein junger Herr sendet mich, Ihr möchtet ihm doch die Gefälligkeit erweisen und ihm ein Zehn-Liter-Maß leihen, er will ein wenig Geld abmessen.“

„Was muß der Herr reich sein“, sagte der König, „wenn er sein Geld sogar mit dem Zehn-Liter-Maß nachmißt! Gerne leihe ich es ihm!“

Und schon überreichte er dem Mäuslein das Gefäß. Die Maus zog es hinter sich her, so gut sie es konnte, und kam bei Hans damit an. Der saß noch draußen in der Sonne.

„Da, nimm“, sprach sie, „miß deine wenigen Schätze ab, zähle dein Geld.“

„Bis wann willst du dich eigentlich über meine Armut lustig machen?“

„Ach geh“, sagte die Maus, „geht es dir nicht ganz gut?“

In der Nähe gab es einen verwunschenen Platz, da lief die Maus hin und holte vier goldene Taler. In jede Ecke des Gefäßes legte sie einen. Und dann lief sie fort und brachte das Zehn-Liter-Maß zurück. Als sie wieder beim Palast ankam, rief sie: „Daß die Hunde ja nicht beißen!“

Schon kam das Dienstmädchen heraus: „Ihr seid es, Mäuslein?“

„Hier komme ich, Herr König, teure Majestät, ich will Euch Euer Maß zurückgeben.“

„Schön, Mäuslein.“

„Und mein junger Herr läßt vielmals danken.“

Der König warf einen Blick in das Gefäß.

„Was muß jener Herr doch ungeheuer reich sein! Nein, das nenne ich Reichtum! Er hat Gold darin gemessen!“

Die Maus lief fort und kam bei Hans an. Wenige Tage darauf fiel es ihr ein, dem Hans zu sagen, der König ließe ausrichten, er möchte einen Besuch bei ihm machen. Dabei hatte der König gar nichts davon gesagt, es war die Maus selbst, die das einfach so verfügte.

„Aber wie soll ich denn vor ihm erscheinen?“ fragte Hans.

„Wasch dich gut“, sagte die Maus.

Er warf sich in einen Bewässerungsgraben, schrubbte und wusch sich, er, der arme und zerlumpte Hans.

„Jetzt wollen wir gehen!“

Schon gingen sie von dannen. Sie mußten über einen Bach, und über den war ein schwankes Brett gelegt.

„Hier komme ich nicht hinüber“, sprach Hans, „hier falle ich bestimmt.“

„Ich laufe vorweg, und Ihr geht hinter mir hinüber.“

Die Maus lief vor und stellte sich an das andere Ufer. Als sie abschätzte, daß Hans etwa in der Mitte des Steges war, kippte sie das Brett um, und bums, lag Hans im Wasser. Er war sogleich von Kopf bis Fuß naß.

„Jetzt bist du aber hereingefallen! Wie willst du jetzt zum König gehen? Zieh die Kleider aus und lege sie in die Sonne, damit sie trocknen!“

Und schon lief die Maus wieder zum König: „Daß die Hunde ja nicht beißen!“

„Sie beißen nicht, Mäuslein. Was willst du?“

„Ihr müßt wissen, Herr König“, sagte es, „daß mein junger Herr unterwegs zu Euch ist, um Euch einen Besuch abzustatten, dabei fiel er ins Wasser und machte alle seine Kleider naß und schmutzig! Und nun sendet er mich und läßt fragen, ob Ihr so gefällig sein könntet, ihm etwas Kleidung zu borgen, damit er kommen kann."

„Aber gern, tragt etwas herbei!"

Er lieh Hans alles, vom Unterhemd angefangen, Schuhe, Socken, sogar einen Stock borgte er ihm. Die Maus kam bei Hans an: „Wie geht es dir, Hans Habenichts? Bist du trocken geworden?"

„Ach, was denkst du denn?"

„Nimm, hier sind Kleider, zieh dich an."

Hans wußte gar nicht, wie man sich richtig anzieht, er konnte die gute Kleidung gar nicht allein anlegen. Die Maus fing an, ihn anzuziehen, und band ihm auch den Schlips um.

„Und so wirst du den Stock anpacken, und so wirst du ihn tragen, du mußt ihn nicht jedesmal fest auf den Boden stoßen, sondern ihn nur ein wenig schlenkern und ihn ganz locker handhaben! Und wenn du den König begrüßest, wirst du auch nicht einfach ‚Guten Tag' sagen, sondern ‚Guten Tag, Herr König, teure Majestät, wie geht es Euch?' Dabei gibst du ihm die Hand und unterhältst dich mit ihm. Benimm dich nicht wie ein Dummkopf."

Nun gut, der arme Hans ging bedrückt weiter und bedachte traurig, in was für Dinge er sich da eingelassen hatte, und er machte der Maus Vorwürfe. Als er ankam, erwartete der König ihn in großer Garderobe. Er kam heraus, ging Hans entgegen, gab ihm die Hand, umarmte und begrüßte ihn und führte ihn hinein. Bald unterhielten sie sich über alles mögliche. Schon aßen sie zu Mittag, bald richtete man ihm auch das Nachtlager her, damit er nur ja über Nacht bliebe. Da er nicht wußte, wie er sich ankleiden sollte, war die Maus gezwungen, ihm das Frühstück an das Bett zu bringen.

„Mein junger Herr ist sehr verwöhnt, er hat die Angewohnheit, im Bett zu frühstücken, danach wäscht er sich und macht sich fertig", sagte sie.

Und dabei stand Hans vor lauter Scham und Verlegenheit nicht auf!

Eines Tages sagte die Maus zu ihm: „Willst du die Tochter des Königs heiraten? Ich will dich mit der jüngeren Königstochter vermählen."

„Was willst du da tun, Mäuslein? Um Gottes willen! Warum gehen wir nicht lieber fort?"

„Wohin denn?"

„Nach Hause."

„Nein", sprach die Maus, „mache bloß keine Dummheiten. Heute abend wirst du mit der Königstochter reden."

Und ein wenig später mahnte sie wieder: „So, wir gehen! Sei doch nicht dumm!"

Hans blickte hinauf zu den Balkonen und auf ein Treppchen, das hinaufführte.

„Wie soll ich da überhaupt raufkommen?"

„Ich nehme dich auf den Rücken."

Die Maus nahm ihn auf den Rücken. Als sie auf der halben Höhe des Treppchens waren, warf sie ihn ab.

„Au, au, au!" schrie sie dabei noch laut, während er stillschwieg und seinen Schmerz verbiß. Die Maus aber stimmte eine laute Klage an.

„Was hast du denn, Mäuslein?"

„Ach, Herr König! Ich lief hier hinauf, um nach Käse für mich auszuspähen, und jetzt habe ich solche Angst zu fallen!"

„Suche nur weiter und iß ruhig, schau dich um, und was du findest, das iß."

Hans Habenichts blieb abseits stehen, er konnte ja nicht hinaufgelangen. Die Maus aber sagte zu ihm: „Nun sieh doch bloß, warum hast du dich nicht richtig festgehalten?"

Und dabei hatte sie ihn doch mit Fleiß abgeworfen.

Am anderen Tage stand der König frühzeitig auf, die Maus desgleichen, sie brachte dem jungen Herrn das Frühstück an das Bett, wusch ihn und bediente ihn mit allem. Der König ging spazieren, das Mäuslein lief hinter ihm drein, und wenn der König sich umwendete, dann kehrte auch es um.

„Was möchtest du, Mäuslein?" fragte er.

„Ich möchte Euch etwas sagen und wage es doch nicht. Es handelt sich um etwas, was mein junger Herr gern haben möchte".

„Sag es mir nur, Mäuslein, alles, was du willst! Bei meinem Königswort, sprich!"

„Mein junger Herr möchte nämlich, daß Ihr ihm Eure jüngere Tochter gebt."

„Da verlangt er eine Hälfte meines Herzens, aber es macht nichts, ich will sie ihm zur Frau geben."

Die Maus lief schon zu Hans und sagte: „Hör zu, du wirst dich mit der Königstochter vermählen, aber wohin willst du sie dann bringen? In dein Häuslein aus Häuten vielleicht?"

„Aber was treibst du denn da wieder, Mäuslein? Wozu das alles, ich werde mich doch nicht vermählen."

„Du heiratest, und wenn du es nicht tust, dann tötet dich der König, du mußt einfach!"

Nun war Hans gezwungen, sich zu verheiraten, und er sagte, es wäre ihm recht.

„Und in den vom König geliehenen Kleidern willst du heiraten? Und dabei willst du reich sein – ave Maria!"

Schließlich lief die Maus zum verwunschenen Ort und brachte von den Socken aufwärts alles an: Schuhe, Kleider und so fort – und alles war besser, als es der König selber hatte! Die Maus kleidete Hans ein, und sie kleidete ihn gut ein.

„Nun gehen wir zur Trauung", sagte die Maus, „ich will vorgehen und mit dem Pfarrer sprechen, damit er dich vermählt."

Man suchte die Brautführer, die Maus aber lief schon vor. Etwa fünfundzwanzig Meter weiter tauchte mit einmal eine Kutsche auf.

„Wem gehört die Kutsche?" fragten alle.

„Meinem jungen Herrn Hans, jenem Herrn dort", sagte der Kutscher.

Etwas weiter vorn stand eine weitere Kutsche. Als sie an die herankamen, sagte der König: „Steigt ein, Hans, fahrt mit dem Fräulein zusammen."

„Nein, steigt Ihr ein, ich kann auch zu Pferd reiten."

Weiter vorne stand noch eine Kutsche.

„Wem gehört sie wohl?"

„Auch meinem Herrn Hans, diesem Herrn dort!"

„Steigt hier ein, Hans!"

„Nein, hier sollen die Brautführer einsteigen."

Die Brautführer stiegen ein. Weiter vorn stand wieder eine Kutsche.

„Wem gehört die wohl?"

„Meinem jungen Herrn Hans, diesem Herrn dort."

„Was ist mein Schwiegersohn doch reich", sagte der König und klatschte in die Hände, „es ist einfach wunderbar!"

In diese Kutsche nun stieg das Brautpaar ein und fuhr ab. Weiter vorn stand eine elegante, schöne Kirche. Das Mäuschen hatte sie hingestellt; dort kamen sie an, traten ein, beichteten, vermählten sich und kehrten dann heim in den Königspalast, um das Fest zu feiern. Die Maus bediente das junge Paar. Es waren schon einige Tage vergangen, da sagte die Maus eines Tages, nachdem sie Hans, der gerade allein war, näher gerufen hatte: „Was schaust du denn so trübe drein? Willst du immer hier beim König bleiben? Willst du nicht vielleicht fort?"

„Aber wohin soll ich denn das Fräulein bringen, Mäuslein!"

„Bringe es nur in dein Häuslein aus Häuten. Wohin willst du es denn sonst führen? Dahin gehst du mit ihm."

Eine schöne Bescherung! Hans war kummervoll und wußte nicht, wie alles weitergehen sollte. Wie konnte er sich auch, wo er doch so arm war, mit einer Prinzessin verheiraten!

„Hör", sagte die Maus, „morgen fährst du ab und reisest heim in dein Häuschen aus Häuten."

Sie selber lief in aller Frühe zum König und sagte: „Mein junger Herr will nach Hause reisen, Herr König, er ist Euch lange genug zur Last gefallen, und er möchte die junge Frau gern mitnehmen."

„Es ist schon recht, Mäuslein. Wie wollen wir denn reisen, reiten wir?"

„Nein, Herr König, mein junger Herr hat schon für alles Sorge getragen.“

Sogleich war eine Kutsche mit einem Kutscher da, etwas weiter davor eine weitere Kutsche mit wieder einem Kutscher, und noch eine dritte erschien. Schon fuhren alle hintereinander ab. Sie fuhren und fuhren. Bald sahen sie eine große Herde.

„Wem gehört diese Herde?“

Der Schafhirt am Wegrand sagte: „Sie gehört dem jungen Herrn Hans, diesem Herrn dort.“

Etwas später trafen sie auf eine Herde Kühe.

„Wem gehören diese Kühe?“

„Sie gehören dem jungen Herrn Hans, diesem Herrn dort.“

„Was ist mein Schwiegersohn doch reich! Das nenne ich einen schönen Besitz!“

Etwas später trafen sie auf einen Trupp starker Zugtiere.

„Wem gehört denn das viele Zugvieh?“

Die Vorarbeiter am Wege sagten: „Es gehört dem jungen Herrn Hans, diesem Herrn dort.“

Alle gaben dem König die gleiche Auskunft. Und nun kam eine Herde von Ziegen.

„Wem gehören die Ziegen?“

„Sie gehören dem jungen Herrn Hans, diesem Herrn dort.“

Bald darauf bogen sie in eine Einfahrt ein und sahen einige wunderhübsche Gebäude am Ende davon.

„Wem gehören diese Häuser?“

„Sie gehören dem jungen Herrn Hans, diesem Herrn dort.“

Als man bei Hans eintrat, war dort die feinste Eleganz. Hans besaß eine zweistöckige Villa, wie auch der König sie nicht schöner hatte.

Schon eilten die Dienstmädchen herbei: „Grüß Gott, gnädige Frau! Was darf ich Euch bringen, junger Herr? Was darf ich hier servieren? Was dort?“

„Bringt, was Ihr wollt.“

Was sollte Hans auch sonst erwidern? Er wußte ja nicht einmal die Namen der Gerichte! Der König rieb sich die Hände und trat ein paar Schritte zurück. Was für ein reicher Mann, dieser Schwiegersohn! Und was das für ein wunderbarer Besitz war! Der König sprach: „Die Großen meines Hofes mögen in meinen Palast zurückkehren und an meiner Statt regieren. Ich bleibe hier im Palast meines Schwiegersohns.“

Weder die Königin noch der König gingen wieder weg, die Großen des Hofes erhielten Befehl, den Königspalast in Ordnung zu halten und zu bewachen, der König selber blieb da. Als etliche Tage verstrichen waren, sagte das Mäuslein zu Hans: „Ich will fort, und du bleibst hier als Herr über all die Habe."

Es lief fort, und Hans blieb weinend zurück und sagte: „Wie soll das werden, wenn du fortgehst und mich allein lässest? Du warst so lange bei mir und hast mir in so vielen Angelegenheiten treu gedient!"

„Nein, bis heute und nicht länger bleibe ich bei dir", sagte die Maus, „wenn es einmal Zeit ist, komme ich und hole dich."

Und sie lief fort. Bevor ein Jahr um war, kam sie wieder, an dem Tag regnete es, und sie warf sich in die Regenrinne, die am Haus herab auf die Straße lief. Hans kam heraus und lief ein wenig umher, da bleibt mit einmal sein Blick an etwas haften. Sieht er da nicht sein Mäuslein? Er greift nach ihm, hebt es auf, streift ihm mit dem Tuch den Schmutz vom Fellchen, steckt es sich in die Tasche, geht ins Haus und setzt es auf den Tisch.

„Oh", rief die Frau, „warum bringst du das schmutzige Tierchen herein, wirf es gleich hinaus!"

„Nein", sagte er, „das ist kein schmutziges Tier."

Er ging ein Tuch holen, hüllte sein Mäuslein darein und steckte es in die Tasche. Und am Mittag lebte es wieder auf, es hatte sich wohl nur mausetot gestellt! Und es sagte zu Hans:

„Du hattest wirklich Geduld mit mir! Ich bin wahrhaftig dein Mäuslein, das, welches dir alles, was man hier sieht, verschafft hat. Und wenn du mich fortgeworfen hättest, dann wärst du von neuem in deinem Häuschen aus Häuten sitzen geblieben. Denn ich bin ein Engel vom Himmel, der Herr hat mich ausgesandt, um dir durch Zauberkraft Glück zu bringen. Jetzt will ich gehen, und wenn es an der Zeit ist, dann komme ich dich holen. Genieße alles, was du hast!"

Und es lief fort.

Die Erzählung ist hier aus,
schlüpfte in die Erde,
wuchs im Bohnenpflänzchen raus,
daß Lorenzo was erzähle.

Quelle: Pino-Saavedra, Yolando: Chilenische Volksmärchen. Düsseldorf/Köln 1964, 240–250, Nr. 36.

2. Der Wolf und die Geißlein

A. Der Wolf und die sieben jungen Geislein

Eine Geis hatte sieben junge Geislein, die sie recht mütterlich liebte und sorgfältig vor dem Wolf hütete.

Eines Tags, als sie ausgehen mußte, Futter zu holen, rief sie alle zusammen und sagte: „Liebe Kinder, ich muß ausgehen und Futter holen, wahrt euch vor dem Wolf und laßt ihn nicht herein; gebt auch Acht, denn er verstellt sich oft, aber an seiner rauhen Stimme und an seinen schwarzen Pfoten könnt ihr ihn erkennen; ist er erst einmal im Hause, so frißt er euch alle mit Haut und Haar." Nicht lange darauf als sie weggegangen war, kam auch schon der Wolf vor die Hausthüre und rief mit seiner rauhen Stimme: „Liebe Kinder, macht mir auf, ich bin eure Mutter und habe euch schöne Sachen mitgebracht." Die sieben Geiserchen aber sprachen: „Unsere Mutter bist du nicht, die hat eine feine liebliche Stimme, deine Stimme aber ist rauh, du bist der Wolf und wir machen dir nicht auf." Der Wolf aber besann sich auf eine List, gieng fort zu einem Krämer und kaufte sich ein groß Stück Kreide, die aß er und machte seine Stimme fein damit. Darnach gieng er wieder zu der sieben Geislein Hausthüre und rief mit seiner Stimme: „Liebe Kinder, laßt mich ein, ich bin eure Mutter, jedes von euch soll etwas haben." Er hatte aber seine Pfote in das Fenster gelegt, das sahen die sieben Geiserchen und sprachen: „Unsere Mutter bist du nicht, die hat keinen schwarzen Fuß, wie du; du bist der Wolf und wir machen dir nicht auf." Der Wolf gieng fort zu einem Bäcker und sprach: „Müller, streu mir fein weißes Mehl auf meine Pfote." Der Müller wollte nicht. „Wenn du es nicht thust, sprach der Wolf, so freß ich dich." Da that es der Müller aus Furcht.

Nun gieng der Wolf wieder vor der sieben Geiserchen Hausthüre und sagte: „Liebe Kinder, laßt mich ein, ich bin eure Mutter, jedes von euch soll etwas geschenkt kriegen." Die sieben Geiserchen wollten erst die Pfote sehen, und wie sie sahen, daß sie schneeweiß war und weil sie den Wolf so fein sprechen hörten, glaubten sie, es wäre ihre Mutter und machten die Thüre auf, und der Wolf kam herein. Wie sie aber sahen, wer es war, wie erschraken sie da und versteckten sich geschwind, so gut es gieng, das eine unter den Tisch, das zweite ins Bett, das dritte in den Ofen, das vierte in die Küche, das fünfte in den Schrank, das sechste unter eine große Schüssel, das siebente in die Wanduhr. Aber der Wolf fand sie alle und verschluckte sie, außer das jüngste in der Wanduhr, das blieb am Leben. Darauf, als er seine Lust gebüßt, gieng er fort.

Bald darauf kam die Mutter nach Haus. Die Hausthüre stand offen, Tisch, Stuhl und Bänke waren umgeworfen, die Schüsseln in der Küche zerbrochen, die Decke und die Kissen aus dem Bett gezogen: was für ein Jammer! Der Wolf war da gewesen und hatte ihre lieben Kinder gefressen. „Ach! Meine sieben Geiserchen sind todt!" rief sie in ihrer Traurigkeit, da sprang das jüngste aus der Wanduhr und sagte: „Eins lebt noch, liebe Mutter," und erzählte ihr, wie das Unglück gekommen war.

Der Wolf aber, nachdem er sich also wohlgethan, satt und müd war, hatte sich auf einer grünen Wiese in den Sonnenschein gelegt und war in einen tiefen Schlaf gefallen. Die alte Geis aber war klug und listig, dachte hin und her; sind denn meine Kindlein nicht zu retten! endlich sagte sie ganz vergnügt zu dem jüngsten Geislein: „Nimm Zwirn, Nadel und Scheere und folg' mir nach." Nun giengen die beiden hinaus und fanden den Wolf schnarchend auf der Wiese liegend: „Da liegt der garstige Wolf," sagte die Mutter und betrachtete ihn von allen Seiten, „Nachdem er zum Vieruhrenbrot meine sechs Kindlein hinuntergefressen hat, hat er nicht weiter laufen können; gieb mir einmal die Scheere her! Ach! Wenn sie noch lebendig in seinem Leibe wären!" Damit schnitt sie ihm den Bauch auf, und die sechs Geiserchen, die er in der Gier und Hast ganz verschluckt hatte, sprangen unversehrt heraus. Ach, was herzten sie ihre Mutter, und waren froh, daß sie aus dem dunkeln Gefängniß befreit waren. Sie aber hieß sie hingehen und große und schwere Wackersteine herbeitragen, damit mußten sie dem Wolf den Leib füllen, und sie nähte ihn wieder zu. Dann liefen sie alle fort, und versteckten sich hinter eine Hecke.

Als der Wolf ausgeschlafen hatte, so fühlt' er es so schwer im Leib und sprach: „Es rumpelt und pumpelt mir im Leib herum! Was ist das? Ich habe nur sechs Geiserchen gegessen." Er dachte, ein frischer Trunk wird mir schon helfen machte sich auf und suchte einen Brunnen; aber wie er sich darüber bückte, konnte er sich vor der Schwere der Steine nicht mehr halten, und stürzte ins Wasser und ertrank. Wie das die sieben Geiserchen sahen, kamen sie herzu gelaufen, und tanzten vor Freude um den Brunnen.

Quelle: Kinder- und Haus-Märchen. Gesammelt durch die Brüder Grimm. Kleine Ausgabe. Berlin 1825, 27–30, Nr. 4.

B. List eines wolffs

Als eine geiß auß wolt gehen zur weyde, befahl sie ihren jungen böcklein, dieweil die thür am stall niemand zu öffnen. Nicht lang war die mutter hinweg, kam ein hungeriger wolff geschlichen, wandelt seine stimme, so viel ihm möglich, und blecket, wie eine ziegen und begert aufzumachen. Das böcklein aber, der mutter gebott eyndenckend, schawet durch ein rißlein und sahe seinen feindt stehen und sprach: Die stimm hastu etwas, aber nicht die gestalt verwandelt, und wirdt dich dein betrug allhie nicht helffen.

Ob wol des feinds stimm süß und gut,
Ist doch voll falsch und trugs sein muht,
Drumb auffsehes nöhtig, was man thut.
Und:
Wenn kinds gehorsam wirdt geleist,
Den eltern pflicht und ehr beweist,
Vor gott und menschen wirdt gepreist.

Quelle: Kirchhof, Hans-Wilhelm: Wendunmuth. Herausgegeben von Hermann Österley. Bd. 4. Tübingen 1869, 269.

C. Sankt Perlipoppin und Großmutter Sau

Großmutter Sau hatte sieben Zieglein. Sie sagte ihnen: „Aufgepaßt, ich gehe zum Markte, machen Sie dem Wolfe die Tür nicht auf! Sie machen erst auf, wenn ich gesagt habe: ‚Machen Sie die Tür auf, Kindchen, ich habe meine Zitzen voll Milch und meine Hörner voll Gras'. Dann sagen sie mal: ‚Lassen sie mal Ihre Pfote durch das Türloch sehen."

Der Wolf, der gehört hatte, was die Ziege gerade gesagt hatte, kam und klopfte an die Tür: „Machen Sie die Tür auf, Kindchen, ich habe meine Zitzen voll Milch und meine Hörner voll Gras."

„Lassen Sie mal Ihre Pfote durch das Schlüsselloch sehen!"

Der Wolf zeigte seine schwarze Pfote: „Das ist der Wolf. Wir machen nicht auf."

Der Wolf geht hin, um seine Pfote in Kalk einzutauchen, und kommt an die Tür wieder klopfen: „Machen Sie die Tür auf, Kindchen, ich habe meine Zitzen voll Milch und meine Hörner voll Gras."

„Lassen Sie mal Ihre Pfote durch das Schlüsselloch sehen!"

Der Wolf läßt seine weiße Pfote sehen: „Das ist Mama!" Und das Zieglein macht die Tür auf. Wie die Kleinen sehen, es ist der Wolf, verbergen sie sich hinter dem Besen, dem Kachelofen, dem Kochkessel, in dem Backofen, in dem Waschbottich, hinter dem Stuhl und hinter der Tür. Dieses Zieglein hat der Wolf gefangen und gefressen.

Da kommt die Mutter zurück: „Machen Sie die Tür auf, Kindchen, ich habe meine Zitzen voll Milch und meine Hörner voll Gras."

„Lassen Sie mal Ihre Pfote durchs Schlüsselloch sehen!"

„Das ist Mama!"

„Und Ihr Bruder?"

„Der Wolf hat ihn gefressen." Und das Zieglein erzählt seiner Mutter, was geschehen ist.

„Warten Sie mal, wir werden ihn überlisten!"

Großmutter Sau beschließt, Waffeln zu backen; sie trägt ihren Kessel auf dem Haupte und bringt ihn auf den Acker des Wolfes.

Wie der Wolf den Kessel gesehen hatte, sagte er einem Arbeiter, der auf dem Felde arbeitete: „Was für eine Kapelle ist das?"

„Das ist die Kapelle des Sankt Perlipoppin!"

Der Wolf nähert sich: „Sankt Perlipoppin", sagt er, „geben Sie mir die Gnade, Großmutter Sau auf meinem Weg zu finden." Und er geht zum Hause der Großmutter Sau. Diese aber erinnert sich daran, daß seitlich ein alter Weg liegt, und sie kommt mit ihrem Kessel auf dem Haupte wieder heim. Dann legt sie das Waffeleisen auf das Feuer. Da schreit eines der Zieglein: „Hier kommt der Wolf!" Sie versteckt ihre Zieglein, macht dem Wolfe die Tür auf, und sagt ihm: „Sie kommen so mal sehen, ob das Waffeleisen warm ist?" Der Wolf rechnet darauf, daß er zuerst die Waffeln fressen wird. In diesem Augenblick sagt Großmutter Sau dem Wolfe: „Kommen Sie mal fühlen, ob das Eisen warm ist." Der Wolf legt seine Pfote aufs Eisen, und Großmutter macht dieses auf seiner Pfote zu. „Scheiße, scheiße mal mein Zieglein zurück!" sagt sie, während sie tanzt. Der Wolf heult: „Du brennst mich!" Und er hat dann das Zieglein zurückgegeben, das er gefressen hatte. Dann ist er brennend in den Wald gelaufen.

Ich habe ein zwei Pfennig wertes Hündlein gekauft, bin auf seinem Schwanz zurückgekommen; und als er brach, habe ich einen holunderhölzernen Schwanz statt diesem hineingepflanzt, und bin bis hier zurückgelaufen.

Quelle: Hüllen, Georg: Märchen der europäischen Völker. Bd. 6. Münster 1965, 20–22 (aus dem wallonischen Belgien).

D. Die Geißlein und der Wolf

Es war einmal eine Ziege, und die lebte mit fünf Geißlein auf einem kleinen Hof weit draußen in der Heide. Eines schönen Tages brach sich diese Ziege ein Bein. Sie wollte zum Heiligen Jakob, er möge das Bein ihr wieder heilen und sammelte ihre ganze Milch, bereitete für ihre Geißlein einen Trog voll Käse, damit sie bis zu ihrer Rückkehr zu essen hätten. Dann sprach sie: „Kinder, ich mache mich auf den Weg nach Sankt Jakob, auf daß mein Bein wieder heile. Es ist sehr weit von hier, deshalb verriegelt euch gut im Hof, solang ich abwesend sein werde. Öffnet niemandem die Tür, sonst wird man euch fressen, und bei meiner Rückkehr werde ich an der Tür singen:

„Zicklein, Geißlein
Öffnet mir die Tür,
Ich komme von Sankt Jakob
Der mir mein Bein geheilt.
Ich trage Milch
In meiner Brust
Und Laub auf meinen Hörnern."

Die Geißlein versprachen gerne alles und schlossen sich im Hofe ein. Und die Ziege machte sich auf den Weg.

Aber der Fuchs schlich gerade durch die Gegend, während die Ziege zu ihren Geißlein sprach. Er hörte alles und als die Ziege schon weit war, klopfte er an die Türe des Hofes.

„Bumm!Bumm!"

„Wer ist da?"

„Zicklein, Geißlein
Öffnet mir die Tür!"

„Das ist unsere Mutter! Das ist unsere Mutter!" schrieen die Geißlein und liefen rasch die Türe aufmachen.

Welcher Schrecken fuhr in sie, als sie sahen, wer da war! Alle ergriffen eiligst die Flucht, versteckten sich hinten im Hof und sprangen in eine kleine Hütte.

Aber der Fuchs ging auf den Backtrog zu. Er wollte nichts außer dem Käs und verzehrte ihn vergnügten Herzens. Als er schön satt war, nahm er sich noch dazu soviel mit, wie er tragen konnte und ging aus dem Hof hinaus, ohne den Geißlein etwas zuleide zu tun.

Aber auf dem Weg sah er den Wolf daher kommen. Was tun? Er hob einen großen Stein auf, kletterte auf eine Eiche, die in der Nähe stand. Der Wolf hatte den Käse gerochen und näherte sich dem Baum. Er sah den Fuchs in den Zweigen und bat ihn um ein Stück. Der Fuchs warf ihm nur ein Stück herunter.

„Das schmeckt!" sagte der Wolf. „Aber daran habe ich nicht lange zu verdauen! Ich möchte noch etwas mehr!"

„Mach die Augen zu und das Maul auf", sagt der andere.

Der Wolf schloß die Augen und riß das Maul weit auf. Er nahm sich nicht in acht. Der Fuchs nahm seinen Stein und warf ihn ihm in den Rachen mit aller Kraft.

Der Wolf war schön gefangen. Es wollte ihn fast erwürgen. Nur schwer brachte er den Stein wieder herauf, aber sein Maul war voller Blut. Er war sehr erzürnt: „Komm nur herunter, komm nur herunter, dich will ich schön versohlen! Und wenn du dich noch rühmst, so mach gleich ein Kreuz!“

Der Fuchs lachte.

„Wenn du bös wirst, wirst du nie erfahren, wo es diesen guten Käse gibt.“

Der Wolf wird sofort zahm und sagt, daß er nicht böse sei. Es wäre nur so zum Lachen, aber er wolle wissen, wo der Käse zu finden sei. Der Fuchs sagt: „Dort drüben, die Ziege hat den ganzen Trog voll. Jetzt ist sie auf Reisen, geh hin und klopf an die Tür, singe das Lied und die Geißlein werden dir auftun.“

Und er lehrte den Wolf das Lied der Ziege und der Wolf lief zur Tür des Hofes: „Bumm! Bumm!“

„Wer ist da?“

„Zicklein, Geißlein
Öffnet mir die Tür!“

„Das ist nicht unsere Mutter! Das ist sie nicht!“ schrieen die Geißlein. „Das ist wieder so ein Käsestehler.“

Und sie machten sich über ihn lustig, ohne daß sie ihm die Tür aufmachen wollten. Der Wolf machte kehrt, so wie er gekommen, unzufrieden und mit leerem Bauch. Der Fuchs sagte: „Deine Stimme ist zu rauh, sie haben dich erkannt. Aber wir werden sie dennoch daranbekommen. Geh zum Schmied und laß dir die Zunge verschmälern.“

Der Wolf geht sofort weg. Er geht zum Schmied, sich die Zunge verschmälern zu lassen. Kurz danach kommt er zurückgelaufen. „Singe“, sagte der Fuchs.

„Zicklein, Geißlein“

„Das stimmt noch nicht ganz! Die Ziege hat eine hellere Stimme!“ Und noch einmal schickte er ihn zum Schmied. Als der Wolf zurückkam, hatte er nur mehr ein kleines Stück Zunge.

„Zicklein, Geißlein“

„Jetzt stimmt es“, sagte der Fuchs. „Jetzt werden dir die Geißlein öffnen.“ Und der Wolf geht wieder zurück zum Hof.

„Bumm! Bumm!“
„Wer ist da?“
„Zicklein, Geißlein
Öffnet mir die Tür,
Ich komme von Sankt Jakob
Der mir mein Bein geheilt.
Ich bringe Milch in meiner Brust
Und Laub auf meinen Hörnern.“

„Das ist nicht unsere Mutter! Das ist sie nicht!" sagten die Großen.

„Ja, das ist sie, das ist sie," sagten die Kleinen und machten sofort die Tür auf. Was für Angst, als sie dieses häßliche Tier sahen! Nur gut, daß der Wolf zuerst den Trog fand und sich auf den Käse stürzte, während sie übereinander in die Hütte liefen und sich dort versteckten. Der Vielfraß verzehrte alles und ließ kein Krümchen zurück. Als er schön voll war, fing er an zu gähnen und sich der Länge nach im Trog auszustrecken und einzuschlafen.

Da er bereits eine gute Weile schon schlief, hörten ihn die Geißlein wie ein Ferkel schnarchen. Die Angst war ihnen etwas vergangen, so daß sie zwischen den Spalten aus der Hütte schon etwas herausspähten. Leise sagten sie zueinander: „Der Wolf schläft! Der Wolf schläft! Kochen wir Wasser, damit wir den Gierigen begießen können."

Und leise kamen sie aus ihrer Hütte, zündeten vor dem Hof ein großes Feuer an, brachten einen Kessel voll Wasser zum Kochen. Als das Wasser schön sprudelte, näherten sie sich dem Wolf, sachte, ganz sachte und begossen ihn. Und sofort war der Wolf auf den Füßen! Ganz zerfahren rennt er zur Tür und eilt in die Heide davon. Vom Hof aus schreien die Geißlein: „Der begossene Wolf! Der begossene Wolf!"

Und der Wolf antwortet von weitem: „Nur von einer Seite habt ihr mich erwischt! Nur von einer!"

Aber fort ging er trotzdem, wie ein Hasenfuß, und die Geißlein, erheitert über dieses Abenteuer, sperrten sich wieder im Hof ein. Zum Schluß kam dann die Ziege von ihrer Wallfahrt mit heilem Bein wieder heim. Als sie ihre Stimme erkannten, rannten sie die Tür auftun und hüpften ihr an den Hals. Sie erzählten ihr, was sich ereignet und redeten alle zugleich.

„Ich stieg auf einen Maulwurfhaufen
Und kam bei Labouheyre wieder heraus."

Quelle: Karlinger, Felix/Gréciano, Gertrude: Provenzalische Märchen. Düsseldorf/Köln 1974, 13–16, Nr. 4.

E. Der Wolf und die Zicklein

Einmal lebte eine Ziege im Walde in einem leeren Hause. Sie warf Junge. Die Zicklein sind klein. Die Ziege geht auf die Morka grasen. Sie sagt ihren Jungen: „Ich gehe weg, ihr schließet die Tür! Bis ich nicht komme, öffnet ja nicht! Wenn ihr öffnet, kommt der Wolf und frißt euch auf. Ich komme und singe euch, bloß dann öffnet:

‚Morka-Gras weidete ich,

Wiesengras weidete ich, In meinem einen Euter ist Sahne,
In meinem anderen Euter Milch!'"

Die Ziege macht sich daran, geht auf die Morka süßes Gras weiden. Ihre Jungen schließen die Tür, sitzen. Es kommt zum Haus der Wolf. Er geht auf und ab, kann auf keine Weise hineingehen. Er setzt sich beiseite und sitzt dort, die Heimkunft der Ziege erwartend. Die Ziege kommt gegen Abend zur Tür und sagt: „Morka-Gras weidete ich, u.s.w. Kinder, öffnet, lasset mich ein!" Die Zicklein öffnen, die Ziege geht hinein. Ihre Euter sind voll. Sie säugt ihre Jungen. Der Wolf hörte, wie sie sprach.

Die Ziege geht am nächsten Tag wieder Morka-Gras weiden. Die Jungen schließen die Tür. Es kommt der Wolf zur Tür. Die Tür ist geschlossen. Er beginnt zu singen: „Morka-Gras weidete ich, u.s.w." Er sang mit tiefer Stimme. Die Zicklein hören die Stimme und erschraken. Sie meinen: „Wer kam? Unsere Mutter singt nicht so, sie singt mit hoher Stimme." Sie öffnen nicht. Der Wolf steht eine Weile an der Tür, geht dann weg. Gegen Abend kommt die Ziege, sagt: „Morka-Gras weidete ich, u.s.w. Kinder, öffnet!" Die Jungen öffnen die Tür, Die Ziege geht ins Haus, säugt ihre Jungen. Ihre Jungen erzählen dann ihrer Mutter: „Irgend einer kam, sang mit tiefer Stimme." Ihre Mutter sagt: „Öffnet ihm nicht! Wenn ihr öffnet, frißt er euch auf." Die Zicklein sagen: „Wir lassen ihn nicht ein." Am nächsten Tag wartet wieder dort sitzend der Wolf. Die Ziege geht am Morgen weg. Die Zicklein schließen sich zu.

Es kommt wieder der Wolf, singt: „Morka-Gras weidete ich, u.s.w. Kinder, öffnet!" Er sagt es mit tiefer Stimme. Die Zicklein öffnen wieder nicht. Er steht eine Weile, dann geht er fort. Er begegnet dem Fuchs. Der Wolf fragt den Fuchs: „Frau Gevatterin, wohin gehst du?" Der Fuchs sagt: „Ich gehe irgendwohin, Gevatter!" Der Wolf sagt: „Frau Gevatterin, du weißt nicht, daß da kleine Zicklein sind. Wie könnte man die packen und fressen? Ich ging hin, die Haustür ist verschlossen. Es kommt ihre Mutter, da öffnen sie sie." Der Fuchs fragt: „Wie ruft ihnen die Mutter zu?" Der Wolf sagt: „Wenn die Mutter kommt, singt sie: ‚Morka-Gras weidete ich, u.s.w.'" sagt sie. Der Fuchs sagt: „Singe auch du so, dann öffnet man dir!" Der Wolf sagt: „Ich ging hin zwei Tage, sang ebenso. Man ließ mich nicht ein." Der Fuchs sagt: „Deine Stimme ist tief, sie erkennen dich, darum lassen sie dich nicht ein. Singe mit hoher Stimme, dann lassen sie dich ein!"

Am nächsten Tag am Morgen geht die Ziege fort. Der Wolf kommt zum Hause, beginnt hoch zu singen: „Morka-Gras weidete ich, u.s.w." Die Zicklein meinen, ihre Mutter sei gekommen, sie singt mit hoher Stimme. Sie öffnen die Tür, sehen: der Wolf kommt herein. Die Zicklein laufen weg, verstecken sich hinter dem Ofen. Der Wolf kommt ins Haus hinein, sucht sie überall. Er findet kein einziges. Er nimmt die Kufe, in der man Teig rührt, tut Wasser, Mehl in die Kufe, beginnt es zu rühren. Er rührt, rührt, pu, läßt einen Furz. Die Zicklein kichern: hihihi. Der Wolf bemerkt, wo man kicherte. Er steckt die Pfote hinein, packt ein Zicklein, zieht es heraus, frißt es auf. Er beginnt wieder zu rühren. Er rührt, rührt, furzt wieder eins: pu. Die Zicklein kichern wieder. Wieder hört es der Wolf, wo sie kichern. Er macht sich daran, zieht eins mit der Pfote heraus, frißt es auf. Die Ziege hatte drei Junge. Zwei fraß er schon auf, es blieb noch eines. Der Wolf beginnt wieder zu rühren. Er rührt, rührt, furzt wieder. Das Zicklein kichert: hihihi. Wieder hört der Wolf, wie die kleine Ziege kichert. Er macht sich daran, steckt die Pfote hinein, zieht es heraus und frißt es auf. Der Wolf meint: „Vielleicht gibt es noch mehr." Er macht sich wieder daran, beginnt zu rühren. Er rührt, rührt, furzt wieder. Es kichert nichts mehr. Er meint: „Mehr gibt es nicht." Der Wolf macht sich daran, geht hinaus und zieht fort.

Gegen Abend kommt dann die Ziege. Sie kommt zur Tür und bleibt stehen. Sie beginnt zu singen: „Morka-Gras weidete ich, u.s.w. Kinder, öffnet!" Niemand öffnet die Tür. Die Ziege meint: „Vielleicht schlafen sie, oder weshalb öffnen sie nicht?" Sie singt wieder, man öffnet wieder nicht. Sie macht sich daran, zieht an der Tür, die Tür ist nicht verschlossen. Sie tritt ins Haus, ihre Jungen sind nirgends. Die Ziege meint: „Meine Zicklein fraß der Wolf oder fraß der Bär." Die Ziege macht sich daran, geht den Wolf, den Bären aufsuchen. Sie geht inmitten des Waldes. Gegen Morgen gelangt sie zur Waldlichtung. Der Wolf hatte sich satt gefressen und liegt dort. Er schlief fest. Die Ziege geht leise zum Wolfe. Sie geht hin, stößt den Wolf mit den Hörnern in den Bauch. Sie schlitzt dem Wolf den Bauch auf. Die Zicklein fallen heraus, leben wieder auf. Die Ziege fragt ihre Jungen: „Liebet ihr eure Mutter, oder liebet ihr mehr den Wolf?" Ihre Jungen sagen: „Der Wolf war besser." Die Ziege macht sich daran, tötet alle ihre drei Jungen. Sie geht dann wieder in ihr eigenes Haus leben.

Sie beginnt für sich allein zu leben. Dann warf sie kein Junges mehr. Sie lebte allein und ging auf die Morka grasen. Da sah ein tscheremissischer Jäger diese Ziege auf der Morka. Er wollte sie schießen. Die Ziege bemerkte aber, daß der Jäger mit einer Flinte kam. Die Ziege lief davon. Der Mann kam am nächsten Tag wieder her auf die Morka der Ziege nachzustellen. Die Ziege geht wieder auf die Morka grasen. Sie späht umher, ob der Jäger dort ist. Sie sieht niemanden. Der Mann versteckte sich hinter einer Fichte. Dort stand er und machte seine Flinte schußbereit. Die Ziege kommt näher. Der Mann macht sich daran, schießt die Ziege nieder. Er tötet die Ziege. Die Ziege ist alt, groß. Der Mann kann sie nicht schleppen. Er geht heim, ein Pferd zu holen. Er kommt heim, ißt, spannt dann das Pferd ein. Er fährt um die Ziege, bringt die Ziege heim.

Er zieht ihr die Haut ab, verkauft sie, das Fleisch ißt er selbst. Der Mann sagt: „Noch nie sah ich eine solche Ziege," sagt er. „Sie war sehr groß, fett." Ende. Das Märchen dorthin, ich hierher!

Quelle: Beke, Ödon: Tscheremissische Märchen, Sagen und Erzählungen. Helsinki 1938, 639–644, Nr. 76.

F. Die Geschichte vom Wolf und der Ziege

Es war einmal eine Ziege, die hatte vier Kinder. Eines von ihnen war Schangul, eines von ihnen war Mangul, eines von ihnen war Dschul-e Dumnä, und eines von ihnen war Tul-e Sirkä. Als sie weggehen wollte, Grünzeug zu fressen, trug sie den Kindern auf: „Meine Lieben, meine Kinder! Seht her: Meine Vorder- und Hinterfüße sind rot. Wenn ich nun ausgehe, so schließet die Haustür und laßt niemand ein außer mir selbst. Wenn ich meine Vorder- und Hinterfüße durch den Türspalt hier herein setze und ihr seht, daß es meine eigenen Vorder- und Hinterfüße sind und daß sie rot sind, so öffnet die Tür! Und wenn ihr seht, daß es meine Vorder- und Hinterfüße nicht sind, sondern die Vorder- und Hinterfüße eines anderen sind, so öffnet die Tür nicht, weil es ein Wolf ist und er euch frißt."

Eines Tages hörte der Wolf hinter der Tür, wie sie da so Weisung erteilte, und er lief, machte seine Vorder- und Hinterfüße rot, kam vor die Tür und sprach: „Mein Schangul, mein Mangul, kommt und macht die Tür auf!" Schangul und Mangul kamen hinter die Tür und sagten: „Wer bist du wohl?" Der Wolf sprach: „Ich bin eure Mutter. Öffnet die Tür!" Sie sagten: „Wenn du unsere Mutter bist, so steck deine Vorder- und Hinterfüße herein, damit wir es sehen!" Da steckte der Wolf seine Vorder- und Hinterfüße hier herein, und sie sahen, daß sie rot sind. Sie glaubten, es ist ihre Mutter, und öffneten die Tür. Sobald die Tür sich öffnete, sprang der Wolf hinein. Dschul-e Dumnä lief ins Ofenloch. Tul-e Sirkä lief in den Essig. Schangul und Mangul hatten keinen Ort, wohin sie gehen sollten. Der Wolf ergriff sie, lief davon und fraß sie.

Wie nun ihre Mutter kam, sah sie: die Tür ist offen. Da rief sie: „Mein Schangul! Mein Mangul! Wo seid ihr?" Da sprangen Dschul-e Dumnä und Tul-e Sirkä hervor und erzählten: „Der Wolf ist gekommen und hat Schangul und Mangul weggeholt." Da ging die Ziege hin, gab dem Tischler ein Tschäräk von ihrer Milch und sprach: „Lieber Meister, mache diese meine Hörner sehr scharf! Ich will in den Kampf ziehen mit dem Wolf". Der Tischlermeister seinerseits machte nun mit seiner Feile die

Hörner der Ziege scharf. Die Ziege aber kam, stieg aufs Dach des Wolfshauses und rief:

„Wer hat geholt das Schangul mein?
Wer hat gefressen das Mangul mein?
Wer stellt mit mir zum Kampf sich ein?"

Da rief der Wolf:

„Ich habe geholt das Schangul dein,
Ich habe gefressen das Mangul dein,
Ich gehe auf diesen Kampf wohl ein."

Die Ziege aber rief abermals:

„Ich bin, ich bin ein Zickelein,
Habe Hörner gar spitz und fein.
Ich will zurück mein Schangulkind,
Ich hole mir wieder mein Mangulkind."

Da rief der Wolf: „Ich komme heute nicht hin zum Kampfe mit dir. Komme morgen wieder, damit ich mit dir rede. Ebenso wie ich dein Schangul gefressen und dein Mangul gefressen habe, werde ich auch dich fressen."

Die Ziege kam zurück in ihr Haus. Der Wolf aber füllte einen Beutel mit Wind, trug ihn zum Tischler und sprach: „Meister! Mache mir die Zähne scharf! Dies hier ist auch deiner Hände Lohn!" Wie nun der Tischler die Öffnung des Beutels aufmachte, bemerkte er: er ist voll Wind. Mit der Zahnzange zog er dem Wolf die Zähne. Der Wolf aber meinte, daß dies die Zähne seien, die er scharf machte. Verstand er doch nicht, daß er ihm die Zähne zog. So kam er zurück in sein Haus.

Als es Morgen wurde, kam die Ziege wieder auf das Dach des Wolfes und rief:

„Ich bin, ich bin ein Zickelein,
Habe Hörner gar spitz und fein.
Wer hat geholt das Schangul mein?
Wer hat gefressen das Mangul mein?
Ich will zurück mein Schangulkind,
Ich hole mir wieder mein Mangulkind."

Der Wolf kam heraus und sie begannen zu kämpfen. Da versetzte die Ziege dem Wolf einen solchen Hörnerstoß in den Bauch, daß sein Bauch zerriß. Schangul und Mangul aber sprangen aus dem Inneren des Wolfsbauches hervor. Sie machten sich mit ihrer Mutter auf den Weg und kamen in ihr Haus zurück.

Damit genug.

Quelle: Eilers, Wilhelm: Westiranische Mundarten. Bd. 1: Die Mundart von Chunsar. Wiesbaden 1976, 177–179.

G. Die Gazelle und das Krokodil

In einem Walde lebte eine Gazelle. Die war außerordentlich klug und tat alles mit größter Überlegung und bester Planung. Eines Tages stand sie am Wegrand, als sie von fernher sechs Ochsenkarren erblickte, die mit Lasten beladen waren. Sie rannte und setzte sich mitten auf die Straße. Als der erste Wagen, auf dem Salz war, näher kam und der Kutscher die Gazelle auf der Straße sitzen sah, sagte er:

„Gazelle! He, Gazelle! Geh weg von dieser Stelle!
Sonst werden meine Ochsen dich töten und zertreten,
Bei deinen schönen Kinderchen habe ich dann schwere Schuld."

Als die Gazelle das hörte, sagte sie: „Wirf mir einen Sack herunter, dann geh ich zur Seite!" Der Kutscher war gezwungen, ihr einen Sack Salz zu geben, und fuhr dann weiter. Da kam der zweite Wagen, auf dem Rohzukker war. Als der näher kam, setzte sich die Gazelle wiederum mitten auf die Straße. Als der Wagen nahe war, sagte der Kutscher, als er die Gazelle sah:

„Gazelle! He, Gazelle! Geh weg von dieser Stelle!
Sonst werden meine Ochsen dich töten und zertreten,
Bei deinen schönen Kinderchen hab ich dann schwere Schuld."

Da antwortete ihm die Gazelle: „Gib mir einen Sack Rohzucker, dann geh ich zur Seite!" Dem Kutscher blieb nichts anderes übrig; er nahm einen Sack herunter und gab ihn ihr. Auf diese Art brachte die Gazelle durch ihre Schlauheit vom dritten Kutscher einen Sack Zucker, vom vierten einen Sack Weizen, vom fünften einen Sack Reis und vom sechsten einen Sack Kalk zusammen.

Dann ging sie in den Wald, wo eine alte Rundhütte stand. Sie machte diese Rundhütte sauber und brachte alle Säcke und legte sie hinein. Mit dem Kalk tünchte sie dann die Hütte, daß sie wie neu war, dann machte sie die Tür fest und setzte sich dorthin. Nach ein paar Tagen bekam sie ein Junges, dem sie den Namen Gago Pamadschhar gab. Dann setzte sie das Kleine in die Hütte, schloß die Tür, und wenn sie von draußen vom Grasen kam, dann stellte sie sich an die Tür und sagte:

„Die Hütte bemalt, mit Körnern gefüllt,
Mit Zucker gepflastert, mit Salz wohlgefüllt,
Vom Volke verborgen hat Gago gegessen –
Öffne, Pamadschhar, daß ich dich treffe!"

Wenn das Junge diese Melodie hörte, öffnete es die Tür, die Gazelle kam herein und gab ihm Milch, und dann ging sie wieder fort. Nahe der Hütte der Gazelle war ein großer sumpfiger Teich, in dem ein großes Krokodil lebte. Das war schon viele Male zu der Rundhütte gekommen, um das Junge der Gazelle zu fressen, aber da es die Tür verschlossen fand, war es immer wieder umgekehrt. Einmal, als es gerade von dort umkehren wollte, sah es die Gazelle kommen. Da versteckte es sich im Gras in der Nähe. Kaum war die Gazelle angekommen, da stellte sie sich an die Tür, blickte hierhin und dorthin und sagte dann:

„Die Hütte bemalt, mit Körnern gefüllt,
mit Zucker gepflastert, mit Salz wohlgefüllt,
Vom Volke verborgen hat Gago gegessen –
Öffne, Pamadschhar, daß ich dich treffe!"

Als das Junge diese Melodie hörte, öffnete es die Tür von innen, und die Gazelle ging hinein. Das Krokodil hörte diese Worte, prägte sie sich ein und begann sie zu wiederholen. Als die Gazelle zurück ging, da ging es auch still weg und glitt leise in den Teich. Frühmorgens ging es dann zur Tür der Rundhütte und sang:

„Die Hütte bemalt, mit Körnern gefüllt,
mit Zucker gepflastert, mit Salz wohlgefüllt,
Vom Volke verborgen hat Gago gegessen –
Öffne, Pamadschhar, daß ich dich treffe!"

Als das Junge diese Melodie hörte, öffnete es die Tür von innen, und das Krokodil trat ein. Im Nu schnappte es das Junge, schloß die Tür und lief in den Teich. Nach kurzer Zeit, als die Gazelle kam, sah sie, daß die Hütte leer war und das Kind nicht da. Sie rief und rief ihr Kind lange, aber sie konnte keine Spur finden. Da sah sie dort die Fußspuren des Krokodils. Nun war sie sicher, daß das Krokodil ihr Junges geschnappt hatte. Da stellte sie sich an die Tür und begann mit lauter Stimme zu rufen:

„Die Hütte bemalt, mit Körnern gefüllt,
mit Zucker gepflastert, mit Salz wohlgefüllt,
Vom Volke verborgen hat Sabo gegessen –
Öffne, Pamadschhar, daß ich dich treffe!"

Das Krokodil hörte diese Stimme und dachte: ‚Die Gazelle hat wohl noch ein zweites Kind, das Sabo heißt – warum sollte ich das nicht auch wegholen?' Es wartete eine kleine Weile, kam dann zu dieser Hütte, stellte sich draußen hin und begann zu sagen:

„Die Hütte bemalt, mit Körnern gefüllt,
mit Zucker gepflastert, mit Salz wohlgefüllt,
Vom Volke verborgen hat Sabo gegessen –
Öffne, Pamadschhar, daß ich dich treffe!"

Als die Gazelle diese Melodie hörte, öffnete sie die Tür von innen und stellte sich an die Seite. Als das Krokodil hereinkroch, machte sie einen plötzlichen Satz, sprang heraus und machte die Tür von außen zu. Nach einiger Zeit kletterte sie auf die Hütte, legte ihr Gesicht oben an ein Loch und sagte:

„Jagdhunde kommt! Macht euch ein Fest!
Treibt an die Hunde, kommt, greift ein!“

Als das Krokodil diese Stimme hörte, kriegte es einen großen Schreck und flehte die Gazelle an: „Liebe Frau, verzeiht mir! Ich werde auch dein Kind sofort aus dem Magen herausholen! Im Namen Gottes, bring mich aus diesem Gefängnis heraus!“ Sprach's, würgte mit viel Anstrengung und spuckte das Junge schließlich wieder heil und gesund heraus. Da öffnete die Gazelle die Tür und sagte zu dem Krokodil: „Rette dich ganz rasch in den Teich, damit die Hunde es nicht merken!“ Das arme Krokodil rannte aus Angst vor den Jagdhunden ganz atemlos fort, glitt in den Teich, und die Gazelle war wieder mit ihrem Kind vereint.

Quelle: Schimmel, Annemarie: Märchen aus Pakistan. Köln 1980, 218–221, Nr. 35.

H. Das Schaf und der Wolf

Es war einmal, und ist nicht mehr. Die Hungrigen waren satt, so eine Zeit gab es, sagt man. In diesen längst vergangenen Zeiten lebten, so wird erzählt, ein Schaf und ein alter Wolf.

Das Schaf hatte vier Lämmer. Obwohl der Wolf schon lange darauf lauerte, einmal das zarte Fleisch der Lämmer zu fressen, konnte er doch nicht an sie herankommen. Er überlegte hin und her und kam dann zu dem Schluß, zuerst Freundschaft mit dem Schaf zu schließen und danach bei günstiger Gelegenheit die Lämmer zu fressen. Er suchte das Schaf auf und sprach: „Ach, liebes Schaf, laß uns doch die alte Feindschaft vergessen. Ich bin gekommen, um mit dir ein Leben lang in Freundschaft zu verbringen.“

Das gutmütige Schaf dachte, die Worte des Wolfes müssen wohl wahr sein und schloß Freundschaft mit ihm. Jeden Tag, bevor das Schaf das Haus verließ, um Gras zu fressen, schärfte es den Lämmern ein, die Tür gut von innen zu verriegeln. Bis zum Abend graste das Schaf, und wenn sich seine Euter mit Milch angefüllt hatten, kehrte es nach Hause zurück. Während es an die Tür klopfte, sprach es immer mit seiner feinen Stimme: „Sanam gardasch, manam gardasch, batscha chez!“ Das bedeutet: „Ich bin jetzt nach Hause gekommen, öffnet die Tür!“

Sowie die Lämmer die Stimme ihrer Mutter vernahmen, sprangen sie geschwind herbei, öffneten die Tür, drängten sich zärtlich mit ihren Leibern an den Leib der Mutter und saugten dann zufrieden ihre Milch, bis sie satt waren. So geschah es Tag für Tag, Abend für Abend. Eines Tages beobachtete der Wolf die Rückkehr des Mutterschafes. Während er sich hinter den abgeschnittenen Zweigen einer großen Weide versteckt hielt, kam das Schaf nach Hause, klopfte an die Tür und sprach mit sanfter Stimme: „Sanam gardasch, manam gardasch, batscha chez." Aber wie auch der Wolf die Ohren spitzte, er konnte die Worte des Schafes nicht verstehen. Am nächsten Tag verbarg er sich gleich hinter dem Haus in einem mit Disteln bewachsenen Feldstück. Aber auch diesmal verstand er nichts.

Am dritten Tag grub der Wolf ganz in der Nähe des Hauses eine Grube, begab sich da hinein und bedeckte sie geschickt mit Unkraut. Nach einer Weile kam das Schaf von der Weide mit sattem Magen, dem Euter voll Milch und ein Bündel Klee auf dem Rücken schleppend. Als jetzt der Wolf die Ohren spitzte, hörte er genau die Worte des Schafes. „Liebe Kinder, ich bin's. Sanam gardasch, manam gardasch, batscha chez!" Die Lämmer öffneten die Tür und die Mutter ging hinein. Es wurde Nacht, dann graute der Morgen. Wie jeden Tag, bevor es auf die Weide zog, gebot das Schaf den Kindern, die Tür gut zu verriegeln. An diesem Abend kam der Wolf an die Tür und sprach: „Liebe Kinder, ich bin's. Sanam gardasch, manam gardasch, batscha chez!" Aber die Lämmer entnahmen sofort aus der rauhen Stimme, daß dies ihre Mutter nicht sein könne und sagten: „Geh! Verschwinde! Du bist nicht unsere Mutter. Unsere Mutter hat keine rauhe Stimme!"

Der Wolf ärgerte sich, daß er nichts erreicht hatte und ging fort. Am nächsten Tag fing er sogleich am frühen Morgen damit an, seine Kehle zu ölen. Als seine Stimme genauso wie die des Schafes klang – es war inzwischen Abend geworden und sein Magen knurrte schon sehr – begab er sich wieder zu den Lämmern. Er klopfte an die Tür, und mit seiner nun weichen Stimme sprach er: „Liebe Kinder, ich bin's. Sanam gardasch, manam gardasch, batscha chez!"

Die armen Lämmlein dachten, es sei wirklich ihre Mutter und öffneten die Tür. Der Wolf aber, der nun endlich sein Ziel erreicht hatte, fraß sie alle auf, ohne auch nur eines zu schonen. Als das Mutterschaf mit sattem Magen, dem Euter voll Milch, auf dem Rücken ein Bündel Klee schleppend nach Hause kommt, da sieht es, daß die Tür weit offen steht! Entsetzt eilt es ins Haus, aber keines der Kinder ist da! Nur in einer Ecke liegt ein Huf, in einer anderen rollt der Kopf eines ihrer Kinder! Da weint und weint das arme Schaf und weiß nicht, wohin es sich in seinem Schmerz wenden soll.

„Dies hat bestimmt der Wolf getan, der zu mir kam und mein Freund sein wollte. Oh, du Bösewicht, glaub' ja nicht, daß ich mich nicht gebührend rächen kann! So einfältig bin ich nicht", faßte sich das Schaf wieder.

Es grub nun eine tiefe Grube im Inneren seines Hauses und bedeckte sie mit einer Schilfmatte. Am nächsten Tag, als es auf der Weide graste, will es der Zufall, daß gerade der Wolf vorbeikommt. Da spricht das Schaf ihn an: „Ha, Freund, du hast dich überhaupt nicht bei mir blicken lassen! Bist nicht einmal zu mir zu Besuch gekommen! Komm doch morgen, ich werde auf dich warten. Wir können dann gemütlich von vergangenen Zeiten plaudern!"

Der Wolf war überrascht, solche Worte von dem Schaf zu hören und dachte, es weiß sicher nicht, daß ich seine Kinder aufgegessen habe. „Vielen Dank, ich werde gern kommen, liebe Freundin, hab' mich doch schon lange nach dir und besonders den lieben kleinen Kindern gesehnt", sagte er.

Das Schaf aber dachte: „Ja, komm nur, du Schlauer, ich werde dir schon zeigen, was es mit deiner Sehnsucht auf sich hatte!" Am nächsten Tag machte es mit den Zweigen eines Aprikosenbaumes ein Feuer in der Grube an und deckte sie dann wieder mit der Schilfmatte zu. Da klopfte es schon an der Tür, der Wolf war gekommen. Das Schaf begrüßte ihn höflich und wies ihm einen Ehrenplatz auf der Schilfmatte an. Wie der Wolf aber die Schilfmatte betrat, fiel er in die Grube hinein. Im Nu brannte er von allen Seiten, seine Wolle versengte und er schrie immer wieder um Hilfe: „Ich bereue meine Tat, meine Freundin, hilf mir heraus, ich werde dir auch für jedes deiner Lämmer fünf Lämmer geben!" Wie sehr auch der Wolf jammerte und schrie, das Schaf rührte sich nicht und sagte nur: „Du hast mich von meinen Kindern, die mir süßer als Zucker waren, getrennt. Jetzt erdulde du die Strafe, die deinem Verbrechen zukommt!"

Als aber der Wolf immer wieder, ohne Unterlaß, schrie: „Freundin, hilf mir doch!" da hatte das barmherzige Schaf Mitleid mit ihm und zog es aus der Grube.

Aber wie der Wolf nun aus der Grube heraus war, wälzte er sich vor Schmerzen in der salzigen Steppe und bald darauf starb er. Das arme Schaf aber konnte auch in dem Tod des grausamen Wolfes keinen Trost finden für das bittere Leid, das der Verlust der Kinder ihr gebracht hatte. Mit Weh im Herzen und Tränen in den Augen führte es fortan ein kummervolles Leben.

Quelle: Laude-Cirtautas, Ilse: Märchen der Usbeken. Köln 1984, 9–12, Nr. 3.

3. Brüderchen und Schwesterchen

A. Brüderchen und Schwesterchen

Brüderchen nahm sein Schwesterchen an der Hand und sagte: „Seit die Mutter tot ist, haben wir keine gute Stunde mehr, die Stiefmutter schlägt uns alle Tage, und wenn wir zu ihr kommen, stößt sie uns mit dem Fuß fort; sie giebt uns auch nichts zu essen, als harte Brotkrusten; dem Hündlein unter dem Tisch gehts besser, dem wirft sie doch manchmal was Gutes zu, daß Gott erbarm, wenn das unsere Mutter wüßte! Komm laß uns miteinander fortgehen.“ Sie gingen zusammen fort und kamen in einen großen Wald, da waren sie so traurig und so müde, daß sie sich in einen hohlen Baum setzten und da Hungers sterben wollten.

Sie schliefen zusammen ein, und wie sie am Morgen aufwachten, war die Sonne schon lange aufgestiegen und schien heiß in den hohlen Baum hinein. „Schwesterchen, sagte das Brüderchen nach einer Zeit, mich dürstet so gewaltig, wenn ich ein Brünnlein in der Nähe wüßte, ich ging hin und tränk einmal, es ist mir auch, als hörte ich eins rauschen.“ – „Was hilft das, antwortete das Schwesterchen, warum willst Du trinken, da wir doch Hungers sterben wollen.“ – Brüderchen aber schwieg still und stieg heraus, und weil es das Schwesterchen immer fest mit der Hand hielt, mußte es mit heraus steigen. Die böse Stiefmutter aber war eine Hexe, und wie sie die zwei Kinder hatte fortgehen sehen, war sie ihnen nachgegangen und hatte ein klares Brünnlein in der Nähe des Baums aus dem Felsen springen lassen, das sollte durch sein Rauschen die Kinder herbeilocken und zum trinken reizen, wer davon trank, der ward in ein Rehkälbchen verwandelt. Brüderchen kam bald mit dem Schwesterchen zu dem Brünnlein, und als er es so glitzerig über die Steine springen sah, ward seine Lust immer größer, und er wollte davon trinken. Aber dem Schwesterchen war Angst, es meinte, das Brünnlein spräche im Rauschen und sagte: „Wer mich trinkt, wird zum Rehkälbchen; wer mich trinkt, wird zum Rehkälbchen!“ Da bat es das Brüderchen, nicht von dem Wasser zu trinken. „Ich höre nichts, sagte das Brüderchen, als wie das Wasser so lieblich rauscht, laß mich nur gehen!“ Damit legte es sich nieder, beugte sich herab und trank, und wie der erste Tropfen auf seine Lippen gekommen war, da lag ein Rehkälbchen an dem Brünnlein.

Das Schwesterchen weinte und weinte, die Hexe aber war böse, daß sie es nicht auch zum Trinken hatte verführen können. Nachdem es drei Tage geweint, stand es auf und sammelte die Binsen in dem Wald, und flocht ein weiches Seil daraus. Dann band es das Rehkälbchen daran und führte es mit sich. Es suchte ihm auch eine Höhle, trug Moos und Laub hinein und machte ihm ein weiches Lager; am Morgen ging es mit ihm hinaus, wo zartes Gras war und sammelte das allerschönste, das fraß es ihm aus der Hand, und das Rehkälbchen war dann vergnügt und spielte auf den Hügeln. Abends aber, wenn Schwesterchen müde war, legte es seinen Kopf auf den Rücken des Rehkälbchens, das war sein Kissen, und so schlief es ein; und hätte das Brüderchen nur seine menschliche Gestalt gehabt, das wäre ein herrliches Leben gewesen.

So lebten sie lange Jahre in dem Wald. Auf eine Zeit jagte der König und verirrte sich darin. Da fand er das Mädchen mit dem Thierlein in dem Wald und war erstaunt über seine Schönheit. Er hob es zu sich auf sein Pferd und nahm es mit, und das Rehkälbchen lief an dem Seile nebenher. An dem königlichen Hofe ward ihm alle Ehre angethan, schöne Jungfrauen mußten es bedienen, doch war es selber schöner, als alle andern; das Rehkälbchen ließ es niemals von sich, und that ihm alles Gute an. Bald darauf starb die Königin, da ward das Schwesterchen mit dem König vermählt und lebte in allen Freuden.

Die Stiefmutter aber hatte von dem Glück gehört, das dem armen Schwesterchen begegnet; sie dachte es wäre längst im Wald von den wilden Thieren gefressen worden, aber die hatten ihm nichts gethan, und nun war es Königin im Reich. Die Hexe war so böse darüber, daß sie nur darauf dachte, wie sie ihr das Glück verderben konnte. Als im folgenden Jahr die Königin einen schönen Prinzen zur Welt gebracht hatte, und der König auf der Jagd war, trat sie in der Gestalt der Kammerfrau in die Stube, worin die Kranke lag. „Das Bad ist für euch bereitet, sagte sie, das wird euch wohlthun und stärken, kommt eh' es kalt wird." Sie führte sie darauf in die Badestube; wie die Königin hineingetreten war, schloß sie die Thüre hinter ihr zu, drin aber war ein Höllenfeuer angemacht, da mußte die schöne Königin ersticken. Die Hexe hatte eine rechte Tochter, der gab sie ganz die äußerliche Gestalt der Königin und legte sie an ihrer Stelle in das Bett. Der König kam am Abend heim, und wußte nicht, daß er eine falsche Frau habe. Aber in der Nacht – sah die Kinderfrau – trat die rechte Königin in die Stube, sie ging zur Wiege, nahm ihr Kind heraus, hob es an ihre Brust und gab ihm zu trinken, dann schüttelte sie ihm sein Bettchen auf, legte es wieder hinein und deckte es zu. Darauf ging sie in die Ecke wo das Rehkälbchen schlief und streichelte ihm über den Rücken. So kam sie alle Nacht und ging wieder fort, ohne ein Wort zu sprechen.

Einmal aber trat sie wieder ein und sprach:

„Was macht mein Kind? Was macht mein Reh?
Nun komm' ich noch zweimal und dann nimmermehr."

und that alles, wie in den andern Nächten.

Die Kinderfrau weckte aber den König und sagte es ihm heimlich. Der König wachte die andere Nacht, und da sah er auch, wie die Königin kam und hörte deutlich ihre Worte:

„Was macht mein Kind? Was macht mein Reh?
Nun komm' ich noch einmal und dann nimmermehr."

Aber er getraute sich nicht, sie anzureden. In der andern Nacht wacht' er wieder, da sprach die Königin:

„Was macht mein Kind? was macht mein Reh?
nun komm' ich noch diesmal her und dann nimmermehr."

Da konnte sich der König nicht länger halten, sprang auf und umarmte sie, und wie er sie anrührte, ward sie wieder lebendig, frisch und roth. Die falsche Königin ward in den Wald geführt, wo die wilden Thiere sie fraßen, die böse Stiefmutter aber ward verbrannt, und wie das Feuer sie verzehrte, da verwandelte sich das Rehkälbchen, und Brüderchen und Schwesterchen waren wieder beisammen und lebten glücklich ihr Lebelang.

Quelle: Kinder- und Haus-Märchen. Gesammelt durch die Brüder Grimm. Berlin 1812, 33–38, Nr. 11

B. Brüderchen und Schwesterchen

Brüderchen nahm sein Schwesterchen an der Hand und sprach: „Seit die Mutter tot ist, haben wir keine gute Stunde mehr; die Stiefmutter schlägt uns alle Tage, und wenn wir zu ihr kommen, stößt sie uns mit den Füßen fort. Die harten Brotkrusten, die übrigbleiben, sind unsere Speise, und dem Hündlein unter dem Tisch geht's besser: dem wirft sie doch manchmal einen guten Bissen zu. Daß Gott erbarm, wenn das unsere Mutter wüßte! Komm, wir wollen miteinander in die weite Welt gehen." Sie gingen den ganzen Tag über Wiesen, Felder und Steine, und wenn es regnete, sprach das Schwesterchen: „Gott und unsere Herzen, die weinen zusammen!" Abends kamen sie in einen großen Wald und waren so müde von Jammer, Hunger und dem langen Weg, daß sie sich in einen hohlen Baum setzten und einschliefen.

Am andern Morgen, als sie aufwachten, stand die Sonne schon hoch am Himmel und schien heiß in den Baum hinein. Da sprach das Brüderchen: „Schwesterchen, mich dürstet, wenn ich ein Brünnlein wüßte, ich ging' und tränk' einmal; ich mein, ich hört eins rauschen." Brüderchen stand auf, nahm Schwesterchen an der Hand, und sie wollten das Brünnlein suchen. Die böse Stiefmutter aber war eine Hexe und hatte wohl gesehen, wie die beiden Kinder fortgegangen waren, war ihnen nachgeschlichen, heimlich, wie die Hexen schleichen, und hatte alle Brunnen im Walde verwünscht. Als sie nun ein Brünnlein fanden, das so glitzerig über die Steine sprang, wollte das Brüderchen daraus trinken; aber das Schwesterchen hörte, wie es im Rauschen sprach: „Wer aus mir trinkt, wird ein Tiger; wer aus mir trinkt, wird ein Tiger.“ Da rief das Schwesterchen: „Ich bitte dich, Brüderchen, trink nicht, sonst wirst du ein wildes Tier und zerreißest mich.“ Das Brüderchen trank nicht, ob es gleich so großen Durst hatte, und sprach: „Ich will warten bis zur nächsten Quelle.“ Als sie zum zweiten Brünnlein kamen, hörte das Schwesterchen, wie auch dieses sprach: „Wer aus mir trinkt, wird ein Wolf; wer aus mir trinkt, wird ein Wolf.“ Da rief das Schwesterchen: „Brüderchen, ich bitte dich, trink nicht, sonst wirst du ein Wolf und frissest mich.“ Das Brüderchen trank nicht und sprach: „Ich will warten, bis wir zur nächsten Quelle kommen, aber dann muß ich trinken, du magst sagen, was du willst: mein Durst ist gar zu groß.“ Und als sie zum dritten Brünnlein kamen, hörte das Schwesterlein, wie es im Rauschen sprach: „Wer aus mir trinkt, wird ein Reh; wer aus mir trinkt, wird ein Reh.“ Das Schwesterchen sprach: „Ach Brüderchen, ich bitte dich, trink nicht, sonst wirst du ein Reh und läufst mir fort.“ Aber das Brüderchen hatte sich gleich beim Brünnlein niedergeknieet, hinabgebeugt und von dem Wasser getrunken, und wie die ersten Tropfen auf seine Lippen gekommen waren, lag es da als ein Rehkälbchen.

Nun weinte das Schwesterchen über das arme, verwünschte Brüderchen, und das Rehchen weinte auch und saß so traurig neben ihm. Da sprach das Mädchen endlich: „Sei still, liebes Rehchen, ich will dich ja nimmermehr verlassen.“ Dann band es sein goldenes Strumpfband ab und tat es dem Rehchen um den Hals, und rupfte Binsen und flocht ein weiches Seil daraus. Daran band es das Tierchen und führte es weiter und ging immer tiefer in den Wald hinein. Und als sie lange, lange gegangen waren, kamen sie endlich an ein kleines Haus, und das Mädchen schaute hinein, und weil es leer war, dachte es: „Hier können wir bleiben und wohnen.“ Da suchte es dem Rehchen Laub und Moos zu einem weichen Lager, und jeden Morgen ging es aus und sammelte sich Wurzeln, Beeren und Nüsse, und für das Rehchen brachte es zartes Gras mit, das fraß es ihm aus der Hand, war vergnügt und spielte vor ihm herum. Abends, wenn Schwesterchen müde war und sein Gebet gesagt hatte, legte es seinen Kopf auf den Rücken des Rehkälbchens, das war sein Kissen, darauf es sanft einschlief. Und hätte das Brüderchen nur seine menschliche Gestalt gehabt, es wäre ein herrliches Leben gewesen.

Das dauerte eine Zeitlang, daß sie so allein in der Wildnis waren. Es trug sich aber zu, daß der König des Landes eine große Jagd in dem Wald hielt. Da schallte das Hörnerblasen, Hundegebell und das lustige Geschrei der Jäger durch die Bäume, und das Rehlein hörte es und wäre gar zu gern dabei gewesen. „Ach“, sprach es zum Schwesterlein, „laß mich hinaus in die Jagd, ich kann's nicht länger mehr aushalten“, und bat so lange, bis es einwilligte. „Aber“, sprach es zu ihm, „komm mir ja abends wieder, vor den wilden Jägern schließ ich mein Türlein; und damit ich dich kenne, so klopf und sprich: Mein Schwesterlein, laß mich herein; und wenn du nicht so sprichst, so schließ ich mein Türlein nicht auf.“ Nun sprang das Rehchen hinaus und war ihm so wohl und war so lustig in freier Luft. Der König und seine Jäger sahen das schöne Tier und setzten ihm nach, aber sie konnten es nicht einholen, und wenn sie meinten, sie hätten es gewiß, da sprang es über das Gebüsch weg und war verschwunden. Als es dunkel ward, lief es zu dem Häuschen, klopfte und sprach: „Mein Schwesterlein, laß mich herein.“ Da ward ihm die kleine Tür aufgetan, es sprang hinein und ruhete sich die ganze Nacht auf seinem weichen Lager aus. Am andern Morgen ging die Jagd von neuem an, und als das Rehlein wieder das Hüfthorn hörte und das Hoho! der Jäger, da hatte es keine Ruhe und sprach: „Schwesterchen, mach mir auf, ich muß hinaus.“ Das Schwesterchen öffnete ihm die Türe und sprach: „Aber zu Abend mußt du wieder da sein und dein Sprüchlein sagen.“ Als der König und seine Jäger das Rehlein mit dem goldenen Halsband wieder sahen, jagten sie ihm alle nach, aber es war ihnen zu schnell und behend. Das währte den ganzen Tag, endlich aber hatten es die Jäger abends umzingelt, und einer verwundete es ein wenig am Fuß, so daß es hinken mußte und langsam fortlief. Da schlich ihm ein Jäger nach bis zum Häuschen und hörte, wie es rief: „Mein Schwesterlein, laß mich herein“, und sah, daß die Tür ihm aufgetan und alsbald wieder zugeschlossen ward. Der Jäger behielt das alles wohl im Sinn, ging zum König und erzählte ihm, was er gesehen und gehört hatte. Da sprach der König: „Morgen soll noch einmal gejagt werden.“

Das Schwesterchen aber erschrak gewaltig, als es sah, daß sein Rehkälbchen verwundet war. Es wusch ihm das Blut ab, legte Kräuter auf und sprach: „Geh auf dein Lager, lieb Rehchen, daß du wieder heil wirst.“ Die Wunde aber war so gering, daß das Rehchen am Morgen nichts mehr davon spürte. Und als es die Jagdlust wieder draußen hörte, sprach es: „Ich kann's nicht aushalten, ich muß dabei sein; so bald soll mich keiner kriegen.“ Das Schwesterchen weinte und sprach: „Nun werden sie dich töten, und ich bin hier allein im Wald und bin verlassen von aller Welt: ich laß dich nicht hinaus.“ – „So sterb ich dir hier vor Betrübnis“, antwortete das Rehchen, „wenn ich das Hüfthorn höre, so mein ich, ich müßt aus den Schuhen springen!“ Da konnte das Schwesterchen nicht anders und schloß ihm mit schwerem Herzen die Tür auf, und das

Rehchen sprang gesund und fröhlich in den Wald. Als es der König erblickte, sprach er zu seinen Jägern: „Nun jagt ihm nach den ganzen Tag bis in die Nacht, aber daß ihm keiner etwas zuleide tut.“ Sobald die Sonne untergegangen war, sprach der König zum Jäger: „Nun komm und zeige mir das Waldhäuschen.“ Und als er vor dem Türlein war, klopfte er an und rief: „Lieb Schwesterlein, laß mich herein.“ Da ging die Tür auf, und der König trat herein, und da stand ein Mädchen, das war so schön, wie er noch keins gesehen hatte. Das Mädchen erschrak, als es sah, daß nicht sein Rehlein, sondern ein Mann hereinkam, der eine goldene Krone auf dem Haupt hatte. Aber der König sah es freundlich an, reichte ihm die Hand und sprach: „Willst du mit mir gehen auf mein Schloß und meine liebe Frau sein?“ – „Ach ja“, antwortete das Mädchen, „aber das Rehchen muß auch mit, das verlaß ich nicht.“ Sprach der König: „Es soll bei dir bleiben, solange du lebst, und soll ihm an nichts fehlen.“ Indem kam es hereingesprungen, da band es das Schwesterchen wieder an das Binsenseil, nahm es selbst in die Hand und ging mit ihm aus dem Waldhäuschen fort.

Der König nahm das schöne Mädchen auf sein Pferd und führte es in sein Schloß, wo die Hochzeit mit großer Pracht gefeiert wurde, und war es nun die Frau Königin und lebten sie lange Zeit vergnügt zusammen; das Rehlein ward gehegt und gepflegt und sprang in dem Schloßgarten herum. Die böse Stiefmutter aber, um derentwillen die Kinder in die Welt hineingegangen waren, die meinte nicht anders, als Schwesterchen wäre von den wilden Tieren im Walde zerissen worden und Brüderchen als ein Rehkalb von den Jägern totgeschossen. Als sie nun hörte, daß sie so glücklich waren und es ihnen so wohl ging, da wurden Neid und Mißgunst in ihrem Herzen rege und ließen ihr keine Ruhe, und sie hatte keinen andern Gedanken, als wie sie die beiden doch noch ins Unglück bringen könnte. Ihre rechte Tochter, die häßlich war wie die Nacht und nur noch ein Auge hatte, die machte ihr Vorwürfe und sprach: „Eine Königin zu werden, das Glück hätte mir gebührt.“ – „Sei nur still“, sagte die Alte und sprach sie zufrieden: „Wenn’s Zeit ist, will ich schon bei der Hand sein.“ Als nun die Zeit herangerückt war und die Königin ein schönes Knäblein zur Welt gebracht hatte und der König gerade auf der Jagd war, nahm die alte Hexe die Gestalt der Kammerfrau an, trat in die Stube, wo die Königin lag, und sprach zu der Kranken: „Kommt, das Bad ist fertig, das wird Euch wohltun und frische Kräfte geben: geschwind, eh es kalt wird.“ Ihre Tochter war auch bei der Hand, sie trugen die schwache Königin in die Badstube und legten sie in die Wanne; dann schlossen sie die Tür ab und liefen davon. In der Badstube aber hatten sie ein rechtes Höllenfeuer angemacht, daß die schöne junge Königin bald ersticken mußte.

Als das vollbracht war, nahm die Alte ihre Tochter, setzte ihr eine Haube auf und legte sie ins Bett an der Königin Stelle. Sie gab ihr auch die Gestalt und das Ansehen der Königin, nur das verlorene Auge konnte sie ihr nicht wiedergeben. Damit es aber der König nicht merkte, mußte sie sich auf die Seite legen, wo sie kein Auge hatte. Am Abend, als er heimkam und hörte, daß ihm ein Söhnlein geboren war, freute er sich herzlich und wollte ans Bett seiner lieben Frau gehen und sehen, was sie machte. Da rief die Alte geschwind: „Beileibe, laßt die Vorhänge zu, die Königin darf noch nicht ins Licht sehen und muß Ruhe haben." Der König ging zurück und wußte nicht, daß eine falsche Königin im Bette lag. Als es aber Mitternacht war und alles schlief, da sah die Kinderfrau, die in der Kinderstube neben der Wiege saß und allein noch wachte, wie die Türe aufging und die rechte Königin hereintrat. Sie nahm das Kind aus der Wiege, legte es in ihren Arm und gab ihm zu trinken. Dann schüttelte sie ihm sein Kißchen, legte es wieder hinein und deckte es mit dem Deckbettchen zu. Sie vergaß aber auch das Rehchen nicht, ging in die Ecke, wo es lag, und streichelte ihm über den Rücken. Darauf ging sie ganz stillschweigend wieder zur Türe hinaus, und die Kinderfrau fragte am andern Morgen die Wächter, ob jemand während der Nacht ins Schloß gegangen wäre, aber sie antworteten: „Nein, wir haben niemand gesehen." So kam sie viele Nächte und sprach niemals ein Wort dabei; die Kinderfrau sah sie immer, aber sie getraute sich nicht, jemand etwas davon zu sagen.

Als nun so eine Zeit verflossen war, da hub die Königin in der Nacht an zu reden und sprach:

„Was macht mein Kind? Was macht macht mein Reh?
Nun komm ich noch zweimal und dann nimmermehr."

Die Kinderfrau antwortete ihr nicht, aber als sie wieder verschwunden war, ging sie zum König und erzählte ihm alles. Sprach der König: „Ach Gott, was ist das! Ich will in der nächsten Nacht bei dem Kinde wachen." Abends ging er in die Kinderstube, aber um Mitternacht erschien die Königin wieder und sprach:

„Was macht mein Kind? Was macht mein Reh?
Nun komm ich noch einmal und dann nimmermehr."

Und pflegte dann des Kindes, wie sie gewöhnlich tat, ehe sie verschwand. Der König getraute sich nicht, sie anzureden, aber er wachte auch in der folgenden Nacht. Sie sprach abermals:

„Was macht mein Kind? Was macht mein Reh?
Nun komm ich noch diesmal und dann nimmermehr."

Da konnte sich der König nicht zurückhalten, sprang zu ihr und sprach: „Du kannst niemand anders sein als meine liebe Frau." Da antwortete sie: „Ja, ich bin deine liebe Frau", und hatte in dem Augenblick durch Gottes Gnade das Leben wiedererhalten, war frisch, rot und gesund. Darauf erzählte sie dem König den Frevel, den die böse Hexe und ihre Tochter an ihr verübt hatten. Der König ließ beide vor Gericht führen, und es ward ihnen das Urteil gesprochen. Die Tochter ward in den Wald geführt, wo sie die wilden Tiere zerrissen, die Hexe aber ward ins Feuer gelegt und mußte jammervoll verbrennen. Und wie sie zu Asche verbrannt war, verwandelte sich das Rehkälbchen und erhielt seine menschliche Gestalt wieder; Schwesterchen und Brüderchen aber lebten glücklich zusammen bis an ihr Ende.

Quelle: Kinder und Hausmärchen gesammelt durch die Brüder Grimm. Große Ausgabe. Siebente Auflage. Göttingen 1857, 57-64, Nr. 11.

C. Schwesterchen Aljonuschka und Brüderchen Iwanuschka

Es lebten einmal ein Zar und eine Zarin; die hatten einen Sohn und eine Tochter, der Sohn hieß Iwanuschka und die Tochter Aljonuschka. Da starben der Zar und die Zarin; die Kinder blieben allein zurück und zogen durch die weite Welt. Sie gingen und gingen und gingen...; sie gehen und sehen einen Teich, und an dem Teich weidet eine Herde Kühe. „Ich habe Durst", sagt Iwanuschka. „Trink nicht, Brüderchen, sonst wirst du ein Kälbchen", sagt Aljonuschka. Er gehorchte, und sie gingen weiter; sie gingen und gingen und sehen einen Fluß, und daneben eine Herde Pferde. „Ach, Schwesterchen! Wenn du wüßtest, wie mich dürstet!" – „Trink nicht, Brüderchen, sonst wirst du ein Füllen!" Iwanuschka gehorchte, und sie gingen weiter; sie gingen und gingen und sehen einen See, und an seinem Ufer tummelt sich eine Herde Schafe. „Ach, Schwesterchen! Ich habe fürchterlichen Durst!" – „Trink nicht, Brüderchen, sonst wirst du ein Schafböckchen!" Iwanuschka gehorchte, und sie gingen weiter; sie gingen und gingen und sehen ein Flüßchen, daneben aber werden Schweine gehütet. „Ach, Schwesterchen, ich trinke; ich habe schrecklichen Durst!" – „Trink nicht, Brüderchen, sonst wirst du ein Ferkelchen!" Iwanuschka gehorchte wieder, und sie gingen weiter; sie gingen und gingen und sehen: am Wasser weidet eine Herde Ziegen. „Ach, Schwesterchen, ich trinke!" – „Trink nicht, Brüderchen, sonst wirst du ein Böckchen!" Er hielt's nicht aus, gehorchte der Schwester nicht, trank und wurde ein Böckchen, springt vor Aljonuschka her und schreit: „Mek-mek-mek! Mek-mek-mek!"

Aljonuschka band ihm einen seidenen Gürtel um und führte es daran, und sie weinte und weinte bitterlich... Das Böckchen lief und lief und lief in den Garten zu einem Zaren. Die Leute sahen's und meldeten sogleich dem Zaren: „Bei uns, Eure Kaiserliche Majestät, ist im Garten ein Böckchen, ein Mädchen hält es an einem Gürtel, das ist aber ein schönes Kind!" Der Zar befahl zu fragen, wer sie ist. Die Leute fragen sie: woher sie ist und welcher Herkunft? „So und so", sagt Aljonuschka, „es war ein Zar und eine Zarin, die starben, wir Kinder blieben zurück, ich, die Zarentochter, und mein Brüderchen hier, der Zarewitsch; er hielt's nicht aus, hat Wasser getrunken und ist ein Böckchen geworden." Die Leute meldeten das dem Zaren. Der Zar rief Aljonuschka und befragte sie über alles; sie gefiel ihm, und der Zar wollte sie heiraten. Bald machten sie Hochzeit, lebten miteinander, und das Böckchen mit ihnen – tummelt sich im Garten und trinkt und ißt zusammen mit dem Zaren und der Zarin.

Einmal ritt der Zar auf die Jagd. Zu dieser Zeit kam eine Zauberin und behexte die Zarin; Aljonuschka wurde krank, so elend und so bleich. Am Hofe des Zaren wurde alles traurig; die Blumen im Garten welkten, die Bäume vertrockneten, und das Gras wurde dürr. Der Zar kehrte zurück und fragte die Zarin: „Bist du krank?" – „Ja, ich bin krank", sagt die Zarin. Am anderen Tag ritt der Zar wieder auf die Jagd. Aljonuschka liegt krank; da kommt die Zauberin zu ihr und sagt: „Willst du, daß ich dich heile? Geh zu dem und dem Meer um die und die Zeit und trink dort Wasser!" Die Zarin gehorchte und ging in der Dämmerung zum Meer, die Zauberin aber wartet schon auf sie, packte sie, band ihr einen Stein um den Hals und warf sie ins Meer. Aljonuschka sank auf den Grund; das Böckchen kam gelaufen und weinte bitterlich. Die Zauberin aber nahm die Gestalt der Zarin an und ging ins Schloß. Der Zar kam zurück und freute sich, daß die Zarin wieder gesund war. Sie deckten den Tisch und setzten sich zum Essen. „Und wo ist das Böckchen?" fragt der Zar. „Ich will es nicht haben", sagt die Zauberin, „ich habe verboten, es einzulassen; es riecht so nach Bock." Am anderen Tag, kaum daß der Zar auf die Jagd gefahren war, schlug die Zauberin das Böckchen, prügelte und prügelte's und droht ihm: „Warte nur, wenn der Zar zurückkommt, bitte ich, dich zu schlachten." Der Zar kam; die Zauberin bedrängt ihn: Befiehl doch nur, das Böckchen zu schlachten; es ist mir über, ist mir ganz zuwider geworden! Dem Zar tat das Böckchen leid, aber was wollte er machen, sie läßt ihm keine Ruhe, bittet so, daß der Zar schließlich einverstanden war und erlaubte, es zu schlachten.

Das Böckchen sieht: schon schliffen sie die stählernen Messer, und es begann zu weinen, lief zum Zaren und bettelt: „Zar! Laß mich ans Meer gehen, Wasser trinken und meine Därme spülen!"

Der Zar ließ es gehen. Da lief das Böckchen zum Meer, stellte sich ans Ufer und schrie kläglich:

Aljonuschka, mein Schwesterchen!
Komm doch, komm ans Ufer her.
Es brennen die Feuer, die brennenden,
Es kochen die Kessel, die kochenden,
Sie schleifen die Messer, die stählernen,
Und wollen, ach wollen mich schlachten!

Sie antwortet ihm:

Iwanuschka, mein Brüderchen!
Ein schwerer Stein zieht mich zum Grunde,
Eine grimmige Schlange hat's Herz ausgesaugt!

Das Böckchen weinte und lief zurück. Zur Mittagszeit bettelt es den Zaren wieder: „Zar! Laß mich ans Meer gehen, Wasser trinken und meine Därme spülen!“ Der Zar ließ es gehen. Da lief das Böckchen zum Meer und schrie kläglich:

Aljonuschka, mein Schwesterchen!
Komm doch, komm ans Ufer her.
Es brennen die Feuer, die brennenden,
Es kochen die Kessel, die kochenden,
Sie schleifen die Messer, die stählernen,
Und wollen, ach wollen mich schlachten!

Sie antwortet ihm:

Iwanuschka, mein Brüderchen!
Ein schwerer Stein zieht mich zum Grunde,
Eine grimmige Schlange hat's Herz ausgesaugt!

Das Böckchen weinte und lief wieder nach Hause. Der Zar denkt: Was bedeutet das wohl, das Böckchen läuft immer zum Meer? Da bettelte das Böckchen zum drittenmal: „Zar! Laß mich ans Meer gehen, Wasser trinken und meine Därme spülen!“ Der Zar ließ es fort und ging ihm nach; kommt zum Meer und hört – das Böckchen ruft sein Schwesterchen:

Aljonuschka, mein Schwesterchen!
Komm doch, komm ans Ufer her.
Es brennen die Feuer, die brennenden,
Es kochen die Kessel, die kochenden,

Sie schleifen die Messer, die stählernen,
Und wollen, ach wollen mich schlachten!

Sie antwortet ihm:

Iwanuschka, mein Brüderchen!
Ein schwerer Stein zieht mich zum Grunde,
Eine grimmige Schlange hat's Herz ausgesaugt!

Das Böckchen rief sein Schwesterchen nochmals. Aljonuschka kam nach oben geschwommen und zeigte sich über dem Wasser. Der Zar ergriff sie, riß den Stein von ihrem Hals, zog Aljonuschka ans Ufer und fragt: „Wie ist das geschehen?“ Sie erzählte ihm alles. Der Zar freute sich, und das Böckchen auch – es springt umher, und im Garten wurde alles grün und begann zu blühen. Die Zauberin aber befahl der Zar hinzurichten: sie errichteten auf dem Hof einen Scheiterhaufen und verbrannten sie. Danach lebten Zar und Zarin mit dem Böckchen herrlich und in Freuden, wurden reiche Leute und tranken und aßen zusammen wie früher.

Quelle: Pomeranzewa, Erna: Russische Volksmärchen. Berlin 1964, 321–325, Nr. 44

D. Vom Brüderchen und Schwesterchen, die in einen Hammel und eine Ente verzaubert wurden

Es waren einmal zwei Kinder, Jasiek und Marysia. Die Mutter war ihnen gestorben, und der Vater hatte sich eine neue Frau genommen. Aber die neue Mutter mochte die Kinder nicht, schimpfte fortwährend mit ihnen, gab ihnen nicht genug zu essen und wollte sie gern aus dem Haus haben. Der Vater grämte sich deshalb sehr und kam schließlich auf den Gedanken, die Kinder in den Wald zu führen. Vielleicht würde sich dort jemand finden, der besser für sie sorgte als die neue Mutter. Gedacht – getan! Eines Tages sagte er zu den Kindern: „Kinder, kommt mit mir in den Wald. Ich will Bäume fällen, ihr werdet die Späne auflesen und mir auch sonst helfen.“

Er nahm Axt, Säge und eine große Keule, die er geschnitzt hatte. Dann gingen sie. Er führte die Kinder tief in den Wald, hieß sie auf einem Baumstumpf niedersitzen, gab jedem von ihnen eine Scheibe schwarzen Brotes, mit Butter bestrichen, und sagte: „Bleibt hier sitzen! Und damit ihr keine Langeweile habt, eßt das Brot und wartet auf mich. Ich gehe noch ein Stück weiter und will Bäume fällen. Wenn ich fertig bin, rufe ich euch. Dann könnt ihr die Späne auflesen."

Dann ging er. Nach einer Weile hörten die Kinder im Walde ein Pochen – puch, puch, als ob jemand einen Baum fällt. Sie dachten, das sei der Vater, und warteten, daß er sie riefe. Sie warteten eine Stunde, zwei Stunden, aber nichts geschah, und der Vater war nicht zu sehen. Da sagte Marysia: „Jasiek, ich fürchte mich." – „Aber nein, fürchte dich nicht! Komm, wir gehen den Vater suchen."

Sie standen auf und gingen dem Pochen nach. Sie kamen an einen Baum, und als sie hinaufsahen, hing da die Keule, die der Vater mitgenommen hatte, und schlug gegen die Äste. Aber der Vater war nicht da.

„O weh, Marysia! Nun werden wir im Walde übernachten müssen, denn der Vater hat uns vergessen."

Marysia weinte, aber Jasiek tröstete sie: „Fürchte dich nicht, Marysia! Der Mond scheint, es ist hell; komm, wir gehen weiter, uns wird nichts geschehen."

Und sie gingen. Sie wanderten die ganze Nacht durch den Wald, und nichts geschah ihnen, sie stießen sich nicht einmal an einem Stein. Gegen Morgen, als es dämmerte, kamen sie aus dem Wald heraus auf freies Feld.

„Marysia", sagte Jasiek, „ich bin hungrig." – „Ich würde dir gern etwas geben, aber ich habe selber nichts."

So gingen sie weiter. Sie kamen an ein Wasser, an einen seichten Fischteich.

„Marysia, ich bin durstig", sagte Jasiek.

Sie erwiderte: „Sieh nur dort! Im Wasser liegt ein Horn von einem Hammel. Wir holen es heraus, und du trinkst daraus."

Marysia holte das Horn heraus. Jasiek nahm es, trank daraus, und im selben Augenblick wurde er zu einem Hammel; denn das Horn war verzaubert. Als Marysia das sah, weinte sie sehr, denn sie fürchtete sich.

Er aber sprach: „Fürchte dich nicht, Schwesterchen, ich bleibe immer bei dir so wie vorher, und kein Leid soll dir geschehen!"

Da verlor sie ihre Angst, und sie gingen zusammen weiter. Sie kamen an eine Wiese, auf der ein Heuhaufen lag. Und da sie sehr müde waren, liefen sie zu dem Heuhaufen, verkrochen sich darin und schliefen ein. Sie schliefen den ganzen Tag und die ganze Nacht hindurch und wachten erst auf, als die Sonne schon wieder hoch am Himmel stand.

Gerade in diesem Augenblick kam auf dem Wege am Rande der Wiese ein reicher Herr in einer Kutsche dahergefahren. Sein Hund sprang vom Wagen, lief geradewegs zu dem Heuhaufen und begann laut zu bellen. Der Herr wunderte sich, ließ den Kutscher halten und schickte ihn auf die Wiese, um nachzusehen, was es da gäbe. Der Kutscher ging, aber besah sich das Heu nur flüchtig, kehrte zurück und sagte: „Ach, da ist nichts. Was soll es da schon geben!“

Doch der Hund hörte nicht auf zu bellen. Da ging der Herr selber und fand das Mädchen mit dem Hammel. Er fragte sie, wer sie sei, was sie hier mache und woher sie käme.

Marysia antwortete: „Unser Vater hat uns im Walde gelassen, denn unsere neue Mutter war immer sehr böse mit uns.“

Sie berichtete ihm auch von ihrem Bruder und dem verzauberten Horn, und weil sie dem Herrn sehr gefiel, nahm er sie mit auf seinen Hof und den Hammel auch. Er gewann das Mädchen lieb, denn sie war sehr schön, dazu freundlich und klug. Sie blieb bei ihm, und als sie herangewachsen war, sagte ihr der Herr, daß er sie gern zur Frau haben möchte.

Sie antwortete: „Aber ich bin nur ein armes Mädchen, Ihr habt mich im Heu aufgelesen! Könnt ihr euch nicht eine bessere Frau suchen?“

Doch das galt ihm nichts, und er heiratete sie. Dann bekamen sie ein Söhnchen. Nun war aber auf dem Hofe eine Köchin, die hatte eine Tochter, und die war genau so alt wie Marysia. Die Köchin hatte immer gehofft, daß der Herr ihre Tochter zur Frau nähme, und sie mißgönnte daher Marysia ihr Glück. Und weil sie eine Zauberin war, beschloß sie, ihren Plan doch noch durchzusetzen.

Als Marysia einmal krank im Bett lag, kam die Köchin zu ihr und stach ihr eine verzauberte Nadel ins Ohrläppchen. Im nächsten Augenblick verwandelte sich Marysia in eine Ente und flatterte zum Fenster hinaus in den Teich. Die Zauberin legte an Marysias Stelle ihre eigene Tochter ins Bett und machte, daß sie im Gesicht Marysia sehr ähnlich war. Der Herr kam nach Hause, fand eine Frau im Bett, die Marysia sehr ähnlich war, aber an ihrer Redeweise und an ihren Bewegungen erkannte er, daß es nicht seine Frau war. Irgend etwas mußte geschehen sein, doch konnte er nicht herausbekommen, was eigentlich passiert war. Aber er sagte nichts. Der Hammel, der sonst immer bei seiner Schwester war, saß jetzt an der Wiege und bewachte das Kind.

Eines Tages bemerkte der Herr, daß der Hammel das Kind auf seine Hörner nahm und zum Teich trug. Doch wunderte er sich nicht, denn schon früher hatte der Hammel manchmal das Kind auf die Hörner genommen und mit ihm gespielt. Der Hammel lief zum Teich und rief: „Marysia, Marysia, komm, das Kind weint!“

Die Ente kam aus dem Wasser heraus, verwandelte sich in eine Frau, gab dem Kind zu trinken und kehrte dann als Ente in den Teich zurück. Der Hammel brachte das Kind wieder ins Zimmer und tat, als ob nichts geschehen sei, und als ihn der Herr fragte, wo er gewesen sei, antwortete er: „Unter der Pappel, dort ist Schatten und frische Luft.“ Der Herr sagte nichts dazu, aber mit der anderen Frau sprach er auch nicht.

Der Zauberin schien es, als ob der Herr irgendeinen Verdacht hege, aber sie hoffte, daß alles gut werden würde und daß niemand bemerkt hätte, was geschehen war. Währenddessen brachte der Hammel jeden Tag das Kind zum Teich, und die Mutter kam täglich, um das Kind zu tränken. Das fiel endlich auch dem Herrn auf: Warum geht der Hammel fortwährend mit dem Kind zum Wasser? Dahinter mußte etwas stecken. Deshalb legte er sich einmal nahe am Teich auf die Lauer, und hinter einem Baum verborgen beobachtete er, wie die Mutter zu ihrem Söhnchen geschwommen kam und dann wieder als Ente in den Teich zurückkehrte.

Er überlegte, was er tun könnte. Schließlich befahl er, einen Ochsen zu schlachten und ihm die Haut abzuziehen. Am nächsten Tage streifte er sich die Ochsenhaut über und tat so, als ob er am Teich weidete. Der Hammel kam auch bald mit dem Kind und rief: „Marysia, komm, das Kind weint!"

Die Ente kam aus dem Wasser heraus, verwandelte sich in eine Frau und nahm das Kind auf den Arm. Da warf der Herr die Haut ab, sprang hinzu, bemerkte auch gleich die Nadel in Marysias Ohr und zog sie heraus. Dann führte er sie zurück ins Haus.

Marysia berichtete ihm alles, was geschehen war. Da befahl er, die Köchin und ihre Tochter zu bestrafen. Von da ab lebten sie bis zu ihrem Ende glücklich miteinander, und auch das Hammelbrüderchen behielten sie immer bei sich.

Quelle: Nedo, Paul: Die gläserne Linde. Westslawische Märchen. Bautzen 1972, 173-177 (polnisch).

E. Das Mädchen mit der Ziege

Es war, es möge nicht sein.

Es war einmal eine alte Frau, die hatte eine Tochter. Eines Tages, während das Mädchen an der Thür stickte, giengen einige Ziegen vorbei; da sprach sie zu ihrer Mutter: „Mutter, kaufe mir eine Ziege". Und die Mutter kaufte ihr eine. Diese Ziege nahm das Mädchen und schickte sie in einen Weinberg zum weiden, dieser Weinberg aber gehörte dem Könige. Als der König sah, dass die Weintrauben beständig abnahmen, rief er den Hüter, der den Weinberg bewachte, und fragte ihn: „Wer isst meine Weintrauben?" Bei diesen Worten ward er zornig, jagte den Wächter fort und wachte in Zukunft selbst. Das Mädchen schickte die Ziege abermals in den Weinberg, aber der König, welcher dort versteckt in der Abenddämmerung wachte, gieng der Ziege nach, bis sie in ihr Haus eintrat und dessen Thür geschlossen wurde. Hierauf klopfte er an die Thür, bis die alte heraus kam, und sprach zu ihr: „Warum, du alte, schickst du diese Ziege in meinen Weinberg, dass sie meine Trauben frisst? Wenn du willst, gib mir deine Tochter zur Frau, damit ich sie mitsammt der Ziege zu mir nehme". „Gut, mein Sohn," antwortete die alte, „ich gebe sie dir von ganzem Herzen". Also heirateten sie sich, und das Mädchen nahm die Ziege mit sich. Eines Tages sprach die Dienerin des Königs zu ihr: „Gehen wir zum Brunnen um zu sehen, welche von uns schöner ist"; und es zeigte sich, dass die Gemahlin des Königs schöner war. Da bat die Dienerin die Königin um ihr Kleid, als ob sie sie dadurch ihrer Schönheit berauben wollte; und die Königin gab es ihr. Als aber die Dienerin das Kleid angelegt hatte, fasste sie die Königin und stürzte sie in den Brunnen; und dort wurde sie, bevor sie auf den Boden fiel, von einem grossen Fische ganz verschlungen. Die arme Ziege, welche gesehen hatte, wie man ihre Herrin in den Brunnen stiess, gieng suchend immerfort um den Brunnen herum und meckerte immerfort, aber jene kam nicht mehr aus dem Brunnen hervor. Hierauf fieng die Königin an ihr aus dem Brunnen zuzurufen: „Zicklein, o Zicklein! Ich bin im Bauche des Fisches, mit dem Spinnrocken am Gürtel, mit dem Sohne, der einen Stern auf der Stirn hat". Die Ziege antwortete ihr also: „Mädchen, o Mädchen! Der Kessel wird gewärmt, die Messer werden geschliffen, sie wollen mich schlachten". Und so klagten sie sich gegenseitig ohne aufhören vor. Als der König die Ziege sah, wie sie so Antwort gab, sprach er: „Warum macht sie das?" Dann befahl er das ganze Wasser des Brunnens heraufzuziehen, und dabei zogen sie auch den Fisch mit heraus, und als sie ihn aufschnitten, nahmen sie die Königin lebendig heraus mit ihrem Sohne, der einen Stern auf der Stirn hatte. Darauf ergriffen sie die Dienerin, welche die Königin hinab gestossen hatte, und tödteten sie.

Ich habe euch kein Märchen erzählt, sondern ich wollte euch täuschen.

Quelle: Meyer, Gustav: Albanische Märchen. Mit Anmerkungen von Reinhold Köhler. In: Archiv für Litteraturgeschichte 12 (1884) hier 93-95.

F. Pulia und Morgenstern

Das Märchen hebt an, guten Abend, ihr Herrschaften.

Es war einmal ein Jäger, der lebte zusammen mit seiner Frau. Und eines Tages gebar die Frau ein schönes Mägdlein, und sie nannten es Pulia. Aber nach kurzer Zeit starb die Frau, und der Jäger – was sollte er machen – heiratete wieder.

Die zweite Frau, die Stiefmutter von Pulia also, gebar nach kurzer Zeit auch und bekam ein Knäblein, das nannten sie Morgenstern.

Je größer Pulia wurde, desto eifersüchtiger wurde die Stiefmutter auf sie und wollte sie als Sklavin verkaufen und sprach darüber heimlich mit ihrem Mann. Und Morgenstern hörte, was seine Mutter sagte, und ging hin und verriet es Pulia: „Liebe Pulia, meine Mutter will dich als Sklavin verkaufen, was sollen wir jetzt nur tun?"

Pulia macht sich auf und geht zu einer alten Nachbarin, um sie nämlich um Rat zu fragen. Und die Alte sagt ihr: „Du mußt von ihr fortgehen, mein Mädchen. Wenn sie dich für den Bazar kämmen wird", sagt sie, „soll Morgenstern dir die Schleife aus den Haaren reißen, du mußt ihm nachlaufen, und so werdet ihr fortkommen. Deine Stiefmutter wird euch verfolgen, dann mußt du dieses Messer von dir werfen, und es wird ein Feld daraus, das gar kein Ende nimmt. Deine Stiefmutter wird es jedoch schnell durchqueren und euch einholen. Dann sollst du diesen Kamm von dir werfen, und es wird ein dichtes Dornengestrüpp daraus, und auch das wird sie durchqueren und euch einholen. Dann sollst du dieses Salz ausstreuen, und es wird ein großer See daraus, und deine Stiefmutter wird ihn nicht durchqueren können und wird umkehren." Sie gibt also den Kindern ein Messer, einen Kamm und das Salz und schickt sie mit guten Wünschen fort.

Wie die Kinder wieder zu Hause sind, fängt die Stiefmutter an, Pulia zu kämmen, und singt ihr etwas vor und erzählt ihr einen Haufen Lügen. Da reißt Morgenstern ihr die Schleife aus dem Zopf und läuft hinaus, Pulia hinterher, so kommen sie auf die Straße. Die Stiefmutter läuft auch hinterher und will sie einholen. Da wirft Pulia das Messer der Alten hin, und es wird ein Feld, das kein Ende hat. Aber die Stiefmutter durchquert ganz schnell das Feld und holt sie wieder ein. Da wirft Pulia den Kamm der Alten hin, und er wird ein dichtes Dornengestrüpp. Sie aber durchquert auch dieses, und da wirft Pulia das Salz hin, und es wird ein ungeheuer großer See. Die Stiefmutter wollte ihn durchqueren, konnte es aber nicht. Da verwünschte sie Morgenstern, der doch ihr Kind war und sie verleugnet hatte und mit der Stieftochter ging. „Dort, wohin du kommen wirst, sollst du Durst verspüren", sagte sie, „und sollst Wasser trinken. Und in solch ein Tier sollst du verwandelt werden, wie das ist, aus dessen Fußspur du trinkst."

Wie sie ein gutes Stück gegangen sind, sagt Morgenstern: „Ich habe Durst, Pulia!" – „Geh noch etwas weiter", sagt sie zu ihm, dort weiterhin ist die Quelle des Königs, dort kannst du trinken."

Wie sie wieder eine Strecke gegangen sind, sagt das Kind: „Ich habe Durst, ich komme um vor Durst!" Und da findet er eine Fußspur von einem Wolf mit Wasser drin und sagt: „Hieraus will ich trinken." – „Trinke nicht, sagt sie, denn dann wirst du ein Wolf und frißt mich." – „Wenn es so ist, trinke ich nicht!" und sie machten sich wieder auf den Weg.

Sie gehen und gehen und treffen auf die Spur eines Lammes mit Wasser und das Kind sagt: „Hieraus will ich trinken, ich halt es nicht aus, ich komme um vor Durst!" – „Trinke nicht", sagt Pulia, „denn du wirst ein Lamm, und sie werden dich schlachten." – „Ich muß trinken, und wenn sie mich auch schlachten", sagt er.

Und er trank und wurde ein Lamm und folgte ihr und blökte: „Bääāh, Pulia, Bääāh, Pulia!" – „Komm zu mir", sagte Pulia.

Voran ging Pulia, hinterher das Lämmchen Morgenstern, sie gingen und gingen und kamen an den Brunnen des Königs. Pulia schöpfte Wasser, tränkte das Lämmchen und trank auch selbst.

Dort neben dem Brunnen war eine hohe, hohe Zypresse, und Pulia bat Gott: „Mein Gott, gib mir Kraft, daß ich auf den Gipfel der Zypresse steigen kann!" Und kaum hatte sie ihr Gebet beendet, befand sie sich schon oben auf der Zypresse, und dort oben, wo sie saß, war ein goldener Thron, und das Lamm blieb unter der Zypresse und weidete.

Nach kurzer Zeit kamen die Diener des Königs und wollten die Pferde tränken, und als sie sich der Zypresse näherten, scheuten die Pferde und zerrissen die Halfter und flohen vor den Strahlen der Pulia, die oben auf der Zypresse glänzte.

„Steig herunter", sagen die Diener zu ihr, „denn die Pferde fürchten sich, Wasser zu trinken." – „Ich steige nicht herunter", erwidert sie, „laßt die Pferde trinken, ich tue ihnen nichts." – „Steig herunter", sagen sie wieder. „Ich steige nicht hinunter."

Da gehen sie zum Königssohn und sagen ihm das und das: „Bei der Quelle, oben in einer Zypresse sitzt ein Mädchen, und ihre Schönheit leuchtet, und vor ihren Strahlen scheuen die Pferde und wollen nicht trinken, und wir haben ihr gesagt, sie solle herabsteigen, aber sie will nicht."

Wie dies der Königssohn gehört hat, macht er sich auf und geht hin und sagt auch zu ihr, daß sie heruntersteigen solle, und sie will nicht, und er sagt es ihr zum zweiten und zum drittenmal. „Steig herunter, wir fällen die Zypresse, wenn du nicht herunterkommst." – „Fäll sie", sagt das Mädchen, „ich steige nicht hinunter."

Und also holte er Männer, die die Zypresse fällen sollten, und immer wenn sie zuschlugen, kam das Lamm, leckte die Zypresse, und sie wurde doppelt so stark wie vorher. Sie mühten sich und mühten sich, sie zu fällen, sie vermochten es nicht. „Geht alle fort von hier", sagt da der Königssohn in seinem Zorn.

Und so gingen alle fort. Da geht er voll Kummer zu einer alten Frau und sagt zu ihr: „Wenn du mir das Mädchen von der Zypresse herunterholst, fülle ich dir dein Kopftuch mit Golddukaten." – „Ich will sie dir wohl herunterholen", sagt die Alte.

Und sie nimmt einen Backtrog und ein Sieb und Mehl und geht unter die Zypresse und setzt den Backtrog umgekehrt hin und das Sieb umgekehrt drauf und siebt auf diese Weise. Das Mädchen sieht das von der Zypresse aus und ruft laut: „Andersherum, Frau, das Sieb, nimm andersherum auch den Backtrog."

Die Alte wiederum tat so, als ob sie nicht hören könne, und sagte: „Ich höre nicht gut, liebes Mädchen, komm herunter", und siebt wieder falschherum darauflos.

„Andersherum, Frau, das Sieb, nimm andersherum auch den Backtrog", sagt Pulia zu ihr zum zweiten- und zum drittenmal. Und die Alte sagt wieder: „Ich höre nicht gut, liebes Mädchen, komm herunter und zeig es mir, so wirst du Gottes Segen haben." So stieg das Mädchen langsam hinab, und als sie dranging, es der Alten zu zeigen, trat der Königssohn heraus, der dort verborgen war, und ergriff sie, setzte sie auf sein Pferd, und fort ging's.

Das arme Lämmchen, das dort unter der Zypresse weidete, fing an zu blöken, und auch Pulia rief: „Mein Lämmchen, mein Lämmchen!" Da sagt der Königssohn zu ihr: „Sei nur nicht böse, ich will dir soviel Lämmer bringen, wie du willst." Aber wie sollte Pulia darauf hören? „Ich will es mit nichts in der Welt vertauschen", sagt sie.

Was soll der Königssohn machen? Er befiehlt, daß sie das Lämmchen in die Kammer ins Schloß bringen, und so heiratet er Pulia.

Der König liebte seine Schwiegertochter sehr, aber die Königin beneidete sie, und eines Tages, als der Königssohn fort war zur Jagd, nahm sie ihre Schwiegertochter, wie sie sagt, zu einem Spaziergang mit in den Garten. Als sie so spazierengingen, kamen sie an einen ausgetrockneten Brunnen. Die Schwiegermutter gibt ihr einen Stoß und wirft sie in den Brunnen.

Das Lamm merkte das und begann zu blöken, und um ihm das Maul zu stopfen, ging die Schwiegermutter dran, es zu schlachten.

Als der Königssohn zurückkam und sie nicht sah, fragte er seine Mutter: „Mutter, wo ist die Braut?" – „Draußen", antwortete sie, „sie ist spazierengegangen. Und es trifft sich gut, daß sie jetzt nicht hier ist, denn wir wollen das Lamm schlachten."

Das hört das Lamm und läuft zum Brunnen und sagt zu Pulia: „Pulia, sie wollen mich schlachten!" – „Sei still, mein Herzblatt, sie schlachten dich nicht." – „Sieh, sie wetzen die Messer, sie haben mich gegriffen, sie wollen mich schlachten!" – „Was kann ich tun, mein Herzblatt?" sagt sie, „du siehst ja, wo ich bin."

Da ergriffen die Knechte der Königin das Lamm und gingen dran, es zu schlachten, und als sie das Messer ansetzen wollten, betete Pulia zu

Gott und sagte: „Mein Gott, meinen Bruder schlachten sie, und ich sitze im Brunnen!“

Mit einemmal vermochte sie sich aus dem Brunnen zu schwingen und lief zum Lamm, dem sie den Hals durchschnitten hatten. Sie weinte und rief, sie sollten davon ablassen. Sie hatten es geschlachtet. „Mein Lamm“, sagte sie, jammerte und rief: „Mein Lamm!“ Trost fand sie nicht.

Der unglückliche Königssohn versprach ihr alle Lämmer der Welt. Sie wollte keines. „Mein Lamm, mein Lamm!“ rief sie immer nur.

Recht und schlecht brieten sie das Lamm und brachten es auf den Tisch. „Komm zum Essen“, sagen sie zu ihr. „Ich habe gegessen“, sagt sie, „ich esse jetzt nichts mehr.“ – „Komm, Liebe, komm“, sagen sie. „Eßt nur, ich sage euch ja, ich habe gegessen.“

Und als die andern das Mahl beendet hatten, ging sie hin und sammelte alle Knochen und tat sie in einen Krug und begrub ihn im Garten.

Am nächsten Morgen sehen sie, daß ein hoher, hoher Orangenbaum an jener Stelle entsprossen ist mit einer goldenen Orange an der Spitze. Kaum sieht das die Hexe, die Schwiegermutter, fängt sie an zu schreien: „ich will die Orange, ich will die Orange!“ Aber als niemand sie erreichen konnte, wurde sie wütend und fing selbst an hinaufzusteigen. Da wandten sich die Zweige gegen sie und drangen ihr geradenwegs in die Augen und stachen sie ihr aus.

Pulia hat es von ferne gesehen und sagt: „Laßt mich die Frucht herunterholen.“ Wie sie sich nähert, neigt die Orange sich von selbst herunter und sagt: „Greif mich fest, Pulia!“ Und als sie sie ergriff, gab es einen Donnerschlag und sie flog hoch in den Himmel und sagte: „Leb wohl, lieber Schwiegervater und du, guter Königssohn. Ich kann auf dieser Welt nicht leben. Aus den Händen der bösen Stiefmutter fiel ich in die Hände der bösen Schwiegermutter.“

Und seitdem gibt es zwei neue Sternbilder am Himmel, Pulia, das Siebengestirn, und den Morgenstern.

Quelle: Megas, Georgios A.: Griechische Volksmärchen. Köln/Düsseldorf 1965, 34–39, Nr. 18.

G. Schwesterlein, Schwesterlein, lieb Schwesterlein

Es war einmal, und es war auch nicht... Ein Mann hatte einen Sohn und eine Tochter. Ihre Mutter war gestorben, und ihr Vater hatte wieder geheiratet. Die Stiefmutter war auf die Kinder eifersüchtig und quälte sie auf jede erdenkliche Weise und setzte dem Mann zu: „Ich mag diese Kinder nicht mehr sehen! Schaff sie weg, verkauf sie oder tu, was du willst, bloß bring sie aus dem Haus!“

Der arme Mann aber brachte es nicht übers Herz, den Kindern dies anzutun.

Die Kinder hatten niemanden, dem sie erzählen konnten, wie die Stiefmutter sie behandelte. Deshalb gingen sie jeden Tag an das Grab ihrer Mutter und weinten.

Eines Tages hatte die Stiefmutter ein Mittel ersonnen, um die Kinder loszuwerden. Sie hieß ihre Leute einen Backofen anheizen, und wenn er richtig heiß wäre, sollten sie die Kinder hineinwerfen... Der Junge merkte das, lief gleich zu seiner Schwester und erzählte ihr davon. Die beiden Geschwister gingen spornstreichs zu dem Grab ihrer Mutter, erzählten was ihnen drohte, und fingen an zu weinen. Da sagte eine Stimme aus dem Grab zu ihnen: „Nehmt eine Bürste, einen Kamm und auch ein Stück Seife und flieht... Wenn man euch verfolgt, um euch zu ergreifen, werft zuerst den Kamm hin, danach die Bürste und zuletzt die Seife, dann können sie euch nicht das allergeringste anhaben.“

Die Kinder taten, was ihre Mutter gesagt hatte. Sie nahmen den Kamm, die Bürste und die Seife, gingen hinaus und flohen. Als die Stiefmutter merkte, daß sie geflohen waren, hetzte sie Leute und Soldaten hinter ihnen her. Die Kinder liefen und blickten sich immerfort um. Als sie sehen, daß sich Menschen nähern, werfen sie den Kamm hin. Hinter ihnen wächst eine dichte Dornenhecke empor. Bis die Soldaten dieses Dornengestrüpp überwunden haben, sind die Kinder ein gutes Stück Wegs vorangekommen. Nach einiger Zeit sehen sie sich um und merken, daß die Männer sich wieder nähern. Diesmal werfen sie die Bürste hin, und da wimmelt es hinter ihnen von Schlangen. Bis sich die Leute von den Schlangen befreit haben, sind die Kinder eine große Strecke Wegs vorangekommen... Als sie wieder sehen, daß die Soldaten sie bald einholen, werfen sie die Seife hin, da entsteht hinter ihnen ein großes Meer. Die Verfolger stürzen sich in das Meer, um die Kinder einzufangen, aber die einen ertrinken, und die anderen kehren um. So retten sich die Kinder und setzen ihren Weg wieder fort, ohne zu wissen, wohin sie sich wenden sollen. Schließlich waren sie todmüde. Der Junge beginnt zu weinen: „Meine liebe Schwester, ich habe großen Durst!“

Das Mädchen redet ihm zu: „Gedulde dich noch ein wenig, gleich kommen wir an eine Quelle!“

Es war eine Gegend, in der Hirsche umherstreiften. Der Junge sieht Wasser, das sich in der Hufspur eines Hirsches angesammelt hatte, und beugt sich nieder, um zu trinken. Das Mädchen fleht: „Tu das nicht, Bruder, sonst wirst du zu einem Hirsch!“

Er aber hört nicht und trinkt.

Kaum hat er getrunken, da wird er zu einem Hirsch. Er läuft auf die Wiese, um zu weiden... Da bleibt das Mädchen bei seinem Bruder. Der Bruder Hirsch lief tagsüber umher und kehrte abends zu seiner Schwester zurück.

Eines Tages lassen sie sich an einer Quelle nieder. Der Hirsch ging weiden, und das Mädchen kletterte auf eine Pappel am Rande des Wassers. Zu jener Quelle ritt jeden Morgen ein Prinz, um sein Pferd zu tränken. Auch an jenem Tag kam er und wollte sein Pferd tränken. Aber das Pferd wollte und wollte nicht trinken, scheute und bäumte sich auf. Der Jüngling sieht sich nach allen Seiten um, was wohl die Ursache ist. Plötzlich hebt er den Kopf, und was erblickt er da? Auf einer Pappel eine Jungfrau, schön wie der Vollmond... Das Pferd war wohl durch ihr Spiegelbild im Wasser scheu geworden. Der Jüngling fragt: „Bist du ein Dschinn oder irgendein anderer Geist?"

Das Mädchen sagt: „Ich bin weder ein Dschinn noch ein anderer Geist, sondern ein Mensch wie du."

So flehentlich der Jüngling das Mädchen auch bittet, vom Baum herunterzukommen, er kann sie nicht dazu bewegen. Als die Leute des Prinzen kommen, sagt er zu ihnen: „Fällt diese Pappel!"

Die Pappel war aber dick. Bis zum Abend hacken sie, aber immer noch ist eine kleine Stelle übrig. „Das werden wir morgen durchhacken", sagen sie und gehen. Am Morgen kommen sie und sehen, daß die Pappel wieder unversehrt dasteht. In der Nacht hatte nämlich der Hirsch – ihr Bruder – die Kerben in der Pappel so lange beleckt, bis sie aussah, als hätte sie kein Beil berührt.

Sie fangen wieder an, die Pappel umzuschlagen. Am Abend war wieder eine kleine Stelle übriggeblieben. Sie sagen, daß sie die Pappel am Morgen fällen wollen, und gehen. Als sie am Morgen kommen und sehen, steht die Pappel wieder unversehrt da. Es ist nicht möglich, die Pappel zu fällen, und auch das Mädchen steigt nicht von der Pappel...

Darüber wundert sich der Prinz, hört auf zu essen und zu trinken und siecht von Tag zu Tag dahin... Immerwährend streifte er unter dem Baum umher.

Als er eines Tages dort umhergeht, trifft er eine alte Frau, die ihn fragt: „Mein Kind, was hast du für Kummer, daß du in diese Berge gekommen bist?"

Der Jüngling erzählt alles, und die Frau sagt darauf: „O Sohn, was gibt es Leichteres als dies?"

Sie geht sofort und bringt ein Sieb und einen Trog zu der Pappel. Sie siebt Mehl, knetet Teig und will Brot zubereiten. Aber sie stellt ihren Dreifuß falsch auf und legt das Backblech verkehrt darauf... Sie versucht es auf alle mögliche Weise und wird doch nicht fertig damit. Da ruft das Mädchen von oben: „Ach, Mutter, was tust du? So geht das nicht!"

Das alte Weib antwortet: „Ach, meine Tochter, das ist das Alter. Was soll ich da machen... Könntest du nicht kommen und helfen?"

Das Mädchen steigt herab und bäckt geschickt das Brot. Bei dieser Arbeit bindet das alte Weib das Mädchen an sich. Das Mädchen macht das Brot fertig und will wieder auf die Pappel steigen, kann aber keinen Schritt tun, da es an das alte Weib gebunden ist. Sowie der Prinz das Mädchen ergriffen hat, bringt er sie zusammen mit dem Hirsch, ihrem Bruder, nach Hause...

Da feiern sie vierzig Tage und vierzig Nächte Hochzeit, der Jüngling heiratet das Mädchen, und sie leben in Freuden.

So vergeht eine Zeit. Der Hirsch weidete im Garten, lief umher, unterhielt sich mit seiner Schwester und vergnügte sich... Bald sollte das Mädchen ein Kind bekommen. Eines Tages sagt sie zu ihrer Negersklavin: „Bringe mir mein Badetuch und meine Holzpantoffeln, ich werde baden gehen."

Vor dem Palast war nämlich ein See. Das Mädchen wickelt sich in sein silberbesticktes Lendentuch und fährt in die goldenen Pantoffeln und geht ins Wasser, um zu baden. Während sie badet, stößt die Negerin sie in eine tiefe Stelle des Wassers. (Der Prinz war zu der Zeit im Krieg...) Die Negerin legt die Kleider des Mädchens an, nimmt die Krone und setzt sich als Sultanin hin. Der Prinz kommt, sieht, daß anstelle seiner weißen und schönen Frau eine alte schwarze vertrocknete Sklavin sitzt... Er ist verblüfft und fragt: „Wovon bist du so schwarz geworden?"

Die Sklavin antwortet: „Wie sollte ich nicht schwarz werden... Jeden Tag habe ich unter der heißen Sonne auf dich gewartet."

Der Prinz glaubt es.

Zeit kommt, Zeit vergeht, die Sklavin wird schwanger und will nicht mehr alles essen, sondern begehrt nach besonderen Speisen. Eines Tages verlangt sie hartnäckig: „Ich kann es nicht aushalten. Ich will das Fleisch dieses Hirsches essen."

Obwohl der Jüngling sagt: „Wie soll das gehen, Frau? Ist das nicht dein Bruder? Ißt man etwa das Fleisch seines Bruders?", kann er sie nicht davon abbringen. So soll schließlich der Hirsch geschlachtet werden... Die Schlächter schleifen einundvierzig Messer... Da läuft der Hirsch ans Ufer des Sees und ruft seine Schwester: denn ein Fisch hatte seine Schwester verschluckt, als die Sklavin sie ins Wasser gestoßen hatte...

„Schwesterlein, Schwesterlein, lieb Schwesterlein,
Mit dem Korallenband am Arm,
Einundvierzig Messer sind geschliffen,

Damit wollen sie mich bald schlachten.
Der Negerin gelüstet nach meinem Fleisch,
Komm sofort heraus, Schwester, komm heraus!"

Das Mädchen antwortet aus dem Bauch des Fisches:

„Bruder, Bruder, lieber Bruder,
Bruder Hirsch mit der Blesse auf der Stirn,
Der goldene Holzpantoffel ist an meinem Fuß,
Das silberne Lendentuch habe ich um,
Meinen kleinen Prinzen habe ich im Arm,
Ich selbst bin im Bauch des Fisches
Und kann nicht heraus, Bruder, ich kann nicht heraus!"

Die sich dort befanden, eilen zu dem Prinzen und sagen: „Dieser Hirsch spricht mit jemandem im Wasser. Horcht heimlich zu!"

Der Prinz wird neugierig. Er steht auf und geht an das Ufer des Sees. Der Hirsch lief umher und dann wieder an das Wasser. Der Prinz lauscht im Verborgenen, als der Hirsch sagt:

„Schwesterlein, Schwesterlein, lieb Schwesterlein,
Mit dem Korallenband am Arm,
Einundvierzig Messer sind geschliffen,
Damit wollen sie mich bald schlachten.
Der Negerin gelüstet nach meinem Fleisch,
Komm sofort heraus, Schwester, komm heraus!"

Aus dem Wasser gibt eine Stimme Antwort:

„Bruder, Bruder, lieber Bruder,
Bruder Hirsch mit der Blesse auf der Stirn,
Der goldene Holzpantoffel ist an meinem Fuß,
Das silberne Lendentuch habe ich um,
Meinen kleinen Prinzen habe ich im Arm,
Ich selbst bin im Bauch des Fisches
Und kann nicht heraus, Bruder, ich kann nicht heraus!"

Da begreift der Prinz. Er befiehlt den Fischern, alle Fische zu fangen, so viele auch im See sein mögen. Sie fangen alle Fische im Wasser, bis schließlich ein riesiger Fisch aus den Netzen kommt. Sie schlitzen ihm den Bauch auf, und die Frau steigt mit dem kleinen Prinzen im Arm heraus und erzählt dem Prinzen alles der Reihe nach, was ihr zugestoßen ist.

Da fragt der Prinz die Negerin: „Willst du vierzig Maultiere oder vierzig Hackmesser?“

Sie antwortet: „Vierzig Hackmesser auf den Nacken des Feindes! Gebt mir vierzig Maulesel; ich werde sie besteigen und zu meiner Mutter nach Hause reiten!“

Sie binden die Negerin den vierzig Maultieren an die Schwänze, und auf jedem Berg bleibt ein Stück von ihr zurück.

Sie aber haben das Ziel ihrer Wünsche erreicht.

Quelle: Boratav, Pertev Naili: Türkische Volksmärchen. Berlin 1967, 136–142, Nr. 17.

H. Die beiden Kinder

Ein Mann heiratete eine Frau und sie gebar einen Knaben und sie blieben zusammen den Zeitraum eines Jahres und sie gebar eine Tochter. Und sie verbrachten 10 Jahre und es kam das Fest; sie waren aber arm.

Und sie berieten miteinander, der Mann und seine Frau, und er sprach zu ihr: Welches unserer Kinder wollen wir schlachten? Und der Knabe schlief bei ihnen im Zimmer und hörte das Gespräch seiner Leute. Sie glaubten, daß er schliefe, er aber schlief nicht, sondern war wach.

Da sprach die Frau: Wir wollen eines von ihnen töten, sie haßte aber ihre Kinder nicht. Und der Knabe erhob sich und ging zu seiner Schwester und fand sie bei der Spindel und sprach zu ihr: Ich hörte unsere Eltern miteinander beraten über uns, um einen von uns zu schlachten. Nun laß uns fliehen!

Das Mädchen sprach: Wir wollen bei ihnen am Abend bleiben bis sie einschlafen und wenn sie eingeschlafen sind, wollen wir fliehen. Und der Jüngling sprach: Gut! Und das Mädchen nahm ihren Kamm und ihren Spiegel und ihren Schminktopf und tat sie in den Korb.

Und die beiden blieben bei ihren Eltern bis die Eltern einschliefen, und die beiden Kinder gingen bis sie zu einem Berge kamen und fanden darin eine Höhle, und diese Höhle hatte zwei Tore und die Kinder gingen in das eine Tor hinein.

Und die Eltern schliefen bis zum Morgen in ihrem Hause und als es Tag wurde, sahen sie sich nach ihren Kindern um und fanden sie nicht. Und sie gingen, bis sie zu dem Berge kamen und fanden darin eine Höhle, zu welcher zwei Tore führten. Und der Mann sprach: Du tretest in dieses Tor ein und ich werde in dieses Tor eintreten.

Und ein jedes von ihnen trat in ein Tor ein, und die Höhle war tief nach innen zu. Die Frau fand die Kinder und sprach zu ihnen: Ruhet euch im Innern aus. Ihr Mann sprach zu ihr: Mit wem redest du dort? Sie sprach: Ich habe mich angestoßen.

Er sprach: Wohlan, kehren wir um! Sie sprach: Wohlan! Und das Paar machte sich auf und kehrte um, die Kinder aber gingen hinaus aus der Höhle und wanderten, bis sie zu einer Wasserstelle kamen und badeten im Wasserreservoir.

Und sie gingen fort von dort und wanderten bis sie nach einem Ort kamen und fanden dort eine Tamarinde und sie kletterten auf deren Äste. Da wollte das Mädchen ihr Haupthaar kämmen, sie hatte aber ihren Kamm an jener Wasserstelle vergessen, wo sie gebadet hatten.

Und sie sprach zu ihrem Bruder: Geh mir meines Kammes wegen zu jener Wasserstelle, in der wir beide gebadet haben; der Jüngling sprach: Gut! Der Jüngling ging, bis er zur Wasserstelle kam.

Er fand dort einige Weiber badend und bemerkte bei ihnen den Kamm seiner Schwester; er sprach zu ihnen: Gebet mir diesen Kamm, der bei euch ist! Sie aber kämmten ihr Haupthaar in eine zerbrochene Schüssel hinein, bis sie diesselbe mit Läusen anfüllten.

Und sie sprachen zu ihm: Iß diese Läuse und steig in das Wasser und wir geben dir den Kamm. Und es aß der Jüngling die Läuse und stieg in das Wasser und brüllte wie ein Rind.

Und er stieg hinaus aus dem Wasser, so daß er mit ihnen ging und wurde ein Stier, und die Weiber nahmen ihn mit sich. Seine Schwester wartete auf ihn, er kam aber nicht.

Und es kam zu ihr ein Sklave des Sultans und sie warf ihm Tamarindenfrüchte herunter und der Sklave las sie auf. Und er blickte hinauf und sah dieses Weib am Wipfel der Tamarinde. Der Sklave ging, bis er zu seinem Herrn kam.

Er sprach zu seinem Herrn: Ich sah ein Weib auf der Spitze der Tamarinde. Der Sultan sprach zu ihm: Ist sie schön? Er antwortete: Sie ist schön. Der Sultan sprach: Wenn du lügst, werde ich dich niedermetzeln. Er sprach: Metzle nieder!

Der Sultan ging mit seinem Sklaven, bis er zu jener Tamarinde kam und fand die Frau weinend ihres Bruders wegen. Der Sultan sprach zu ihr: Warum weinst du? Sie sprach: Mein einziger Bruder ist mir verloren gegangen. Er sprach: Dein Bruder ist dort bei mir im Hause.

Und sie ging mit ihm und sprach zum Sultan: Zeige mir meinen Bruder. Er sprach: Ich werde dir ihn zeigen, sobald ich dich geheiratet habe. Und es heiratete sie der Sultan und sie vergaß ihren Bruder.

Quelle: Müller, David Heinrich: Die Mehri- und Soqotri-Sprache. Bd. 2. Wien 1905, 99–102, Nr. 20.

4. Hänsel und Gretel

A. Hänsel und Gretel

Vor einem großen Walde wohnte ein armer Holzhacker, der hatte nichts zu beißen und zu brechen, und kaum das tägliche Brod für seine Frau und seine zwei Kinder, Hänsel und Gretel. Einmal konnte er auch das nicht mehr schaffen, und wußte sich nicht zu helfen in seiner Noth. Wie er Abends vor Sorge sich im Bett herumwälzte, da sagte seine Frau zu ihm: „Höre Mann, morgen früh nimm die beiden Kinder, gieb jedem noch ein Stückchen Brod, dann führ sie hinaus in den Wald, mitten inne, wo er am dicksten ist, da mach ihnen ein Feuer an, und dann geh weg und laß sie dort, wir können sie nicht länger ernähren." – „Nein Frau, sagte der Mann, das kann ich nicht über mein Herz bringen, meine eigenen lieben Kinder zu den wilden Thieren zu führen, die sie bald in dem Wald zerreißen würden." – „Wenn du das nicht thust, sprach die Frau, so müssen wir alle miteinander Hungers sterben;" da ließ sie ihm keine Ruhe, bis er Ja sagte.

Die zwei Kinder waren auch noch wach von Hunger, und hatten alles gehört, was die Mutter zum Vater gesagt hatte. Gretel dachte, nun ist es um mich geschehen und fing erbärmlich an zu weinen, Hänsel aber sprach: „Sey still, Gretel, und gräm dich nicht, ich will uns helfen." Damit stieg er auf, zog sein Röcklein an, machte die Unterthüre auf und schlich hinaus. Da schien der Mond hell und die weißen Kieselsteine glänzten wie lauter Batzen. Hänsel bückte sich und machte sein ganz Rocktäschlein voll davon, so viel nur hinein wollten, dann ging er zurück ins Haus: „Tröste dich, Gretel, und schlaf nur ruhig," legte sich wieder ins Bett und schlief ein.

Morgens früh, ehe die Sonne noch aufgegangen war, kam die Mutter und weckte sie alle beide: „Steht auf, ihr Kinder, wir wollen in den Wald gehen, da habt ihr jedes ein Stücklein Brod, aber haltets zu Rathe und hebts euch für den Mittag auf." Gretel nahm das Brod unter die Schürze, weil Hänsel die Steine in der Tasche hatte, dann machten sie sich auf den Weg in den Wald hinein. Wie sie ein Weilchen gegangen waren, stand Hänsel still und guckte nach dem Haus zurück, bald darauf wieder und immer wieder. Der Vater sprach: „Hänsel, was guckst du zurück und hältst dich auf, hab Acht und marschir zu." – „Ach, Vater, ich seh nach meinem weißen Kätzchen, das sitzt oben auf dem Dach und will mir Ade sagen." Die Mutter sprach: „Ei Narr, das ist dein Kätzchen nicht, das ist die Morgensonne, die auf den Schornstein scheint." Hänsel aber hatte nicht nach dem Kätzchen gesehen, sondern immer einen von den blanken Kieselsteinen aus seiner Tasche auf den Weg geworfen.

Wie sie mitten in den Wald gekommen waren, sprach der Vater, „nun sammelt Holz, ihr Kinder, ich will ein Feuer anmachen, daß wir nicht frieren.“ Hänsel und Gretel trugen Reisig zusammen, einen kleinen Berg hoch. Da steckten sie es an, und wie die Flamme recht groß brannte, sagte die Mutter: „Nun legt euch ans Feuer und schlaft, wir wollen in dem Wald das Holz fällen, wartet, bis wir wieder kommen, und euch abholen.“

Hänsel und Gretel saßen an dem Feuer, bis Mittag, da aß jedes sein Stücklein Brod, und dann wieder bis an den Abend; aber Vater und Mutter blieben aus, und niemand wollte kommen und sie abholen. Wie es nun finstere Nacht wurde, fing Gretel an zu weinen, Hänsel aber sprach: „Wart nur ein Weilchen, bis der Mond aufgegangen ist.“ Und als der Mond aufgegangen war, faßte er die Gretel bei der Hand, da lagen die Kieselsteine wie neugeschlagene Batzen und schimmerten und zeigten ihnen den Weg. Da gingen sie die ganze Nacht durch, und wie es Morgen war, kamen sie wieder bei ihres Vaters Haus an. Der Vater freute sich von Herzen, als er seine Kinder wieder sah, denn er hatte sie ungern allein gelassen, die Mutter stellte sich auch, als wenn sie sich freute, heimlich aber war sie bös.

Nicht lange darnach, war wieder kein Brod im Hause und Hänsel und Gretel hörten wie Abends die Mutter zum Vater sagte: „Einmal haben die Kinder den Weg zurückgefunden, und da habe ichs gut seyn lassen, aber jetzt ist wieder nichts, als nur noch ein halber Laib Brod im Haus, du mußt sie morgen tiefer in den Wald führen, daß sie nicht wieder heim kommen können, es ist sonst keine Hülfe für uns mehr.“ Dem Mann fiels schwer aufs Herz, und er gedachte, es wäre doch besser, wenn du den letzten Bissen mit deinen Kindern theiltest, weil er es aber einmal gethan hatte, so durfte er nicht nein sagen. Hänsel und Gretel hörten das Gespräch der Eltern; Hänsel stand auf und wollte wieder Kieselsteine auflesen, wie er aber an die Thüre kam, da hatte sie die Mutter zugeschlossen. Doch tröstete er die Gretel und sprach: „Schlaf nur, lieb Gretel, der liebe Gott wird uns schon helfen.“

Morgens früh erhielten sie ihr Stücklein Brod, noch kleiner als das vorigemal. Auf dem Wege bröckelte es Hänsel in der Tasche, stand oft still, und warf ein Bröcklein an die Erde. „Was bleibst du immer stehen, Hänsel, und guckst dich um, sagte der Vater, geh deiner Wege.“ – „Ach! ich seh nach meinem Täubchen, das sitzt auf dem Dach und will mir Ade sagen“ – „Du Narr, sagte die Mutter, das ist dein Täubchen nicht, das ist die Morgensonne, die auf den Schornstein oben scheint.“ Hänsel aber zerbröckelte all sein Brod und warf die Bröcklein auf den Weg.

Die Mutter aber führte sie noch tiefer in den Wald hinein, wo sie ihr Lebtag nicht gewesen waren, da sollten sie wieder einschlafen bei einem großen Feuer, und Abends wollten die Eltern kommen und sie abholen. Zu Mittag theilte Gretel ihr Brod mit Hänsel, weil der seins all auf den Weg gestreut; der Mittag verging und der Abend verging, aber niemand kam zu den armen Kindern. Hänsel tröstete die Gretel und sagte: „Wart, wenn der Mond aufgeht, dann seh ich die Bröcklein Brod, die ich ausgestreut habe, die zeigen uns den Weg nach Haus.“ Der Mond ging auf, wie aber Hänsel nach den Bröcklein sah, da waren sie weg, die viel tausend Vöglein in dem Wald, die hatten sie gefunden und aufgepickt. Hänsel meinte doch den Weg nach Haus zu finden und zog die Gretel mit sich, aber sie verirrten sich bald in der großen Wildniß und gingen die Nacht und den ganzen Tag, da schliefen sie vor Müdigkeit ein; und gingen noch einen Tag, aber sie kamen nicht aus den Wald heraus, und waren so hungrig, denn sie hatten nichts zu essen, als ein paar kleine Beerlein, die auf der Erde standen.

Am dritten Tage gingen sie wieder bis zu Mittag, da kamen sie an ein Häuslein, das war ganz aus Brod gebaut und war mit Kuchen gedeckt, und die Fenster waren von hellem Zucker. „Da wollen wir uns niedersetzen und uns satt essen, sagte Hänsel; ich will vom Dach essen, iß du vom Fenster, Gretel, das ist fein süß für dich.“ Hänsel hatte schon ein gut Stück vom Dach und Gretel schon ein paar runde Fensterscheiben gegessen, und brach sich eben eine neue aus, da hörten sie eine feine Stimme, die von innen herausrief:

„Knuper, knuper, Kneischen!
„Wer knupert an meinem Häuschen!“

Hänsel und Gretel erschracken so gewaltig, daß sie fallen ließen, was sie in der Hand hielten, und gleich darauf sahen sie aus der Thüre eine kleine steinalte Frau schleichen. Sie wackelte mit dem Kopf und sagte: „Ei, ihr lieben Kinder, wo seyd ihr denn hergelaufen, kommt herein mit mir, ihr sollts gut haben,“ faßte beide an der Hand und führte sie in ihr Häuschen. Da ward gutes Essen aufgetragen, Milch und Pfannkuchen mit Zucker, Aepfel und Nüsse, und dann wurden zwei schöne Bettlein bereitet, da legten sich Hänsel und Gretel hinein, und meinten sie wären wie im Himmel.

Die Alte aber war eine böse Hexe, die lauerte den Kindern auf, und hatte um sie zu locken ihr Brodhäuslein gebaut, und wenn eins in ihre Gewalt kam, da machte sie es todt, kochte es und aß es, und das war ihr ein Festtag. Da war sie nun recht froh, wie Hänsel und Gretel ihr zugelaufen kamen. Früh, ehe sie noch erwacht waren, stand sie schon auf, ging an ihr Bettlein und wie sie die zwei so lieblich ruhen sah, freute sie sich und gedachte, das wird ein guter Bissen für dich seyn. Sie packte Hänsel und steckte ihn in einen kleinen Stall, und wie er da aufwachte, war er von einem Gitter umschlossen, wie man junge Hühnlein einsperrt, und konnte nur ein paar Schritte gehen. Das Gretel aber schüttelte sie und rief: „Steh auf, du Faullenzerin, hol Wasser und geh in die Küche und koch gut zu essen, dort steckt dein Bruder in einem Stall, den will ich erst fett machen, und wann er fett ist, dann will ich ihn essen, jetzt sollst du ihn füttern.“ Gretel erschrack und weinte, mußte aber thun, was die Hexe verlangte. Da ward nun alle Tage dem Hänsel das beste Essen gekocht, daß er fett werden sollte, Gretel aber bekam nichts, als die Krebsschalen, und alle Tage kam die Alte und sagte: „Hänsel, streck deine Finger heraus, daß ich fühle, ob du bald fett genug bist.“ Hänsel streckte ihr aber immer ein Knöchlein heraus, da verwunderte sie sich, daß er gar nicht zunehmen wolle.

Nach vier Wochen sagte sie eines Abends zu Gretel: „Sey hübsch flink, geh und trag Wasser herbei, dein Brüderchen mag nun fett genug seyn oder nicht, morgen will ich es schlachten und sieden, ich will derweile den Teig anmachen, daß wir auch dazu backen können.“ Da ging Gretel mit traurigem Herzen und trug das Wasser, worin Hänsel sollte gesotten werden. Früh Morgens mußte Gretel aufstehen, Feuer anmachen und den Kessel mit Wasser aufhängen. „Gieb nun Acht, bis es siedet, sagte die Hexe, ich will Feuer in den Backofen machen und das Brod hineinschieben;“ Gretel stand in der Küche und weinte blutige Thränen, und dachte, hätten uns lieber die wilden Thiere im Walde gefressen, so wären wir zusammen gestorben und müßten nun nicht das Herzeleid tragen, und ich müßte nicht selber das Wasser zû dem Tod meines lieben Bruders, sieden, du lieber Gott, hilf uns armen Kindern aus der Noth.

Da rief die Alte: „Gretel komm gleich einmal hierher zu dem Backofen,“ wie Gretel kam, sagte sie: „Guck hinein, ob das Brod schon hübsch braun und gar ist, meine Augen sind schwach, ich kann nicht so weit sehen, und wenn du auch nicht kannst, so setz dich auf das Brett, so will ich dich hineinschieben, da kannst du darin herumgehen und nachsehen.“ Wenn aber Gretel darin war, da wollte sie zumachen und Gretel sollte in dem heißen Ofen backen, und sie wollte es auch aufessen: das dachte die böse Hexe, und darum hatte sie das Gretel gerufen. Gott gab es aber Gretel ein und sie sagte: „Ich weiß nicht, wie ich das anfangen soll, zeigs mirs erst, setz dich drauf, ich will dich hineinschieben.“ Und die Alte setzte sich auf das Brett, und weil sie leicht war, schob sie Gretel hinein so weit sie konnte, und dann machte sie geschwind die Thüre zu, und steckte den eisernen Riegel vor. Da fing die Alte an in dem heißen Backofen zu schreien und zu jammern, Gretel aber lief fort, und sie mußte elendiglich verbrennen.

Und Gretel lief zum Hänsel, machte ihm sein Thürchen auf und Hänsel sprang heraus, und sie küßten sich einander und waren froh. Das ganze Häuschen war voll von Edelgesteinen und Perlen, davon füllten sie ihre Taschen, gingen fort und fanden den Weg nach Haus. Der Vater freute sich als er sie wieder sah, er hatte keinen vergnügten Tag gehabt, seit seine Kinder fort waren, und ward nun ein reicher Mann. Die Mutter aber war gestorben.

Quelle: Kinder- und Haus-Märchen. Gesammelt durch die Brüder Grimm. Berlin 1812, 49–58, Nr. 15.

B. Das Brüderchen und das Schwesterchen

Es war einmal ein armer Holzhacker, der wohnte vor einem großen Wald. Es ging ihm gar jämmerlich, daß er kaum seine Frau, und seine zwei Kinder ernähren konnte. Einsmals hatte er auch kein Brod mehr und war in großer Angst, da sprach seine Frau Abends im Bett zu ihm: Nimm die beiden Kinder morgen früh und führ sie in den großen Wald, gib ihnen das noch übrige Brod, und mach' ihnen ein groß Feuer an und darnach geh weg und laß sie allein. Der Mann wollte lang nicht, aber die Frau ließ ihm keine Ruh, bis er endlich einwilligte.

Aber die Kinder hatten alles gehört, was die Mutter gesagt hatte. Das Schwesterchen fing an gar sehr zu weinen, das Brüderchen sagte ihm es solle still seyn und tröstete es. Dann stand er leis auf und ging hinaus vor die Thüre, da wars Mondenschein und die weißen Kieselsteine glänzten vor dem Haus. Der Knabe las sie sorgfältig auf und füllte sein Rocktäschlein damit, soviel er nur hineinbringen konnte. Darauf ging er wieder zu seinem Schwesterchen ins Bett, und schlief ein.

Des Morgens früh, ehe die Sonne aufgegangen war, kam der Vater und die Mutter und weckten die Kinder auf, die mit in den großen Wald sollten. Sie gaben jedem ein Stücklein Brod, die nahm das Schwesterchen unter das Schürzchen, denn das Brüderchen hatte die Tasche voll von den Kieselsteinen. Darauf machten sie sich auf den Weg zu dem großen Wald. Wie sie nun so gingen, da stand das Brüderchen oft still, und guckte nach ihrem Haüschen zurück. Der Vater sagte: Was bleibst du immer stehn und guckst zurück; Ach antwortete das Brüderchen, ich seh nach meinem weißen Kätzchen, das sitzt auf dem Dach und will mir Ade sagen. Heimlich ließ es aber immer einen von den weißen Kieselsteinen fallen. Die Mutter sprach: Geh nur fort, es ist dein Kätzchen nicht, es ist das Morgenroth, das auf den Schornstein scheint. Aber der Knabe blickte immer noch zurück, und immer ließ er wieder ein Steinchen fallen.

So gingen sie lang und kamen endlich mitten in den großen Wald. Da machte der Vater ein großes Feuer an, und die Mutter sagt: Schlaft dieweil ihr Kinder, wir wollen in den Wald gehn und Holz suchen, wartet bis wir wieder kommen. Die Kinder setzten sich an das Feuer, und jedes aß sein Stücklein Brot. Sie warten lang bis es Nacht ward, aber die Eltern kamen nicht wieder. Da fing das Schwesterchen an gar sehr zu weinen, das Brüderchen tröstete es aber und nahm es an die Hand. Da schien der Mond, und die weißen Kieselsteinchen glänzten, und zeigten ihnen den Weg. Und das Brüderchen führte das Schwesterchen die ganze Nacht durch, und sie kamen des Morgens wieder vor das Haus. Der Vater war gar froh, denn er hatte es nicht gern gethan; aber die Mutter war bös.

Bald darnach hatten sie wieder kein Brod und das Brüderchen hörte wieder Abends im Bett, wie die Mutter zu dem Vater sagte, er solle die Kinder hinaus in den großen Wald bringen. Da fing das Schwesterchen wieder an heftig zu weinen, und das Brüderchen stand wieder auf, und wollte Steinchen suchen. Wie es aber an die Thür kam, war sie verschloßen von der Mutter, da fing das Brüderchen an traurig zu werden, und konnte das Schwesterchen nicht trösten.

Vor Tag standen sie wieder auf, jedes erhielt wieder ein Stücklein Brot. Wie sie auf dem Weg waren, guckt das Brüderchen oft zurück. Der Vater sagte: Mein Kind was bleibst du immer stehn, und guckst zurück nach dem Haüschen? Ach! antwortete das Brüderchen, ich seh nach meinem Taübchen, das sitzt auf dem Dach, und will mir Ade sagen, heimlich aber zerbrößelte es sein Stückchen Brot, und ließ immer ein Krümchen fallen. Die Mutter sprach: Geh nur fort, es ist dein Taübchen nicht, es ist das Morgenroth, das auf den Schornstein scheint. Aber das Brüderchen blickte immer noch zurück, und immer ließ es ein Krümchen fallen.

Als sie mitten in den großen Wald gekommen, machte der Vater wieder ein großes Feuer an, die Mutter sprach wieder dieselbigen Worte, und beide gingen fort. Das Schwesterchen gab dem Brüderchen die Hälfte von seinem Stücklein Brot, denn das Brüderchen hatte seins auf den Weg geworfen. Und sie warteten bis zum Abend, da wollte das Brüderchen das Schwesterchen beim Mondschein wieder zurückführen. Aber die Vöglein hatten die Brodkrümchen aufgefreßen und sie konnten den Weg nicht finden. Sie gingen immer fort, und verirrten sich in dem großen Wald. Am dritten Tag kamen sie an ein Haüschen, das war aus Brod gemacht, das Dach war mit Kuchen gedeckt und die Fenster von Zucker. Die Kinder waren gar froh, wie sie das sahen und das Brüderchen aß von dem Dach und das Schwesterchen von dem Fenster. Wie sie so standen und sichs gut schmecken ließen, da rief eine feine Stimme heraus:

Knuper, knuper, Kneischen!
Wer knupert an meim Haüschen?

Die Kinder erschracken sehr; bald darauf kam eine kleine alte Frau heraus, die nahm die Kinder freundlich bei der Hand, führte sie in das Haus, und gab ihnen gutes eßen, und legte sie in ein schönes Bett. Am andern Morgen aber steckte sie das Brüderchen in ein Ställchen, das sollte ein Schweinchen seyn, und das Schwesterchen mußte ihm Waßer bringen, und gutes Essen. Alle Tage kam sie herzu da mußte das Brüderchen den Finger herausstrecken, und sie fühlte ob es bald fett wäre. Es streckte aber immer dafür ein Knöchelchen heraus, da meinte sie es wäre noch nicht fett u. es dauerte länger. Dem Schwesterchen gab sie nichts zu eßen, als Krebsschalen, weil es nicht fett werden sollte. Nach vier Wochen sagte sie am Abend zu dem Schwesterchen, geh hin und hole Waßer, und mache es morgen früh heis, wir wollen dein Brüderchen schlachten und sieden, ich will dieweil den Teich zurecht machen, daß wir auch backen können dazu. Am andern Morgen, wie das Wasser heis war, rief sie das Schwesterchen vor den Backofen, und sprach zu ihm: Setz dich auf das Brett, ich will dich in den Ofen schieben, sieh, ob das Brot bald fertig ist; sie wollte aber das Schwesterchen darin laßen und braten. Das merkt das Schwesterchen und sprach zu ihr: Ich versteh das nicht, setz dich zuerst darauf, ich will dich hineinschieben. Die Alte setzte sich darauf, und das Schwesterchen schob sie hinein, machte die Thüre zu, und die Hexe verbrannte. Darauf ging es zum Brüderchen u. macht ihm sein Ställchen auf. Sie fanden das ganze Haüschen voll Edelgestein, damit füllten sie alle Taschen und brachten sie ihrem Vater, der ward ein reicher Mann; die Mutter aber war gestorben.

Quelle: Die älteste Märchensammlung der Brüder Grimm. Synopse der handschriftlichen Urfassung von 1810 und der Erstdrucke von 1812. Herausgegeben und erläutert von Heinz Rölleke. Köln/Genf 1975, 70-79, hier: Handschriftliche Urfassung von 1810 (ohne textkritische Einschübe übernommen).

C. Janko und Marika

Es war ein Vater, der hatte zwei Kinder, die hiessen Janko und Marika. Und die Mutter war gestorben und es ging ihm schlecht und konnte sein Brot nicht mehr verdienen. Da ging er in den Wald, wollte Holz holen und nahm die Kinder mit, um sie in die Irre zu führen. Es war am heiligen Abend und er hatte die Kjaniza [Mangelbrett] mitgenommen. Die hängte er an einer Kiefer an und sagte zu den Kindern: „So lange die Kianiza am Baume klopft, so lange sollt ihr auf mich warten.“ Weil aber der Wind ging, klopfte die Kianiza immerfort und die Kinder dachten, der Vater wäre noch im Walde. Aber es wurde Abend und er kam nicht.

Allein Janko war klug und hatte schon zu Hause gemerkt, dass der Vater sie in die Irre führen wollte. Darum hatte er einen Sack voll kleiner Steinchen mitgenommen. Und wie der Vater sie in den Wald führte, liess er ein Steinchen nach dem andern fallen, immer auf den Fusssteig, wo sie gingen. Weil nun heller Mondschein war und die Kianiza immer klopfte, denn der Wind blies immerfort, machten sie sich auf den Weg, konnten die Steinchen sehen und kamen glücklich nach Hause.

Und den nächsten Tag führte der Vater sie in den Wald und die Kinder wussten, dass er sie in die Irre führte. Aber Janko hatte nicht Zeit gehabt, Steine zu sammeln und hatte nur eine Brotschnitte mitgenommen. Von der liess er hier und da ein Krümchen fallen, um nach ihnen wie nach den Steinen wieder den Heimweg zu treffen. Aber die Vögel hatten die Krümchen verzehrt und sie konnten nicht wieder nach Hause finden. So irrten sie umher, kamen immer tiefer in einen grossen Wald und trafen zuletzt ein Haus, das war mit Gold und Prezeln gedeckt; da gingen sie hinein. Und es kam ihnen eine alte Frau entgegen mit einer Nase, die bis auf die Erde „langte“. Da erschraken die Kinder und erzählten, wie alles gewesen war, und die Alte freute sich, dass sie schöne Braten hatte.

Und die alte Hexe sperrte die Kinder in einen Stall, denn sie wollte sie mästen. Weil aber Marika gar so schön und klug war, war sie ihr zum Schlachten zu Schade und sie nahm sie als Köchin in's Haus, und Marika musste Janko das Essen in den Stall tragen. Und ab und zu sah die Alte selbst nach, ob Janko schon fett wäre, dann musste er ihr den Finger zeigen. Aber Marika hatte ihm gerathen, er sollte immer ein Stückchen Holz vorzeigen. Da wurde die Alte sehr böse, dass er nicht fett wurde. In der kommenden Woche nun wollte sie Brot backen, mochte Janko fett sein oder nicht, denn sie hatte Begehren nach frischem Brot. Die Brote waren fertig und Marika sollte sie in den Backofen schieben. Aber sie bat die Alte, sie möchte ihr es zeigen, weil sie es nicht wüsste, und die Alte zeigte ihr, wie man Brote in den Backofen schiebt. Allein Marika war nicht zufrieden und wollte es noch richtiger sehen. Da setzte sich die alte Hexe selbst auf den Brotschieber und Marika schob sie in den Backofen hinein, dass sie drinnen verbrannte.

Nun war auch Janko erlöst und beide Kinder wollten wieder nach Hause, aber sie konnten nicht durch einen grossen Fluß hindurch, der da im Walde war. Da sass ein goldener Vogel auf dem Dache, der hat gesungen: „Immer durch den Fluss, immer durch den Fluss, pŕez tu wódu musyćo durich“. Und der Fluß war mit Eis bedeckt, sie gingen hinüber und kamen auch glücklich nach Hause. Von der Hexe hatten sie viel Geld mitgenommen und so wurde ihr Vater ein reicher Mann.

Inzwischen waren viele Jahre vergangen, seitdem sie verschwunden. Sie waren grossjährig geworden, der Vater hatte sich abermals verheirathet und hatte wieder zwei Kinder, die auch Janko und Marika hiessen und vier und sechs Jahre alt waren. Aber die Noth war noch grösser als zuvor, der Vater konnte ihnen ebenso wenig Brod als den ersten schaffen, darum führte er sie wie jene in den Wald; von alledem wussten die ersten Kinder nichts. Es war wieder am heiligen Abende, Janko und Marika wurden nach Pilzen geschickt und die gab es doch nicht. Lange irrten sie im Walde umher, endlich sahen sie ein Licht.

Zu Hause hatte die Mutter dem kleinen Janko immer erzählt, dass ein Vater im Himmel lebe, und Janko hatte gefragt: „Wo ist der Vater im Himmel?“ und die Mutter hatte gesagt: „Wo der Himmel eine Ende hat“. Wie sie so im Walde umhergeirrt, hatten sie das besprochen, und wie sie nun das Licht sahen, glaubten sie, der Himmel wäre da. Wie sie nun näher gingen, sahen sie ein Häuschen und das Licht war der Wiederschein von einem Christbaum. Und davon hatten sie auch von der Mutter gehört, dass dann der Himmel auf die Erde kommt. Darum gingen sie in das Häuschen hinein und dachten, sie wären im Himmel. Und der alte Doctor, der im Häuschen wohnte, nahm sie sehr freundlich auf und seine Frau war sehr glücklich über die Kinder und sie zogen sie auf bei sich. Janco selbst wurde Doctor und als er grossjährig war, lernte noch ein anderer bei seinem Stiefvater Doctor.

Zu der Zeit nun bekam Janko’s Mutter, zu Hause, den Krebs und alle Aerzte hatten vergeblich ihr Heil versucht. Da kam auch die Rede von dem berühmten Doktor, nämlich Janko, zu ihr, und sie machte sich auf zu ihm hin. Und Janko erkannte seine Mutter, pflegte sie aufs beste und gab ihr die Gesundheit wieder. Und es reute sie sehr, dass sie einst die Kinder verstossen hatten und sie bestimmte dem Janko ihr ganzes Vermögen.

Quelle: Schulenburg, Willibald von: Wendisches Volksthum in Sage und Sitte. Berlin 1882, 15-17.

D. Die Geschichte eines Knaben und eines Mädchens, die zum Hause der Hexe kamen

Es war einmal ein armer Mann, der besass einen Knaben und ein Mädchen. Er ging regelmässig auf die Jagd und brachte für jede Person der Familie ein Rebhuhn heim. Einst sprach seine Frau zu ihm: „Führe doch unsre Kinder in die Irre, damit wir beide je zwei Rebhühner zu verzehren haben: ich werde noch das meiner Tochter essen, und du kannst noch das deines Sohnes essen!“ Da ging der Mann hin und führte seine

Kinder in die Irre. Das Mädchen aber war nicht müssig gewesen, sondern hatte Kleie und Asche mitgenommen, und während sie ruhig mitging, kennzeichnete sie damit den Weg.

Schliesslich gelangte man in eine Einöde. Da liess der Vater die Kinder in den Wipfel eines Arganbaumes klettern und band eine Kalebasse neben sie. „Wenn ihr hört", sprach er, „dass diese Kürbisflasche anfängt zu reden, so könnt ihr annehmen, dass ich wiederkomme."

Die Kinder blieben nun längere Zeit dort auf dem Baume, und der Wind blies durch die Kürbisflasche, dass diese anfing zu klingen und ssssss sagte. Schliesslich waren sie des Wartens überdrüssig, drum stiegen sie vom Baume herunter und gingen dem Wege nach, den das Mädchen gekennzeichnet hatte. Auf diesem Wege gelangten sie heim.

Zu Hause angekommen, versteckten sie sich neben der Thüre. Die Mutter schüttete gerade das Abendessen (in die Essschüssel). „Wenn jetzt", rief sie, „mein Mädchen da wäre, so könnte es mir die Hunde füttern!" Der Vater aber meinte: „Wäre mein Junge hier, so könnte er die Thüren abschliessen!" Da rief das Mädchen: „Hier bin ich, Mutter!" Und der Junge rief: „Hier bin ich, Vater!" Die Mutter aber zog fix das Umrührholz aus dem Topfe und versetzte dem Vater einen Hieb über das eine Ohr, dass ihm die Sinne vergingen. Da lief der Junge herbei und wischte seinem Vater den Mehlbrei vom Halse ab.

Am folgenden Morgen aber sprach die Frau wiederum zu ihrem Manne: „Wenn du die Kinder jetzt nicht in die Irre führst, so begehst du wahrhaftig eine Dummheit!" Da nahm der Mann wieder seinen Jungen und sein Mädchen mit und führte sie hinaus in eine Einöde. Die Kinder kletterten dann auf einen Arganbaum und erblickten einen leichten Rauch in der Ferne. Auf den Rauch gingen sie zu und sahen vor sich eine Hexe; die war blind. Sie schüttelte Milch in einem Sacke zu Butter. Als die Kinder ihr etwas Butter stehlen wollten, da sagt sie gerade für sich: „Ich schüttle die Haut von dem E--sel, die wird mir dann Rosinen geben!" Ueber diese Worte mussten die Kinder lachen. Die Hexe hörte ihr Kichern und rief: „Schliesst euch, schliesst euch, meine Thüren! Und eure Schlüssel sollen zu mir herwandern!" Sofort vollzog sich dieser Befehl. Nun begann die Hexe nach den Kindern im Zimmer umherzusuchen und hatte sie bald erwischt.

Die Hexe steckte nun den Jungen in einen grossen Sack mit Datteln, das Mädchen aber in einen mit Mandeln. Zu den Kindern sprach sie: „Wenn ich euch sage, ihr sollt mir eure Finger zeigen, so steckt sie durch ein Loch durch den Sack!" Der Junge hatte zufällig eine Nähnadel und das Mädchen eine Stecknadel bei sich: wenn nun die Hexe kam und ihnen befahl, die Finger zu zeigen, so reichte der Junge die Nähnadel und das Mädchen die Stecknadel hin. So geschah es jedes Mal, bis die Kinder den Inhalt der Säcke aufgezehrt hatten. Jetzt gebot sie ihnen aus den Säcken herauszukriechen und befahl ihnen: „Macht mir Brennholz, damit ich Brot backen kann! Wir wollen dann zu euren Verwandten gehen!“ Die Kinder hackten nun Holz, weinten aber dazu. Da kam ein Falke herbei und fand sie in Thränen. „Warum weint ihr?“ fragte er sie. Sie antworteten: „Ach, die Hexe hat uns hierhergeschickt, um Holz zu holen; sie will uns dann auffressen!“ – „Wieviel gebt ihr mir“, fragte der Falke, „wenn ich euch einen Rath gebe?“ Die Kinder erwiderten: „Was du verlangst, das geben wir dir.“ Da befahl der Falke: „Füllt mir diese Muschel hier mit Thränen an! Ich will sie austrinken.“ Die Kinder weinten nun in die Muschel hinein und hatten sie bald mit Thränen angefüllt. Der Falke trank dann den Inhalt der Muschel. Hierauf rieth er dem Knaben: „Wenn dir die Hexe befiehlt, herbeizukommen und in das Feuer zu blasen, so sage ihr, dein Vater habe dich nicht gelehrt ins Feuer zu blasen, sondern bloss zu pflügen und zu dreschen!“ Zum Mädchen aber sprach der Falke: „Wenn die Hexe von dir verlangt, herbeizukommen und ins Feuer zu blasen, so antworte ihr, deine Mutter habe dich nicht gelehrt ins Feuer zu blasen, sondern bloss zu mahlen und zu sieben!“

Nun mussten die Kinder den Backofen mit Holz füllen. Dann gingen sie ins Haus hinein. Die Hexe brannte unterdessen das Feuer im Backofen an und wusch die Kinder hübsch rein. Als der Ofen nun warm geworden war, befahl die Hexe dem Jungen: „Komm' her und blase!“ Der Junge versetzte: „Blasen hat mich mein Vater nicht gelehrt, sondern nur Pflügen und Dreschen.“ – „Dann blas' du!“ befahl die Hexe dem Mädchen. Das versetzte aber: „Meine Mutter hat mich nicht Blasen gelehrt, sondern nur Mahlen und Sieben.“ Jetzt sprach die Alte: „Kommt her! Ich will es euch vormachen, wie ihr zu thun habt!“ Nun wollte sie fffff machen: die Kleine aber war schlau, und sie und ihr Bruder stiessen die Hexe in den Backofen hinein. Die Kleine goss auch noch Oel ins Feuer hinein. Der Junge wollte Wasser hineingiessen; denn die Hexe schrie aus dem Backofen: „Giesst Wasser über mich, und kein Oel!“ Doch das Mädchen befahl ihrem Bruder, ja nur Oel hineinzugiessen und das Wasser bei Seite zu lassen. So gossen die beiden Kinder denn emsig Oel zu, bis die Hexe verbrannt war.

Als sie nun an die Thüröffnung kamen, fanden sie ein Brot in einem Mauerloche neben der Thür; das hatte die Hexe für ihren Gemahl gebacken. Das Mädchen war aber nicht dumm und legte eine Pflugschar ins Feuer, die bald heiss wurde. Dann hörte sie den Mann der Hexe kommen. Der war aber blind und war gewöhnt in jenem Mauerloche ein Brot zu finden; und wenn er kam, sperrte er einfach seinen Mund auf und nahm das Brot her. Das Mädchen wartete also, bis er kam: da eilte sie schnell, um ihm zuvorzukommen, zum Mauerloche, legte die glühende

Pflugschar hinein und nahm das Brot weg. Kaum hatte der Mann der Hexe das Haus betreten, so tappte er sogleich auf das Mauerloch los, an das er gewöhnt war, schnappte mit seinem Munde nach der Pflugschar und verschluckte sie. Die verbrannte ihm aber inwendig den ganzen Leib und er gab seinen Geist auf.

Die Kinder aber blieben im Hause wohnen: der Junge hütete die Schafe und das Mädchen besorgte ihm die häuslichen Geschäfte. – Dort habe ich sie zuletzt gesehen und bin dann hierhergekommen.

Quelle: Socin, Albert/Stumme, Hans: Der arabische Dialekt der Houwara. Leipzig 1894/95, 82-85.

E. Die verirrten Kinder

Ein Vater hatte zwei Kinder, einen Jungen und ein Mädchen, die schickte er immer in den Wald zum Holzsammeln. Eines Tages aber verirrten die Kinder sich im Walde. Nachdem sie lange gegangen waren, erblickten sie ein Licht. Sie gingen darauf zu und sahen ein Haus, in das traten sie ein und gewahrten eine Hexe, die dabei war, Waffeln zu backen. Die Hexe hatte nur ein Auge, mitten auf der Stirn, und sah deswegen die Kinder nicht gleich. Weil aber die Kinder sehr hungrig waren, nahmen sie heimlich von den Waffeln, und die Hexe, die meinte, es wäre die Katze, sagte:

„Weg, du dieb'sches Katzentier,
Ich geb schon deinen Anteil dir."

Und sie buk weiter. Als die Kinder den Irrtum der Hexe bemerkten, lachten sie laut. Da blickte sie zu ihnen hinüber und sagte: „Seid ihr es, Kinder? Kommt her, kommt her."

Und sie packte die Kinder und steckte sie in eine Truhe, die war voll Kastanien, und lud sie ein, tüchtig davon zu essen, damit sie schön dick und fett würden. Die Kinder aßen nun Kastanien, und eines Tages sagte die Hexe zu ihnen: „Steckt euer Fingerchen durchs Schlüsselloch, damit ich sehen kann, ob ihr schon dick und fett seid."

Statt des Fingers steckten die Kinder einen Mäuseschwanz hindurch, den sie in der Truhe gefunden hatten. Als die Hexe das sah, sagte sie: „Ihr seid aber noch arg mager, eßt also weiter."

Nach einiger Zeit befahl sie den Kindern wieder, ihre Finger vorzuzeigen, und es half ihnen alles nichts, sie mußten es tun, denn sie hatten den Mäuseschwanz nicht mehr. Da sagte die Hexe zu ihnen: „Jetzt könnt ihr herauskommen, denn ihr seid schön dick und fett."

Dann schickte sie die Kinder zum Holzsammeln, denn sie wollte den Backofen heizen, und gab ihnen ein Stück Brot, von dem sollten sie nur das Weiche essen, sollten es aber nicht aufbrechen. Dazu gab sie ihnen einen Flaschenkürbis voll Wein, aus dem sollten sie trinken, ohne den Korken herauszuziehen, und noch zwei Handvoll Lupinenkerne, die sollten sie essen und die Hülsen auf den Weg streuen, damit sie nachher den Weg zurück fänden. Die Kinder zogen also in den Wald. Unterwegs trafen sie eine alte Frau, die fragte sie, wohin sie wollten. Die Kinder erzählten ihr alles, was ihnen zugestoßen war, und sagten ihr, sie hätten Hunger, aber sie wüßten nicht, wie sie das Brot essen sollten, ohne es aufzubrechen. Da machte die alte Frau ihnen ein kleines Loch in das Brot, holte das Weiche heraus und gab es den Kindern, dann machte sie auch ein Löchlein in den Flaschenkürbis, damit die Kinder den Wein trinken konnten, und sagte ihnen, sie sollten nun gehen und das Holz sammeln, sie würde sie am Weg erwarten. Die Kinder kamen aus dem Wald zurück und trafen die alte Frau wieder, die sagte zu ihnen: „Liebe Kinder, die Hexe wird den Ofen heizen, um euch zu braten, und wird euch sagen, ihr sollt auf der Brotschaufel tanzen, und ihr müßt ihr antworten: ‚Tanzt Ihr zuerst, denn wir müssen es ja erst lernen.‘ Dann wird sie tanzen, und ihr sagt: ‚Liebe Muttergottes, hilf mir, und du, heiliger Josef!‘, und ihr werft sie in den Ofen.“

Da trugen die Kinder das Holz hin, die Hexe heizte den Backofen an und sagte ihnen: „Tanzt auf dieser Schaufel hier!“ – „Tanzt Ihr zuerst, damit wir es lernen.“

Die Hexe begann auf der Schaufel zu tanzen, und die Kinder sagten: „Liebe Muttergottes, hilf uns, und du, heiliger Josef!“ und warfen die Hexe in den Ofen hinein.

Die Hexe machte einen lauten Knall und starb, und die Kinder kehrten zu ihrem Vater zurück und nahmen das Geld mit, das die Hexe im Haus hatte.

Quelle: Meier, Harri/Woll, Dieter: Portugiesische Märchen. Düsseldorf/Köln 1975, 112–113, Nr. 54.

F. Der Riese und die zwei Lappenkinder

Einige Lappenkinder hatten einmal ohne Wissen ihrer Eltern ein Boot bestiegen und waren auf einen großen See hinaus gefahren, um sich zu unterhalten. In der Nähe des See's befand sich ein großer Berg, in dem ein Riese seine Wohnstätte hatte. Die Kinder wußten jedoch hievon nichts. Der Riese hatte inzwischen erfahren, daß auf dem See draußen Kinder waren und er eilte nun sogleich zum Strande hinab, versteckte sich hinter einem großen Stein und begann den Kindern zu rufen. Diese, welche niemals von dem Riesen hatten sprechen hören, glaubten, daß jemand von den Eltern rufe und ruderten so schnell sie konnten an's Land. In dem Augenblicke aber, da das Boot an's Land stieß, sprang der Riese hervor, lud dasselbe auf seine Achseln und eilte nach seiner Wohnung, bevor die erschreckten Kinder überhaupt nur hatten daran denken können zu entfliehen. Da aber der Riese so groß war, daß seine Achseln die zu höchst sitzenden Zweige der Bäume berührten, lauerte das eine um das andere von den Kindern darauf, sich an den Baumzweigen fest zu halten und so der drohenden Gefahr zu entgehen, von dem Riesen gefressen zu werden.

Als dieser bei seiner Wohnung anlangte, rief er seinem Weibe und sagte ihm, es möge sogleich ein paar der fettesten Kinder nehmen und einen recht köstlichen Festschmaus zubereiten.

„Aber du hast ja nicht mehr als zwei Kinder mitgebracht!" sagte die Riesin.

„Bist du verrückt?" schrie der Riese ganz böse; als er aber nachsah, fand er, daß nur ein kleiner Knabe und ein kleines Mädchen – Bruder und Schwester – im Boote waren, und diese waren so mager, daß sie nur Haut und Knochen hatten und daher nicht früher gegessen werden konnten, als bis sie etwas gemästet worden waren.

Nun wurden die beiden Geschwister in einen Verschlag gegeben und das Riesenweib brachte ihnen die prächtigsten Speisen, gekochte und gebratene, auf goldenen und silbernen Schüsseln, und forderte sie auf zu essen. Aber der Knabe verstand die Absicht, die damit verbunden war, und sagte zu dem Mädchen, daß sie die besten Gerichte unberührt lassen und nur so viel essen sollten als nothwendig sei, sich am Leben zu erhalten.

Nach einiger Zeit kam ein Gast zu dem Riesen und da wollte dieser natürlich mit einem besonders guten Bissen aufwarten. Er ging deshalb nach dem Stalle, wo die Kinder in ihrem Verschlage waren, und forderte den Knaben auf, einen Finger durch ein in der Wand des Verschlages befindliches Loch hinauszustecken. Der Knabe nahm jedoch einen Erlenast und steckte denselben statt des Fingers durch das Loch. Der Riese war dumm genug zu glauben, daß der Ast ein Finger sei. Als er aber einen tüchtigen Schnitt in denselben gemacht hatte, sagte er ganz verdrießlich: „Nein, das taugt nichts."

Nun wurde das Mädchen aufgefordert, ihre Brust zu entblößen, damit der Riese untersuchen könnte, wie fett sie sei. Sie hielt ihm aber einen Knochen hin und ließ den Riesen daran herumschneiden, so viel er Lust hatte. Aber da wurde der Riese böse und sagte: „Das ist eine sonderbare

Sache; der Knabe ist mager wie eine Krähe und das Mädchen ist noch zehnmal schlechter!"

Und er schleuderte die beiden Kinder auf seinen Rücken und trug sie zur Hütte ihrer Eltern; er warf sie in dieselbe hinein und sagte: „Da habt ihr eure elendigen Jungen; denn solche Knochengerippe will ich nicht haben!"

Und er lief wieder zurück nach seiner Wohnung, so daß die Erde unter seinen Füßen erzitterte.

Quelle: Poestion, Joseph Calasanz: Lappländische Märchen, Volkssagen, Räthsel und Sprichwörter. Wien 1886, 69–71, Nr. 15.

5. Aschenputtel

A. Aschenputtel

Es war einmal ein reicher Mann, der lebte lange Zeit vergnügt mit seiner Frau, und sie hatten ein einziges Töchterlein zusammen. Da ward die Frau krank, und als sie todtkrank ward, rief sie ihre Tochter und sagte: „Liebes Kind, ich muß dich verlassen, aber wenn ich oben im Himmel bin, will ich auf dich herab sehen, pflanz ein Bäumlein auf mein Grab, und wenn du etwas wünschest, schüttele daran, so sollst du es haben, und wenn du sonst in Noth bist, so will ich dir Hülfe schicken, nur bleib fromm und gut." Nachdem sie das gesagt, that sie die Augen zu und starb; das Kind aber weinte und pflanzte ein Bäumlein auf das Grab und brauchte kein Wasser hin zu tragen, und es zu begießen, denn es war genug mit seinen Thränen.

Der Schnee deckte ein weiß Tüchlein auf der Mutter Grab, und als die Sonne es wieder weggezogen hatte, und das Bäumlein zum zweitenmal grün geworden war, da nahm sich der Mann eine andere Frau. Die Stiefmutter aber hatte schon zwei Töchter, von ihrem ersten Mann, die waren von Angesicht schön, von Herzen aber stolz und hoffährtig und bös. Wie nun die Hochzeit gewesen, und alle drei in das Haus gefahren kamen, da ging schlimme Zeit für das arme Kind an. „Was macht der garstige Unnütz in den Stuben, sagte die Stiefmutter, fort mit ihr in die Küche, wenn sie Brod essen will, muß sies erst verdient haben, sie kann unsere Magd seyn." Da nahmen ihm die Stiefschwestern die Kleider weg, und zogen ihm einen alten grauen Rock an: „Der ist gut für dich!" sagten sie, lachten es aus und führten es in die Küche. Da mußte das arme Kind so schwere Arbeit thun: früh vor Tag aufstehen, Wasser tragen, Feuer anmachen, kochen und waschen und die Stiefschwestern thaten ihm noch alles gebrannte Herzeleid an, spotteten es, schütteten ihm Erbsen und Linsen in die Asche, da mußte es den ganzen Tag sitzen und sie wieder auslesen. Wenn es müd war Abends kam es in kein Bett, sondern mußte sich neben dem Heerd in die Asche legen. Und weil es da immer in Asche und Staub herumwühlte und schmutzig aussah, gaben sie ihm den Namen Aschenputtel.

Auf eine Zeit stellte der König einen Ball an, der sollte in aller Pracht drei Tage dauern, und sein Sohn, der Prinz, sollte sich eine Gemahlin aussuchen; dazu wurden die zwei stolzen Schwestern auch eingeladen. „Aschenputtel riefen sie, komm herauf, kämme uns die Haare, bürst uns die Schuhe und schnalle sie fest, wir gehen auf den Ball zu dem Prinzen."

Aschenputtel gab sich alle Mühe und putzte sie so gut es konnte, sie gaben ihm aber nur Scheltworte dazwischen, und als sie fertig waren, fragten sie spöttisch: „Aschenputtel, du gingst wohl gern mit auf den Ball?" – „Ach ja, wie kann ich aber hingehen, ich habe keine Kleider." – „Nein, sagte die älteste, das wär mir recht, daß du dich dort sehen ließest, wir müßten uns schämen, wenn die Leute hörten, daß du unsere Schwester wärest; du gehörst in die Küche, da hast du eine Schüssel voll Linsen, wann wir wieder kommen muß sie gelesen seyn, und hüt dich, daß keine böse darunter ist, sonst hast du nichts Gutes zu erwarten."

Damit gingen sie fort, und Aschenputtel stand und sah ihnen nach, und als es nichts mehr sehen konnte, ging es traurig in die Küche, und schüttete die Linsen auf den Heerd, da war es ein großer, großer Haufen. „Ach, sagte es und seufzte dabei, da muß ich dran lesen bis Mitternacht und darf die Augen nicht zufallen lassen, und wenn sie mir noch so weh thun, wenn das meine Mutter wüßte!" Da kniete es sich vor den Heerd in die Asche und wollte anfangen zu lesen, indem flogen zwei weiße Tauben durchs Fenster und setzten sich neben die Linsen auf den Heerd; sie nickten mit dem Köpfchen und sagten: „Aschenputtel, sollen wir dir helfen Linsen lesen?" – „Ja, antwortete Aschenputtel,

die schlechten ins Kröpfchen,
die guten ins Töpfchen."

Und pick, pick! pick, pick! fingen sie an und fraßen die schlechten weg und ließen die guten liegen. Und in einer Viertelstunde waren die Linsen so rein, daß auch nicht eine falsche darunter war, und Aschenputtel konnte sie alle ins Töpfchen streichen. Darauf aber sagten die Tauben: „Aschenputtel, willst du deine Schwestern mit dem Prinzen tanzen sehen, so steig auf den Taubenschlag." Aschenputtel ging ihnen nach und stieg bis auf den letzten Leitersproß, da konnte es in den Saal sehen, und sah seine Schwestern mit dem Prinzen tanzen, und es flimmerte und glänzte von viel tausend Lichtern vor seinen Augen. Und als es sich satt gesehen, stieg es wieder herab, und es war ihm schwer ums Herz, und legte sich in die Asche und schlief ein.

Am andern Morgen kamen die zwei Schwestern in die Küche, und als sie sahen, daß Aschenputtel die Linsen rein gelesen, waren sie böse, denn sie wollten es gern schelten, und da sie das nicht konnten, huben sie an von dem Ball zu erzählen und sagten: „Aschenputtel, das ist eine Lust gewesen, bei dem Tanz, der Prinz, der allerschönste auf der Welt hat uns dazu geführt, und eine von uns wird seine Gemahlin werden." – „Ja, sagte Aschenputtel, ich habe die Lichter flimmern sehen, das mag recht prächtig gewesen seyn." – „Ei! wie hast du das angefangen," fragte die älteste. – „Ich hab' oben auf den Taubenstall gestanden.“ – Wie sie das hörte, trieb sie der Neid und sie befahl, daß der Taubenstall gleich sollte niedergerissen werden.

Aschenputtel aber mußte sie wieder kämmen und putzen; da sagte die jüngste, die noch ein wenig Mitleid im Herzen hatte: „Aschenputtel, wenns dunkel ist, kannst du hingehen und von außen durch die Fenster gucken!“ – „Nein, sagte die älteste, das macht sie nur faul, da hast du einen Sack voll Wicken, Aschenputtel, da lese die guten und bösen auseinander und sey fleißig, und wenn du sie morgen nicht rein hast, so schütte ich dir sie in die Asche und du mußt hungern, bis du sie alle herausgesucht hast.“

Aschenputtel setzte sich betrübt auf den Heerd und schüttete die Wicken aus. Da flogen die Tauben wieder herein und thaten freundlich: „Aschenputtel, sollen wir dir die Wicken lesen?“ „Ja,–

die schlechten ins Kröpfchen,
die guten ins Töpfchen.“

Pick, pick! pick, pick! gings so geschwind, als waren zwölf Hände da. Und als sie fertig waren, sagten die Tauben: „Aschenputtel, willst du auch auf den Ball gehen und tanzen?“ – „O du mein Gott, sagte es, wie kann ich in meinen schmutzigen Kleidern hingehen?“ – „Geh zu dem Bäumlein auf deiner Mutter Grab, schüttele daran und wünsche dir schöne Kleider, komm aber vor Mitternacht wieder.“ – Da ging Aschenputtel hinaus, schüttelte das Bäumlein und sprach:

„Bäumlein, rüttel und schüttel dich,
wirf schöne Kleider herab für mich!“

Kaum hatte es das ausgesagt, da lag ein prächtig silbern Kleid vor ihm, Perlen, seidene Strümpfe mit silbernen Zwickeln und silberne Pantoffel und was sonst dazu gehörte. Aschenputtel trug alles nach Haus, und als es sich gewaschen und angezogen hatte, da war es so schön wie eine Rose, die der Thau gewaschen hat. Und wie es vor die Hausthüre kam, so stand da ein Wagen mit sechs federgeschmückten Rappen und Bediente dabei in Blau und Silber, die hoben es hinein, und so gings im Gallop zu dem Schloß des Königs.

Der Prinz aber sah den Wagen vor dem Thor halten, und meinte eine fremde Prinzessin käme angefahren. Da ging er selbst die Treppe hinab, hob Aschenputtel hinaus und führte es in den Saal. Und als da der Glanz der viel tausend Lichter auf es fiel, da war es so schön, daß jedermann sich darüber verwunderte, und die Schwestern standen auch da und ärgerten sich, daß jemand schöner war wie sie, aber sie dachten nimmermehr, daß das Aschenputtel wäre, das zu Haus in der Asche lag. Der Prinz aber tanzte mit Aschenputtel und ward ihm königliche Ehre angethan. Er gedachte auch bei sich: ich soll mir eine Braut aussuchen, da weiß ich mir keine als diese. Für so lange Zeit in Asche und Traurigkeit lebte Aschenputtel nun in Pracht und Freude; als aber Mitternacht kam, eh' es zwölf geschlagen, stand es auf, neigte sich und wie der Prinz bat und bat, so wollte es nicht länger bleiben. Da führte es der Prinz hinab, unten stand der Wagen und wartete, und so fuhr es fort in Pracht wie es gekommen war.

Als Aschenputtel zu Haus war, ging es wieder zu dem Bäumlein auf der Mutter Grab:

„Bäumlein rüttel dich und schüttel dich!
Nimm die Kleider wieder für dich!"

Da nahm der Baum die Kleider wieder, und Aschenputtel hatte sein altes Aschenkleid an, damit ging es zurück, machte sich das Gesicht staubig und legte sich in die Asche schlafen.

Am Morgen darauf kamen die Schwestern, sahen verdrießlich aus und schwiegen still. Aschenputtel sagte: „Ihr habt wohl gestern Abend viel Freude gehabt" – „Nein, es war eine Prinzessin da, mit der hat der Prinz fast immer getanzt, es hat sie aber niemand gekannt und niemand gewußt, woher sie gekommen ist. – „Ist es vielleicht die gewesen, die in den prächtigen Wagen mit den sechs Rappen gefahren ist?" sagte Aschenputtel. – „Woher weißt du das?" – „Ich stand in der Hausthüre, da sah ich sie vorbeifahren." – „In Zukunft bleib bei deiner Arbeit, sagte die älteste und sah Aschenputtel böse an, was brauchst du in der Hausthüre zu stehen."

Aschenputtel mußte zum drittenmal die zwei Schwestern putzen, und zum Lohn gaben sie ihm eine Schüssel mit Erbsen, die sollte sie rein lesen; „Und daß du dich nicht unterstehst von der Arbeit wegzugehen", rief die älteste noch nach. Aschenputtel gedachte: wenn nur meine Tauben nicht ausbleiben, und das Herz schlug ihm ein wenig. Die Tauben aber kamen wie an dem vorigen Abend und sagten: „Aschenputtel, sollen wir dir die Erbsen lesen?" – „Ja,

die schlechten ins Kröpfchen,
die guten ins Töpfchen."

Die Tauben pickten wieder die bösen heraus, und waren bald damit fertig, dann sagten sie: „Aschenputtel, schüttele das Bäumlein, das wird dir noch schönere Kleider herunter werfen, geh auf den Ball, aber hüte dich, daß du vor Mitternacht wieder kommst.“ Aschenputtel ging hin:

„Bäumlein rüttel dich und schüttel dich,
wirf schöne Kleider herab für mich.“

Da fiel ein Kleid herab noch viel herrlicher und prächtiger als das vorige, ganz von Gold und Edelgesteinen, dabei goldgezwickelte Strümpfe und goldene Pantoffel; und als Aschenputtel damit angekleidet war, da glänzte es recht, wie die Sonne am Mittag. Vor der Thüre hielt ein Wagen mit sechs Schimmeln, die hatten hohe weiße Federbüsche auf dem Kopf, und die Bedienten waren in Roth und Gold gekleidet. Als Aschenputtel ankam, stand schon der Prinz auf der Treppe und führte sie in den Saal. Und waren gestern alle über ihre Schönheit erstaunt, so erstaunten sie heute noch mehr und die Schwestern standen in der Ecke und waren blaß vor Neid, und hätten sie gewußt, daß das Aschenputtel war, das zu Haus in der Asche lag, sie wären gestorben vor Neid.

Der Prinz aber wollte wissen, wer die fremde Prinzessin sey, woher sie gekommen und wohin sie fahre, und hatte Leute auf die Straße gestellt, die sollten Acht darauf haben, und damit sie nicht so schnell fortlaufen könne, hatte er die Treppe ganz mit Pech bestreichen lassen. Aschenputtel tanzte und tanzte mit dem Prinzen, war in Freuden und gedachte nicht an Mitternacht. Auf einmal, wie es mitten im Tanzen war, hörte es den Glockenschlag, da fiel ihm ein, wie die Tauben es gewarnt, erschrack und eilte zur Thüre hinaus und flog recht die Treppe hinunter. Weil die aber mit Pech bestrichen war, blieb einer von den goldenen Pantoffeln festhängen, und in der Angst dacht es nicht daran, ihn mitzunehmen. Und wie es den letzten Schritt von der Treppe that, da hatt' es zwölf ausgeschlagen, da war Wagen und Pferde verschwunden und Aschenputtel stand in seinen Aschenkleidern auf der dunklen Straße. Der Prinz war ihm nachgeeilt, auf der Treppe fand er den goldenen Pantoffel, riß ihn los und hob ihn auf, wie er aber unten hinkam, war alles verschwunden; die Leute auch, die zur Wache ausgestellt waren, kamen und sagten, daß sie nichts gesehen hätten.

Aschenputtel war froh, daß es nicht schlimmer gekommen war, und ging nach Haus, da steckte es sein trübes Oel-Lämpchen an, hängte es in den Schornstein und legte sich in die Asche. Es währte nicht lange, so kamen die beiden Schwestern auch und riefen: „Aschenputtel, steh auf und leucht uns.“ Aschenputtel gähnte und that als wacht es aus dem Schlaf. Bei dem Leuchten aber hörte es, wie die eine sagte: „Gott weiß, wer die verwünschte Prinzessin ist, daß sie in der Erde begraben läg! Der Prinz hat nur mit ihr getanzt und als sie weg war, hat er gar nicht mehr bleiben wollen und das ganze Fest hat ein Ende gehabt." – „Es war recht, als wären alle Lichter auf einmal ausgeblasen worden," sagte die andere. Aschenputtel wußte wohl wer die fremde Prinzessin war, aber es sagte kein Wörtchen.

Der Prinz aber gedachte, ist dir alles andere fehlgeschlagen, so wird dir der Pantoffel die Braut finden helfen, und ließ bekannt machen, welcher der goldene Pantoffel passe, die solle seine Gemahlin werden. Aber allen war er viel zu klein, ja manche hätten ihren Fuß nicht hineingebracht, und wären die zwei Pantoffel ein einziger gewesen. Endlich kam die Reihe auch an die beiden Schwestern, die Probe zu machen; sie waren froh, denn sie hatten kleine schöne Füße und glaubten, uns kann es nicht fehlschlagen, wär der Prinz nur gleich zu uns gekommen. „Hört, sagte die Mutter heimlich, da habt ihr ein Messer, und wenn euch der Pantoffel doch noch zu eng ist, so schneidet euch ein Stück vom Fuß ab, es thut ein bischen weh, was schadet das aber, es vergeht bald und eine von euch wird Königin." Da ging die älteste in ihre Kammer und probirte den Pantoffel an, die Fußspitze kam hinein, aber die Ferse war zu groß, da nahm sie das Messer und schnitt sich ein Stück von der Ferse, bis sie den Fuß in den Pantoffel hineinzwängte. So ging sie heraus zu dem Prinzen, und wie der sah, daß sie den Pantoffel anhatte, sagte er, das sey die Braut, führte sie zum Wagen und wollte mit ihr fortfahren. Wie er aber ans Thor kam, saßen oben die Tauben und riefen:

„Rucke di guck, rucke di guck!
Blut ist im Schuck: (Schuh)
Der Schuck ist zu klein,
Die rechte Braut sitzt noch daheim!"

Der Prinz bückte sich und sah auf den Pantoffel, da quoll das Blut heraus, und da merkte er, daß er betrogen war, und führte die falsche Braut zurück. Die Mutter aber sagte zur zweiten Tochter: „Nimm du den Pantoffel, und wenn er dir zu kurz ist, so schneide lieber vorne an den Zehen ab." Da nahm sie den Pantoffel in ihre Kammer, und als der Fuß zu groß war, da biß sie die Zähne zusammen und schnitt ein groß Stück von den Zehen ab, und drückte den Pantoffel geschwind an. Wie sie damit hervortrat, meinte er, das wäre die rechte und wollte mit ihr fortfahren. Als er aber in das Thor kam, riefen die Tauben wieder:

„Rucke di guck, rucke di guck!
Blut ist im Schuck:
Der Schuck ist zu klein,
Die rechte Braut sitzt noch daheim!"

Der Prinz sah nieder, da waren die weißen Strümpfe der Braut roth gefärbt und das Blut war hoch herauf gedrungen. Da brachte sie der Prinz der Mutter wieder und sagte: „Das ist auch nicht die rechte Braut; aber ist nicht noch eine Tochter im Haus“ – „Nein, sagte die Mutter, nur ein garstiges Aschenputtel ist noch da, das sitzt unten in der Asche, dem kann der Pantoffel nicht passen.“ Sie wollte es auch nicht rufen lassen, bis es der Prinz durchaus verlangte. Da ward Aschenputtel gerufen und wie es hörte, daß der Prinz da sey, wusch es sich geschwind Gesicht und Hände frisch und rein; und wie es in die Stube trat, neigte es sich, der Prinz aber reichte ihr den goldenen Pantoffel und sagte: „Probier ihn an! Und wenn er dir paßt, wirst du meine Gemahlin.“ Da streift es den schweren Schuh von dem linken Fuß ab, setzt ihn auf den goldenen Pantoffel und drückte ein klein wenig, da stand es darin, als wär er ihm angegossen. Und als es sich aufbückte, sah ihm der Prinz ins Gesicht, da erkannte er die schöne Prinzessin wieder und rief: „Das ist die rechte Braut.“ Die Stiefmutter und die zwei stolzen Schwestern erschracken und wurden bleich, aber der Prinz führte Aschenputtel fort und hob es in den Wagen, und als sie durchs Thor fuhren, da riefen die Tauben:

„Rucke di guck, rucke di guck!
Kein Blut im Schuck:
Der Schuck ist nicht zu klein,
Die rechte Braut, die führt er heim!“

Quelle: Kinder- und Haus-Märchen. Gesammelt durch die Brüder Grimm. Berlin 1812, 88–101, Nr. 21.

B. Aschenputtel oder Das gläserne Pantöffelchen

Es war einmal ein Edelmann, der heiratete in zweiter Ehe eine Frau, die war so hochmütig und so stolz, wie man es noch nie gesehen hatte. Sie hatte zwei Töchter vom gleichen Schlage, die ihr in allen Dingen ähnlich waren. Der Ehemann hatte seinerseits eine Tochter, aber die war von unvergleichlicher Sanftmut und Güte: das hatte sie von ihrer Mutter, der besten Frau von der Welt.

Kaum war die Hochzeit gefeiert, da ließ die Stiefmutter ihrer bösen Art freien Lauf: sie konnte die guten Eigenschaften dieses Mädchens nicht ertragen, die ihre eigenen Töchter nur noch hassenswerter machten. Sie übertrug ihm die niedrigsten Arbeiten im Haushalt: es mußte das Geschirr spülen und die Stiegen putzen und das Zimmer der Dame und ihrer Fräulein Töchter bohnern. Es schlief ganz oben im Hause in einem Dachstübchen auf einem schlechten Strohsack, während seine Schwestern in getäfelten Zimmern wohnten, wo sie Betten nach der letzten Mode hatten und Spiegel, in denen sie sich von Kopf bis Fuß betrachten konnten. Das arme Mädchen ertrug alles mit Geduld und wagte es nicht, sich bei seinem Vater darüber zu beschweren, der es ja doch nur gescholten hätte, weil seine Frau ihn ganz und gar regierte.

Wenn es seine Arbeit getan hatte, verkroch es sich in die Herdecke und setzte sich in die Asche. Deshalb nannte man es auch ganz allgemein im Hause Aschensteert. Die Jüngere, die nicht so bösartig war wie ihre ältere Schwester, nannte es Aschenputtel. Aber Aschenputtel war trotz seiner schlechten Kleider doch hundertmal schöner als seine Schwestern, auch wenn diese noch so prächtig gekleidet waren.

Es begab sich, daß der Sohn des Königs einen Ball gab und alle Personen von Stand dazu einlud. Auch unsere beiden Fräulein wurden eingeladen; denn sie stellten etwas dar im Lande. Da waren sie nun sehr froh und sehr geschäftig mit dem Aussuchen der Kleider und der Frisuren, die ihnen am besten stehen könnten. Das gab neue Mühe für Aschenputtel, weil es die Wäsche seiner Schwestern bügeln und ihre Handkrausen fälteln mußte. Man sprach nur noch davon, wie man sich kleiden wollte.

„Ich“, sagte die Ältere, „ich werde mein rotes Samtkleid mit dem englischen Spitzenbesatz anziehen.“

„Ich“, sagte die Jüngere, „ich werde nur meinen Alltagsrock tragen, aber dafür werde ich meinen goldgeblümten Umhang anlegen und meine Diamantbrosche, die wahrhaftig nicht das Allergewöhnlichste ist.“

Man ließ die beste Friseuse kommen, damit sie doppelt gereihte Rollenlöckchen lege, und ließ bei der besten Putzmacherin Schönheitspflästerchen einkaufen. Sie riefen Aschenputtel, um es nach seiner Meinung zu fragen, denn es hatte guten Geschmack. Aschenputtel riet ihnen so vortrefflich wie möglich und erbot sich sogar, sie selber zu frisieren, was sie sich gern gefallen ließen.

Indem es sie frisierte, sagten sie zu ihm: „Aschenputtel, würdest du nicht auch gern auf den Ball gehen?“ – „Ach, ihr Fräulein, ihr macht euch über mich lustig; so etwas ist nichts für mich.“ – „Da hast du recht, das gäbe ein schönes Gelächter, wenn man so einen Aschensteert auf den Ball gehen sähe.“ Eine andere als Aschenputtel hätte sie falsch frisiert, aber Aschenputtel war ein gutes Mädchen und frisierte sie ganz und gar richtig. Beinahe zwei Tage lang aßen sie nichts, so außer sich waren sie vor Freude. Man zerriß mehr als zwölf Korsettbänder beim übermäßigen Einschnüren, weil man ihnen die Taille schlanker machen wollte, und die ganze Zeit standen sie vor ihrem Spiegel.

Endlich kam der glückliche Tag; sie brachen auf, und Aschenputtel folgte ihnen mit den Augen, so lange es konnte. Als es sie nicht mehr sah, begann es zu weinen. Da seine Patin es ganz in Tränen sah, fragte sie es, was es habe. „Ich würde gerne... Ich würde gerne..." Es weinte so sehr, daß es nicht zu Ende sprechen konnte. Seine Patin, die eine Fee war, sagte zu ihm: „Du würdest gerne auf den Ball gehen, nicht wahr?" – „Ach ja!" sagte Aschenputtel seufzend. „Nun, wenn du brav sein willst", sagte seine Patin, „werde ich dafür sorgen, daß du hingehen kannst." Sie führte es in ihr Zimmer und sagte zu ihm: „Geh in den Garten und bringe mir einen Kürbis." Aschenputtel ging sogleich hin, nahm den schönsten Kürbis ab, den es finden konnte, und brachte ihn seiner Patin, ohne zu erraten, wie dieser Kürbis es zum Ball bringen könne. Seine Patin höhlte ihn aus, und als nur noch die Schale übrig war, klopfte sie mit ihrem Stab daran: sogleich war der Kürbis in eine schöne, ganz vergoldete Karosse verwandelt.

Dann ging sie und sah in ihrer Mausefalle nach, in der sie sechs Mäuse fand, die alle noch am Leben waren. Sie sagte zu Aschenputtel, es solle die Klappe der Mausefalle ein wenig anheben, und jeder Maus, die herauskam, versetzte sie einen Schlag mit ihrem Stab, und sogleich war die Maus in ein schönes Pferd verwandelt: das gab ein schönes Gespann mit sechs wunderbar mausgrauen Apfelschimmeln.

Als sie nun nicht wußte, woraus sie einen Kutscher machen sollte, sagte Aschenputtel: „Ich will nachsehen, ob nicht vielleicht eine Ratte in der Rattenfalle ist; aus der könnten wir einen Kutscher machen." – „Da hast du recht," sagte die Patin, „sieh einmal nach!" Aschenputtel brachte ihr die Rattenfalle, in der drei dicke Ratten waren. Die Fee nahm eine von den dreien, weil sie einen mächtigen Bart hatte, und als sie sie berührt hatte, war sie in einen dicken Kutscher verwandelt, der einen der schönsten Schnurrbärte hatte, die je dagewesen waren.

Dann sagte sie zu Aschenputtel: „Geh in den Garten; dort wirst du sechs Eidechsen hinter der Gießkanne finden, die bring mir her!"

Kaum hatte es sie gebracht, da verwandelte seine Patin sie in sechs Lakaien, die sogleich mit ihren reichbesetzten Fräcken hinten auf die Karosse stiegen und sich dort festhielten, als wenn sie ihr ganzes Leben lang nichts anderes getan hätten.

Darauf sagte die Fee zu Aschenputtel: „Nun? Da hast du alles, um zum Ball zu fahren: bist du nun froh?" – „O ja, aber soll ich denn so gehen, wie ich bin, mit meinen häßlichen Kleidern?"

Seine Patin berührte es mit ihrem Stab, und im gleichen Augenblick waren seine Kleider verwandelt in Kleider aus goldenem und silbernem Stoff und reich verziert mit Edelsteinen; dazu gab sie ihm noch ein Paar gläserne Pantoffeln, die hübschesten von der Welt.

Als es so geschmückt war, stieg es in die Karosse; doch seine Patin ermahnte es, vor allen Dingen nicht länger zu bleiben als bis Mitternacht, und sie warnte es, daß wenn es auch nur einen Augenblick länger auf dem Ball bliebe, seine Karosse wieder zum Kürbis würde, seine Pferde zu Mäusen, seine Lakaien zu Eidechsen, und daß seine alten Kleider wieder in ihrer ersten Gestalt dasein würden.

Es versprach seiner Patin, daß es ganz gewiß den Ball vor Mitternacht verlassen werde. Und so fuhr es davon und war vor Freude ganz außer sich.

Der Königssohn, dem man gemeldet hatte, eine hohe Prinzessin, die keiner kenne, sei soeben angekommen, eilte ihr zum Empfang entgegen. Er reichte Aschenputtel beim Aussteigen aus der Karosse die Hand und führte es in den Saal, wo die Gesellschaft war. Da trat eine große Stille ein; man hörte auf zu tanzen, und die Geigen spielten nicht weiter, so aufmerksam bestaunten alle die große Schönheit des unbekannten Mädchens. Da war nur ein dumpfes Gemurmel zu hören: „Ah, wie ist die schön!“ Selbst der König, so alt er war, wurde nicht müde, es zu betrachten und ganz leise zur Königin zu sagen, er habe seit langem kein so hübsches und liebliches Wesen mehr gesehen. Alle Damen schauten prüfend auf seine Frisur und auf seine Kleider, um sofort am anderen Tage die gleichen zu haben, wenn sich überhaupt Stoffe finden ließen, die schön genug, und Schneider, die geschickt genug waren.

Der Königssohn setzte Aschenputtel an den höchsten Ehrenplatz, und gleich darauf holte er es, um es zum Tanze zu führen. Es tanzte mit so viel Anmut, daß man es noch mehr bewunderte. Ein sehr schöner Imbiß wurde aufgetragen, aber der junge Prinz aß nichts, so sehr war er damit beschäftigt, Aschenputtel zu betrachten. Es ging und setzte sich zu seinen Schwestern und sagte ihnen tausend Artigkeiten, es gab ihnen auch von den Apfelsinen und Zitronen ab, die der Prinz ihm geschenkt hatte, was die beiden sehr erstaunte, weil sie es nicht kannten.

Während sie so plauderten, hörte Aschenputtel es drei Viertel auf zwölf schlagen; sogleich machte es eine tiefe Verneigung vor der Gesellschaft und lief fort, so schnell es konnte.

Sobald es angelangt war, ging es zu seiner Patin, und nachdem es sich bei ihr bedankt hatte, sagte es zu ihr, daß es sich sehr wünsche, auch am nächsten Tage auf den Ball zu gehen, weil der Königssohn es darum gebeten habe. Als es noch dabei war, seiner Patin alles zu erzählen, was auf dem Ball geschehen war, klopften die zwei Schwestern an der Tür. Aschenputtel machte ihnen auf.

„Wie spät ihr wiederkommt!“ sagte es zu ihnen und gähnte dabei, rieb sich die Augen und reckte sich, als sei es gerade eben erst aufgewacht.

Dabei hatte es wahrhaftig nicht die geringste Lust zum Schlafen gehabt, seit sie einander zuletzt gesehen hatten.

„Wenn du auf den Ball gegangen wärest“, sagte die eine seiner Schwestern zu ihm, „hättest du dich nicht gelangweilt; die schönste Prinzessin ist erschienen, die schönste, die man je gesehen hat; sie hat uns tausend höfliche Worte gesagt und hat uns Apfelsinen und Zitronen geschenkt.“

Aschenputtel war ganz außer sich vor Freude; es fragte sie nach dem Namen der Prinzessin, aber sie gaben zur Antwort, niemand kenne sie, der Königssohn sei selber sehr bekümmert deswegen und wolle alles auf der Welt darum geben, zu erfahren, wer sie sei. Aschenputtel lächelte und sagte zu ihnen: „Dann war sie also wirklich sehr schön? Mein Gott, wie glücklich ihr seid! Ob ich sie nicht auch sehen könnte? Ach, Fräulein Javotte, leiht mir doch Euer gelbes Kleid, daß ihr alle Tage anzieht!“ – „Wirklich“, sagte Fräulein Javotte, „das wäre mir gerade recht! Mein Kleid einfach so einem häßlichen Aschenputtel zu leihen? Da müßte ich ja ganz närrisch sein!“

Aschenputtel hatte diese Weigerung wohl erwartet und war froh darüber, denn es wäre sehr in Verlegenheit gekommen, wenn seine Schwester ihm ihr Kleid wirklich hätte leihen wollen.

Am anderen Tage gingen die zwei Schwestern auf den Ball und Aschenputtel auch, nur war es noch schöner geschmückt als beim ersten Mal. Der Königssohn blieb immer an seiner Seite und gab ihm unablässig süße Worte. Dem jungen Fräulein wurde die Zeit gar nicht lang, und es vergaß, wozu seine Patin es ermahnt hatte. So hörte es den ersten Glockenschlag der Mitternacht, als es glaubte, es sei noch nicht einmal elf Uhr. Es stand auf und entsprang so leichtfüßig wie eine Hirschkuh. Der Prinz lief ihm nach, aber er konnte es nicht einholen. Es verlor einen seiner gläsernen Pantoffeln, den der Prinz sehr sorgfältig aufhob. Aschenputtel kam ganz außer Atem nach Hause, ohne Karosse, ohne Lakaien und in seinen schlechten Kleidern; nichts war ihm von all seiner Herrlichkeit geblieben als das eine seiner Pantöffelchen, das gleiche wie das, welches es verloren hatte. Man befragte die Wachen am Tor des Palastes, ob sie nicht gesehen hätten, wie eine Prinzessin herausgekommen sei, aber sie sagten, sie hätten niemanden herauskommen gesehen als ein sehr schlecht gekleidetes Mädchen, das eher wie eine Bauerndirne ausgesehen habe denn wie ein Fräulein.

Als die zwei Schwestern vom Ball zurückkamen, fragte Aschenputtel sie, ob sie sich wieder gut unterhalten hätten und ob die schöne Dame dagewesen sei. Sie sagten: ja, aber sie sei fortgesprungen, als es Mitternacht geschlagen habe, so geschwind, daß sie eines ihrer gläsernen Pantöffelchen verloren habe, das schönste von der Welt; der Königssohn habe es aufgehoben und habe es die ganze übrige Zeit des Balles nur immer angeschaut,und ganz gewiß sei er in großer Liebe entbrannt zu der schönen Dame, der das kleine Pantöffelchen gehöre.

Und sie sprachen die Wahrheit: denn wenige Tage darauf ließ der Königssohn mit Trompetenschall bekanntmachen, daß er diejenige heiraten wolle, deren Fuß ganz genau in den Pantoffel passe. Zuerst probierte man ihn den Prinzessinnen an, dann den Herzoginnen und dem ganzen Hof, aber vergebens. Man brachte ihn auch zu den zwei Schwestern, die ihr möglichstes taten, um ihren Fuß in den Pantoffel zu zwängen; aber es wollte ihnen nicht gelingen. Aschenputtel, das ihnen zuschaute und seinen Pantoffel erkannte, sagte lächelnd: „Laßt mich doch sehen, ob er mir nicht paßt!"

Seine Schwestern begannen zu lachen und sich über es lustig zu machen.

Der Edelmann aber, der die Probe mit dem Pantoffel vornahm, sagte, nachdem er Aschenputtel aufmerksam angesehen und es sehr schön gefunden hatte, das sei recht und billig; er habe Befehl, ihn allen Mädchen anzuprobieren. Er ließ Aschenputtel sich hinsetzen, und als er den Pantoffel an seinem kleinen Fuß hielt, sah er, daß er ohne Mühe darüberpaßte und wie angegossen daran saß. Das Erstaunen der zwei Schwestern war groß, aber es wurde noch größer, als Aschenputtel das andere Pantöffelchen aus seiner Tasche zog und auf seinen Fuß steckte. Darauf kam auch die Patin herein, und indem sie einen Schlag mit dem Stab auf Aschenputtels Kleider tat, machte sie diese noch viel schöner als alle zuvor.

Da erkannten seine zwei Schwestern in ihm die schöne Dame wieder, die sie auf dem Ball gesehen hatten. Sie warfen sich ihm zu Füßen und baten es um Verzeihung für all die böse Behandlung, die sie hatten erdulden lassen. Aschenputtel hob sie auf und sagte ihnen unter Küssen, daß es ihnen aus ganzem Herzen verzeihe und sie bitte, es immer liebzubehalten. Geschmückt wie es war, führte man es dem jungen Prinzen zu. Er fand es schöner denn je, und wenige Tage später heiratete er es. Aschenputtel aber, das ebenso gut wie schön war, nahm seine zwei Schwestern zu sich in den Palast und vermählte sie noch am gleichen Tage mit zwei großen Herren des Hofes.

Moral

Die Frauenschönheit ist ein edles Gut;
wohl keiner, der sich gern von ihrem Anblick trennt.
Doch was man holde Anmut nennt,
ist mehr wert, weil es größere Wunder tut.

Dem Aschenputtel gab die Patin sie zur Zier;
sie zeigte ihr Geschmack und Sittsamkeit

und machte endlich eine Königin aus ihr:
das ist's, was unserem Märchen die Moral verleiht.

Schön, das ist nicht nur gut frisiert allein:
will man ein Herz betören und bezwingen,
wird Anmut aller Feen schönste Gabe sein,
denn ohne sie wird nichts, doch mit ihr alles uns gelingen.

Weitere Moral
Es mag zu Vorteil und Gewinn gereichen,
hat einer Geist und Kühnheit ohnegleichen,
hochmögende Geburt, gesetzte Sinne
und ähnliche Talente inne,
die er vom Himmel hat als Adelszeichen;
doch hilft's euch gar nichts, sie nur zu besitzen:
ihr seid auf eurer Lebensbahn verraten,
habt ihr nicht, um sie auszunützen,
entweder eine Patin oder einen Paten.

Quelle: Perrault, Charles: Der gestiefelte Kater und die anderen Märchen. München 1983, 77-93.

C. Aschenputtel

Es lebten einmal drei Schwestern, davon waren zwei klug. Die gingen immer miteinander in die Kirche. Das Gesicht wuschen sie sich mit süßer Milch, damit sie frischer und hübscher wären. Die dritte Schwester war dumm, und sie ließen sie in ihrer Dummheit. Als nun die beiden klugen Mädchen einmal wieder in die Kirche wollten, warfen sie ihrer Schwester eine Metze Linsen in die Asche unter dem Herd und sprachen: „Da, lies die Linsen!" Dann gingen sie fort. Unterwegs sahen sie einen alten Mann im Graben liegen, der nicht wieder aufstehen konnte. Er rief sie an: „Kommt, ihr lieben Mädchen, helft mir hier fort!" – „Wir wollen unsere guten Kleider nicht schmutzig machen, wir gehen in die Kirche", antworteten sie ihm aber und gingen weiter.

Aschenputtel las die Linsen aus der Asche, kleidete sich an und ging hinterher auch in die Kirche. Sie half dem alten Mann aus dem Graben. Dafür schenkte ihr der Greis einen Stab und sagte: „Geh und schlag mit dem Stab auf diesen grauen Stein, so bekommst du ein goldenes Roß und goldene Kleider. Die zieh an und reit in die Kirche!" Da nahm sie das

Pferd von dem Stein und ritt in die Kirche. Und der Königssohn sah sie und sprach: „Wo kommt denn das schöne Mädchen her? Ei, wenn ich das zur Braut hätte!“ Alles Volk lief ihr nach und guckte, und sie streute Geld in die Menge. Der Königssohn wollte sie zur Braut, aber sie eilte aus der Kirche, schlug an den Stein und legte Pferd und Kleider wieder ab. Dann ging sie nach Hause und kroch wieder hinter den Herd.

Die Schwestern kamen aus der Kirche und sagten: „Heute haben wir ein Mädchen in goldenen Kleidern gesehen, das saß auf einem goldenen Rosse.“ Da sprach die dumme Schwester: „Ich habe es auch gesehn.“ – „Wo hast du es denn gesehn?“ fragten die andern. „Ich bin auf das Badestubendach gestiegen, von dort habe ich es gesehn.“ Da stiegen die Schwestern auch auf das Dach, um zu wissen, ob man von dort überhaupt etwas sehen konnte, aber sie sahen nicht einmal über das nächste Gehöft hinaus.

Nun kam der zweite Sonntag, und die Mädchen gingen wieder in die Kirche und ließen die dumme Schwester zu Hause beim Ofen. Sie mußte wieder Linsen aus der Asche lesen, und als sie damit fertig war, ging sie zu dem Stein, schlug mit dem Stab daran und kleidete sich in die kostbaren Kleider, die sie bekommen hatte. Danach ging sie in die Kirche. Der Königssohn aber hatte vor der Kirche eine stattliche Wache aufgestellt. Wenn das Mädchen käme, so sollte ihm die Wache einen goldenen Reifen um die Stirn legen. Und das Mädchen kam, und die Wache legte ihm einen goldenen Reifen um die Stirn, als Erkennungszeichen. Als nun Aschenputtel wieder aus der Kirche heraustrat, schwang sie sich auf ihr Roß, und das Volk jagte hinter dem Mädchen her, um es zu sehen. Und es streute Geld in die Menge. Wieder ging Aschenputtel zum Stein und kam nach Hause. Um den Kopf band sie sich eine Binde, die an beiden Ohren befestigt war, damit die Schwestern den Reifen nicht sähen.

Als die Mädchen nach Hause kamen, fragten sie ihre Schwester: „Was hast du denn da um den Kopf?“ – Sie hockte in der Asche und sprach: „Ich stieg auf das Speicherdach, um etwas zu sehen, dabei habe ich mir die Stirn verletzt.“

Nach einiger Zeit kam der Königssohn und suchte in allen Häusern nach dem Mädchen, daß einen Goldreifen um die Stirn hatte. Da kam er auch zu dem Hause, wo die drei Schwestern wohnten. „Vielleicht finde ich dort die schöne Jungfrau.“ Er ging hinein, da sagten die Schwestern: „Hier ist sie nicht. Wir waren ja selbst in der Kirche und haben sie gesehn.“ – „Wer ist denn das Mädchen da beim Ofen?“ fragte der Königssohn. „Das ist unser Aschenputtel.“ – Er winkte Aschenputtel herbei und sprach: „Was hast du denn da um den Kopf, nimm es einmal weg und zeig her!“ – Das Mädchen kam, nahm die Binde ab und siehe – da war der Goldreif. Dann lief es flink zum Stein, holte die Kleider und das Roß und kam damit zum Königssohn, und der Königssohn nahm das Aschenputtel mit sich auf sein Schloß, und es wurde seine Frau.

Quelle: Löwis of Menar, August von: Finnische und estnische Volksmärchen. Jena 1922, 79–81, Nr. 27 (finnisch).

D. Die Stieftochter

Eine Mutter hatte eine Stieftochter, die war hübsch und eine „rechte“ Tochter, die war hässlich. Und mit der rechten Tochter ging sie immer nach der Kirche, aber die Stieftochter hatte kein Kleid und musste zu Hause bleiben. Da ging sie an eine Weide und sprach:

„Guten Tag, Weide,
Ich bring' Dir ein altes Geschmeide,
Gieb mir Dein neues“.

So machte sie es dreimal und kriegte jedesmal ein neues Kleid. Das erste mal zog sie die Sterne an, das zweite mal den Mond und das dritte mal die Sonne. Und jedesmal, wenn der Prediger Amen gesagt hatte, ging sie aus der Kirche weg und legte das Kleid wieder an der Weide nieder. Beim dritten Male aber strichen sie Pech vor der Kirchenthüre hin und passten auf, denn sie wollten wissen, wo sie bliebe. Allein sie kam ungesehen davon, bloss den Schuh verlor sie, der blieb am Peche sitzen. Der Schuh aber war sehr klein und zierlich und ein hübscher Mann (ein Prinz) wollte die heirathen, der der Schuh gehörte. So sahen sie nach, wem der Schuh passte, denn die sollte die Braut sein. Und es wurde allen Mädchen der Schuh angepasst, aber er passte keiner; da kamen sie auch zur Stiefmutter des Mädchens, die schnitt ihrer rechten Tochter die Zehen ab, so dass der Schuh passte, aber die Stieftochter versteckte sich. Da fragten sie die Mutter, ob sie nicht noch eine Tochter hätte und sie sagte: „Nein“. Wie nun die rechte Tochter vor dem Altare stand, da kamen Tauben geflogen, und sagten:

„Das ist nicht die rechte Brut [Braut].
Die hat den ganzen Schuh voll Blut“.

Dann sahen sie nach und fanden, dass ihr die Zehen abgeschnitten waren. Da musste die Mutter die Stieftochter hervorholen und sie wurde die Braut.

Quelle: Schulenburg, Willibald von: Wendisches Volksthum in Sage, Brauch und Sitte. Berlin 1882, 40.

E. Das Aschenbrödel

Es war einmal ein Mann und eine Frau, die hatten eine Tochter, welche Marie hieß und die Muttergottes als Patin hatte. Als Marie zwölf Jahre alt war, starb ihre gute Mutter, der Vater aber heiratete nach einigen Jahren eine Witwe mit zwei Töchtern. Nun kamen böse Zeiten für Marie, denn die Stiefmutter bevorzugte ihre eigenen Töchter, die sie mit den schönsten Kleidern bekleidete, während Marie derart schlechte Anzüge bekam, daß sie sich nicht einmal zum Hochamte in diesem Plunder zu gehen getraute. Natürlich gingen ihre schönen aufgeputzten Stiefschwestern alle Sonntage zum Hochamte. Unterdessen mußte Marie die Wohnung aufräumen und das Essen herrichten. Jeder Sonntag stimmte sie trauriger. Als sie eines Sonntags wieder auf dem Herde saß und bitterlich über ihre schlechte Behandlung weinte, erschien ihr die Muttergottes und fragte, warum sie so weine. Marie erwiderte ihr, daß es ihr so zu Herzen gehe, daß sie nicht einen Sonntag zum Hochamte gehen dürfe, da sie sich in ihren abgetragenen Kleidern unmöglich bei einer so feierlichen, heiligen Handlung sehen lassen dürfe. Die Muttergottes sagte: „Dein Herzenswunsch soll erfüllt werden, da hast du dieses Kleid, zieh es an, geh in die Kirche und trachte, möglichst nahe neben deinen Schwestern zu stehen, doch sobald das letzte Evangelium vorüber ist, kehre sofort heim."

Marie tat, was die Patin befohlen hatte, stellte, nachdem sie der Muttergottes die Kleider zurückgegeben hatte, das Essen über und tat ganz erstaunt, als die Stiefschwestern ihr von dem prächtig gekleideten Mädchen, das heute das Hochamt besucht hatte, erzählten. Aus der ganzen Erzählung entnahm sie, daß die Schwestern sie nicht erkannt hatten. Da sie den Neid der zwei Stiefschwestern sah, so konnte sie sich nicht enthalten, die Bemerkung hinzuwerfen: „Und wenn ich es gewesen wäre, würdet ihr mich auch so beneiden?"

Da lachten die zwei Stiefschwestern hellauf und sagten: „Nein, nein! Dich Schmierfink würden wir sicherlich nicht beneiden, denn du würdest dich nicht einmal getrauen, in solch prächtige Kleider hineinzuschlüpfen."

Am nächsten Sonntag brachte die Muttergottes der braven Marie noch viel schönere Kleider als das erste Mal; auch diesmal mußte sie sich so benehmen wie das erste Mal. Als die Schwestern vom Hochamte kamen, zerplatzten sie förmlich vor Neid, denn nach der Messe hörte man von nichts anderem erzählen als von der schönen Unbekannten.

Am dritten Sonntag übergab die Muttergottes ihrem Patenkind gar prächtige Kleider und außerdem einen Ring und sagte: „Liebe Marie, geh zum Hochamt; knapp vor dem letzten Evangelium wirf diesen Ring gegen den Hochaltar und beobachte, wer ihn aufhebt; dann aber kehre sofort heim und verstecke die Kleider unter dem Bett.“

Marie tat alles, was ihr anbefohlen ward und sah auch, wie Tita Pirol, der schönste, bravste und reichste Bursche des Tales den Ring aufhob, dann verließ sie die Kirche. Tita folgte ihr auf dem Fuße und sah sie noch ins Haus eintreten. Er merkte sich das Haus, ging zu seinem Vater und erzählte ihm das Erlebnis und bat ihn mitzukommen, damit er um die Hand der schönen Unbekannten bitten könnte, was ihm der Vater auch versprach.

Unterdessen waren auch die Stiefmutter und ihre zwei Töchter zu Hause angekommen und zogen wieder über die hochmütige Unbekannte ordentlich los. Das Mittagessen blieb fast unberührt, da keine der beiden Stiefschwestern vor Neid und Zorn einen Bissen hinabschlucken konnte; nach dem Essen legten sich beide nieder.

Bald darauf erschien Tita mit seinem Vater vor der Stiefmutter der guten Marie und sagte: „Heute habe ich in der Kirche eine deiner Töchter gesehen, die mir sehr gefiel. Wenn du nichts dagegen hast, so möchte ich sie heiraten.“

Selbstverständlich war die Stiefmutter über die Anfrage des braven und reichen Pirol sehr erfreut und lief sofort in die Schlafkammer, um die Mädchen zu wecken und zu sagen, sie sollten sich nur recht schön aufschmücken und dann herabkommen. Nicht lange dauerte es, da erschien schon die Älteste; doch Tita sagte, daß dieses schöne Mädchen nicht jenes sei, daß er heute früh beim Hochamt gesehen habe. Bei der zweiten Tochter, die nun erschien, sagte er das gleiche und fragte die Stiefmutter, ob sie nicht noch eine Tochter habe. Sie erwiderte, daß sie noch eine Stieftochter habe, die sei aber sehr häßlich, habe nur schäbige, abgetragene Kleider und sei auch noch nie bei einem Hochamt gewesen. Aber wenn er darauf bestehe, wolle sie auch ihre Stieftochter Marie rufen; denn sie dachte sich, wenn er die armselig gekleidete Marie sieht, so wird er doch lieber, da er ja eine heiraten will, eine meiner rechten Töchter zur Frau nehmen. Sie ging daher in die Küche und befahl der Marie, die soeben das Abwaschen des Geschirrs beendet hatte, sich in ihre schönsten Kleider zu stecken und ins Wohnzimmer zu kommen. Marie ging sofort in die Schlafkammer, zog die schönen Kleider, die ihr die Muttergottes geschenkt hatte, an und kam ins Wohnzimmer zurück. Alle waren höchst erstaunt über ihre Schönheit und Anmut sowie über ihre schönen Kleider; Tita aber sagte zu ihr: „Willst du mich zum Mann?“

Sie antwortete mit einem lauten: „Ja!“

Tita steckte ihr den Ring, den er in der Kirche aufgehoben hatte, an den Finger, küßte sie und verabschiedete sich. Bald darauf fand die

Hochzeit statt, sie lebten glücklich und zufrieden und, wenn sie nicht gestorben sind, so leben sie noch.

Quelle: Kindl, Ulrike: Märchen aus den Dolomiten. München 1992, 15–18, Nr. 3 (ladinisch).

F. Grattelein, schön Dattelein

Es war einmal ein Kaufmann; dieser Kaufmann hatte drei schon hübsch herangewachsene Töchter: die älteste nannte sich Rosa, die mittlere Giuvannina und die jüngste Ninetta, und die war die schönste von allen. Eines Tages kommt auf den Kaufmann ein großes Handelsgeschäft zu, und er kehrt betrübt nach Hause zurück. „Was habt Ihr, Papà?“ sagen die Töchter zu ihm. – „Nichts, meine Töchter: Ich habe ein großes Handelsgeschäft vor und kann es nicht machen, weil ich euch nicht alleine lassen kann.“ – „Und da macht Ihr Euch Sorgen?“ sagt die Älteste zu ihm, „laßt uns für die Zeit, die Ihr abwesend sein müßt, Lebensmittel bringen. Laßt die Türen für uns zumauern, und wenn es Gott gefällt, sehen wir uns in Gesundheit wieder.“

Der Vater macht es so: Er bringt ihnen Vorräte an Lebensmitteln in Mengen, und dann befiehlt er einem seiner Diener, daß er jeden Morgen von der Gasse her am Fenster seine älteste Tochter ruft und ihr alles Nötige von außen heranschafft. Dann nahm er Abschied und sagte zu seiner ältesten Tochter: „Rosa, was soll ich dir mitbringen?“ – „Drei schöne Kleider von verschiedener Farbe“, antwortet sie. – „Du, Giuvannina?“ – „Was Sie wollen.“ – „Und du, Ninetta?“ – „Ich möchte einen schönen Dattelzweig in einem silbernen Blumentopf, und wenn Ihr mir den nicht bringt, dann soll das Schiff weder vorwärts noch rückwärts gehen können.“ – „Ah, schämst du dich nicht“, sagen die Schwestern, „deinem Vater einen solchen Fluch anzuhängen?“ – „Macht nichts“, antwortete der Vater, „regt euch nicht auf, sie ist noch jung, das muß man ertragen.“

Also verabschiedet sich der Vater und zieht fort und kommt in dem vorgesehenen Ort an; er macht das große Handelsgeschäft, und dann denkt er daran, für Rosa drei schöne Kleider zu kaufen, drei schöne Kleider für Giuvannina; und was vergißt er? Den Dattelzweig für Ninetta. Als er sich einschifft und sich mitten auf dem Meer findet, kommt ein fürchterliches Gewitter auf: Blitze kreuz und Blitze quer, Donner, Wasser, Fluten, so daß das Schiff nicht mehr vorwärts noch rückwärts fahren konnte.

Der Kapitan fängt an zu verzweifeln und sagt: „Und dieses Unwetter, wo kommt das bloß her?“ Aber da erinnert sich der Kaufmann an den Fluch seiner Tochter und sagt zu ihm: „Kapitän, ich habe vergessen, eine Sache zu kaufen. Wißt Ihr, was ich Euch sage? Laufen wir den nächsten Hafen an, und wie es ausgeht, wird man nachher erzählen können.“ Aber was, o Wunder, passiert? Wie sie wenden, ändert sich das Wetter, und sie fahren mit dem Wind im Rücken. Der Kaufmann geht an Land, kauft den Dattelzweig, pflanzt ihn in einen Blumentopf aus Silber und kehrt an Bord zurück. Die Seeleute setzen die Segel, sie hatten eine schöne Reise, und nach drei Tagen erreichen sie seine Stadt.

Wie der Kaufmann in sein Haus kommt, läßt er die Mauern von den Türen wegmachen, er öffnet die Fenster, und dann schenkt er dies den Töchtern: Rosa und Giuvannina die Kleider und der Ninetta den Dattelzweig in dem silbernen Blumentopf.

Jetzt fällt mir ein: Das Beste hab' ich vergessen. Während dieser Kaufmann auf Reisen war, passierte es einmal, daß der ältesten Schwester der Fingerhut in den Brunnen fiel (weil der Vater ihnen einen Brunnen hatte machen lassen, damit es ihnen nicht an Wasser fehlte). Da sagt Ninetta zu ihren Schwestern: „Keine Angst, Mädchen, seilt mich in den Brunnen ab, dann hole ich euch den Fingerhut.“ – „Mach keine Witze“, sagt ihr die älteste Schwester. – „Doch, ich will hinuntersteigen und ihn holen.“ Die da sagen nein, und sie sagt ja, so mußten sie Ninetta hinunterlassen. Wie sie an das Wasser gelangt, krempelt sie den Ärmel hoch und packt den Fingerhut; aber wie sie die Hand aus dem Wasser zieht, bemerkt sie eine Öffnung, aus der Licht kommt. Sie nimmt ein Steinchen aus der Mauer und sieht einen schönen Garten, aber einen wirklich köstlichen Garten, und da waren alle Sorten Blumen, Bäume und Früchte. Kann nicht lesen, kann nicht schreiben, aber sie geht da tapfer hinein und fängt an, die schönsten Blumen zu pflücken und das beste Obst und die allerfeinsten Sachen. Sie füllt sich damit die Schürze – die Katze war's nicht, und Schaden hat sie keinen angerichtet –, kehrt in den Brunnen zurück, setzt das Steinchen ein: „Zieht mich hoch!“, und sie kommt nach oben, taufrisch wie eine Rose. Wie die Schwestern die Schürze voll Zeug sehen: „Wo hast du diese schönen Sachen aufgelesen?“ – „Was geht das euch an“, antwortet Ninetta, „morgen seilt ihr mich wieder ab, und wir nehmen den Rest.“

Aber dieser Garten gehörte dem Königssohn von Portugal, und wie der junge König den großen Schaden sah, machte er dem Gärtner ein dickes Donnerwetter. Der arme Gärtner sagte ihm, er wisse von dieser Sache nichts, aber der junge König befahl ihm, von jetzt an wachsamer zu sein, sonst: Wehe ihm! Am nächsten Tag hielt sich Ninetta schon an der Angelschnur, um in den Garten hinabzusteigen. Sagt sie: „Mädchen, laßt mich ab!" – „Bist du denn verrückt oder besoffen?" – „Ich bin weder verrückt noch besoffen, laßt mich ab!" Die da sagen nein, sie sagt ja, so mußten sie Ninetta hinunterlassen. Sie nimmt das Steinchen weg und steigt in den Garten: Blumen, Früchte; sie nimmt die Schürze voll und läßt sich hochziehen. Der junge König stand am Fenster, und zwischen den Bäumen sah er sie durchsegeln; er steigt hinab, kann aber niemanden mehr sehen. Er ruft den Gärtner: „Von wo kam diese Frau herein?" – „Was für eine Frau, Majestät?" – „Diese Frau, die sich Obst und Blumen in meinem Garten gepflückt hat!" – „Ich weiß von nichts, Majestät", und er schwor Stein und Bein, daß er von nichts wußte. Der König sah seine Unschuld und stieg wieder in sein Zimmer hinauf. Am nächsten Tag ging er auf Posten. „Komm du nur", sagte er bei sich, „meinen Klauen entrinnst du nicht!"

Am dritten Tag fängt Ninetta wie gewöhnlich an, die Schwestern zu drängeln, sie hinunterzulassen: Die Grille der vorhergehenden Tage hatte ihr Spaß gemacht! Und die da sagen nein, sie sagt ja, also mußten sie Ninetta hinunterlassen. Sie nimmt das Steinchen weg, schlüpft in den Garten, pflückt die besten Sachen, besser noch als die Tage zuvor, nimmt sich eine Schürze voll, füllt sich den Brustlatz und merkt nicht, daß sich der junge König ihretwegen versteckt hat. Und wie sie gerade so richtig dabei ist, hört sie ein Geräusch, dreht sich um und sieht, wie der Königssohn losspringt, um sie zu packen. Sie macht einen Sprung durch die Öffnung, schiebt den Mauerbrocken vor und: Heilige Füße, helft mir!

Nach diesem Erlebnis hatte der Königssohn keine Ruhe mehr, und vor Schmerz wurde er krank, denn diese junge Frau erschien ihm wie eine wahre Fee. Keiner der Ärzte im Königreich hatte die Fähigkeit, ihn gesund zu machen. Als der König eines Tages sieht, daß sein Sohn an Boden verliert, ruft er alle Weisen und Philosophen des Königreichs, um über die Krankheit des jungen Königs zu diskutieren. Da redet dieser, redet jener, und zuletzt redet ein Langbart und sagt: „Majestät, fragt Euren Sohn, ob er Symphatien für eine junge Frau hat, und dann wird man es neu bedenken können." Der König hat seinen Sohn rufen lassen und ihn befragt, und der Sohn erzählte ihm alles haarklein und sagte, wenn er diese junge Frau nicht kriege, könne er keine Ruhe finden. Sagt der Langbart: „Majestät, laßt drei Tage ein Fest im Palast feiern, und laßt ausrufen, daß jeder Vater und jede Mutter von jeder Art von Personen ihre Töchter herbringen, bei Todesstrafe für jede, die sich versteckt." Der König war einverstanden und ließ es so ausrufen.

Gehen wir zu den Töchtern des Kaufmanns. Weil sie die Kleider hatten, die ihnen der Vater mitgebracht hatte, fingen sie an, diese zu schmücken für das erste Ballfest, das kommen würde. Ninetta schloß sich mit ihrem Blumentopf ein und – ade Feste, ade Vergnügungen! Der Vater und die Schwestern konnten diese Sache nicht verdauen, aber dann sahen sie ein, daß es ihre Laune war, und ließen sie gewähren.

Wie der Aufruf des Königs herauskommt, geht der Vater nach Hause und erzählt das seinen Töchtern: „Mädchen, wißt ihr was? Der König gibt drei Tage lang ein Fest in seinem Palast, und jeder Vater und Mutter sollen ihre Töchter bringen: Todesstrafe für jede, die sich versteckt.“ – „Schön, schön!“ riefen Rosa und Giuvannina, aber Ninetta zuckte mit den Achseln und sagte: „Geht ihr nur. Was mich betrifft, so will ich nicht hingehen.“ – „Nein, meine Tochter“, sagt der Vater zu ihr, „da steht Todesstrafe drauf, und mit dem Tod spielt man nicht.“ – „Und was hab ich damit zu tun? Wer weiß denn schon, daß Ihr drei Töchter habt? Tut so, als hättet Ihr nur zwei.“ Und: „Doch, du kommst mit“, und: „Nein, da komme ich nicht mit“, und am ersten Abend des Festes blieb Ninetta zu Hause mit dem Datteltopf, der ihre Freude war.

Als die Schwestern gegangen waren, spricht Ninetta zu dem Blumentopf:

„Grattelein, schön Dattelein,
Komm herab, bring Nina ein Kleid,
Laß feiner sie noch als gestern sein!“

Und da aus dem Blumentopf, was ist da wohl herausgekommen? Eine große Menge von Feen mit Kleidern und unvergleichlich schönen Juwelen. Und eine wäscht sie, eine strählt sie, eine kleidet sie: Im Nu haben sie Ninetta ganz und gar eingekleidet, mit ihren Halsketten, ihren Brillanten und ihren Edelsteinen. Nachdem Ninetta zu einem Goldstück geworden war, setzt sie sich in die Kutsche, fährt zum Palast und steigt hinauf; als sie eintritt, gucken sie alle verwundert an. Der Königssohn erkennt sie und sagt das dem König. Danach nimmt er sie unter den Arm und fragt sie: „Gnädige Frau, wie geht es Euch?“ – „Wie ich fahre.“ – „Wie nennt Ihr Euch?“ – „Beim Namen.“ – „Wo wohnt Ihr?“ – „Im Haus mit der Tür.“ – „In welcher Straße?“ – „In der Aus-dem-Staub-Gasse.“ – „Ach, was seid Ihr seltsam, Ihr bringt mich noch zu Tode.“ – „Meinetwegen könnt Ihr platzen.“ Sie tanzen den ganzen lieben Abend. Der junge König wurde müde, aber sie wurde nicht müde, weil sie gefeit war. Schließlich setzt sie sich neben ihre Schwestern. Am Ende des Festes befiehlt der König den Dienern heimlich, sie sollen dieser Dame folgen, um zu schauen, wo sie zu Hause sei. Sie geht hinunter und steigt in die Kutsche, aber wie sie merkt, daß ihr die Diener folgen, löst sie ihre Haare, und Perlen und Edelsteine fallen heraus. Habt ihr da die Diener gesehen? Wie der Hahn auf die Körner, stürzen sie sich auf die Perlen, und –

ade schöne Dame! Die ließ die Pferde antreiben, und ruckzuck war sie zu Hause. Dort angekommen, sagt sie:

„Grattelein, schön Dattelein,
Zieh der Nina aus ihr Kleid,
Und laß sie wieder wie gestern sein."

Und da findet sie sich ausgekleidet und mit ihren Alltagskleidern angezogen.

Die Schwestern kehren zurück: „Ninetta, Ninetta, was für ein schönes Fest! Da war eine Dame, die dir ganz ähnlich war. Hätten wir nicht gewußt, daß du hier bist, hätten wir gesagt, daß du es warst." – „Was erzählt ihr mir da", sagte Ninetta, „ich bin doch hier bei meinem Blumentopf gewesen..." – „Aber morgen, weißt du, mußt du kommen!"

Gehn wir zum König, der auf die Diener wartete. Wie sie zum Palast zurückkehren, werfen sie sich ihm zu Füßen und erzählen ihm, was passiert war. Der König sagt zu ihnen: „Hinterlistiges Pack, für Geld laßt ihr euch rumkriegen! Aber wehe euch, ihr wagt es, das morgen abend noch einmal zu machen!"

Am nächsten Abend fangen die Schwestern an, Ninetta zu drängen, mit ihnen zu kommen, aber Ninetta wollte nichts hören, und der Vater mischte sich ein und sagte: „Seht ihr nicht, daß sie ganz närrisch ist auf ihren Blumentopf? Wer weiß, eines Tages wird es ihr noch Unglück bringen. Also gehn wir!" Und sie gingen weg.

Sobald sie hinausgegangen waren, geht Ninetta zu dem Blumentopf:

„Grattelein, schön Dattelein,
Komm herab, bring Nina ein Kleid,
Laß feiner sie noch als gestern sein."

Und da kommen ganz viele Feen heraus: eine strählt sie, eine kleidet sie mit den pompösesten Kleidern, eine lädt sie voll mit Juwelen. Wie sie ganz und gar eingekleidet ist, setzt sie sich in eine Kutsche und fährt zum Palast. Als sie ankommt, gucken sie alle verblüfft an, und am meisten ihre Schwestern und ihr Vater. Der Königssohn rennt ganz glücklich herbei: „Gnädige Frau, wie geht es Ihnen?" – „Wie ich fahre." – „Wie nennt Ihr Euch?" – „Beim Namen." – „Wo wohnt Ihr?" – „Im Haus mit der Tür." – „In welcher Straße?" – „In der Aus-dem-Staub-Gasse." – „Ach, was seid Ihr seltsam, Ihr bringt mich noch zu Tode." – „Meinetwegen könnt Ihr platzen." Der da ärgert sich nicht und lädt sie zum Tanze ein. Sie ist einverstanden, und sie tanzen den ganzen lieben Abend. Danach setzt sie sich neben ihre Schwestern. „Maria!“ sagt eine ihrer Schwestern, „diese Dame ist Ninetta wie aus dem Ei gepellt!“

Das Fest geht zu Ende: Ninetta geht als eine der ersten. Der König begleitet sie und gibt den Dienern ein Zeichen. Ninetta bemerkt das, und wie sie in die Kutsche steigt und diese Diener hinter sich sieht, nimmt sie ein paar Säckchen mit Goldstücken, die sie bei sich in der Kutsche hatte, und schmeißt sie den Dienern an die Köpfe: dem einen zerbricht es die Nase, dem andern verstopft es das Auge; sie können nicht weiterlaufen und kehren wie geprügelte Hunde zum Palast zurück. Als der König sie sah, kriegte er wirklich Mitleid mit ihnen, dann sagte er zu ihnen: „Macht nichts. Morgen abend ist der letzte Abend, und auf diese oder die andere Weise muß man diese Sache herauskriegen.“

Gehen wir zu Ninetta. Als sie nach Hause kommt, spricht sie zu dem Blumentopf:

„Grattelein, schön Dattelein,
Zieh der Nina aus ihr Kleid,
Und laß sie wieder wie gestern sein.“

In einem Hastdunichtgesehen waren die Kleider gewechselt, und sie hatte wieder ihr Alltagskleid an. Die Schwestern kommen: „Ninetta, Ninetta, das war ein schönes Fest! Und da war die Dame von gestern, die sieht ganz genauso aus wie du: die Augen, die Haare, der Mund, alles, sogar das Sprechen. Sie hatte eine Robe wie sonst niemand, und dann Juwelen und Edelsteine, die leuchteten wie die Spiegel.“ – „Aber was erzählt ihr mir da?“ sagte Ninetta zu ihnen. „Ich unterhalte mich mit meinem Blumentopf und brauche keine Feste und keine Bälle.“ – „Ja, aber morgen abend mußt du kommen...“ – „Hab ich denn an nichts anderes zu denken?“ antwortet Ninetta. Nach dem Essen gingen sie schlafen.

Am nächsten Abend zogen Rosa und Giuvannina die schönsten von den neuen Kleidern an, die ihnen der Vater mitgebracht hatte, und gingen zum Fest. Ninetta wollte nichts davon hören. Sobald sie hinausgegangen waren, rennt sie zum Blumentopf:

„Grattelein, schön Dattelein,
Steig herab, bring Nina ein Kleid,
Laß feiner sie noch als gestern sein.“

Und sofort eine Menge von Feen, eine kämmt sie, eine wäscht sie, eine kleidet sie. Danach setzt sie sich in die Kutsche: zum Palast. Dieses Mal waren ihre Reize unvergleichlich schön, und sie trug Kleider und Juwelen, die man noch nie gesehen hatte. Der junge König, der seine Augen auf der Straße hatte, wie der sie sah, sagte er zu ihr: „Gnädige Frau, wie geht es Ihnen?“ – „Und sie antwortet ihm: „Wie ich fahre.“ – „Wie nennt Ihr Euch?“ Und dann derselbe Diskurs wie am anderen Abend.

Sie tanzen miteinander und tanzen, weil es der letzte Abend war, schließlich setzt sie sich noch neben ihren Vater und ihre Schwestern, und die konnten bei sich nur noch sagen: „Das ist runtergerissen die Ninetta!“ Der König und der Königssohn schauten sich ebenfalls an, und dieser verzehrte sich fast vor Liebeskummer. Zu einer bestimmten Stunde nimmt sie der König unter den Arm unter dem Vorwand, in ein anderes Zimmer zu gehen, um da etwas zu sich zu nehmen. Als sie allein waren, wollte Ninetta sich verabschieden, um nach Hause zu gehen, aber der König, der entschlossen war, die Sache zu Ende zu bringen, sagt zu ihr: „Zwei Abende hast du mich hereingelegt, aber am dritten Abend legst du mich nicht herein.“ – „Was wollen Majestät damit sagen?“ – „Ich will damit sagen, daß ich weiß, wer du bist, denn du bist die junge Frau, die mir meinen Sohn erledigt! Du mußt die Frau des jungen Königs werden!“ – „Majestät, Gnade!“ – „Und welche Gnade willst du?“ – „Ich habe einen Vater und meine Schwestern und muß die erst fragen.“ – „Und da fürchtest du dich?“ und sofort läßt er den Vater rufen. Vom König ein Erlaß heißt alles andere als Spaß; und den armen Vater von Ninetta überlief es kalt, weil er dachte, daß er die Holzkohle naß gemacht hat. Der König erklärte ihm aber alles und sagt ihm, wegen der Verfehlung wolle er ihn begnadigen. Am nächsten Tag öffnete man die königliche Kapelle, und der Königssohn heiratete die Ninetta.

Die blieben glücklich und gesund,
Und wir hier stochern uns im Mund.

Quelle: Pitrè, Giuseppe: Märchen aus Sizilien. Herausgegeben von Rudolf Schenda und Doris Senn. München 1991, 7–16, Nr. 1.

G. Der dankbare Fisch

Es war einmal ein Mann, der hatte eine Frau und eine Tochter. Er war ein Fischer. Jeden Morgen ging er zum Meer und fing Fische, die er bis zum Abend verkaufte. So lebte er vom Verkauf der Fische.

Seine Tochter ging in die Schule. Die Lehrerin, eine Witwe mit Tochter, wollte unbedingt den Vater des Mädchens heiraten und bedrängte es immer, es solle doch etwas tun, damit der Vater sie heirate. Am Abend dann kam das Mädchen nach Hause und bedrängte den Vater: „Heirate doch meine Lehrerin!“ Aber der Vater erwiderte nur: „Ich habe doch nicht das Auskommen, um zwei Frauen zu ernähren!“ Als das Mädchen dies der Lehrerin erzählte, trug sie ihm auf: „Geh mit diesem Krug zu deiner Mutter und sage, sie möchte dir etwas Essig geben. Wenn sie dann den Deckel vom Essigfaß nimmt, stoße sie in das Faß hinein und komm wieder zurück.“ So ging das Mädchen zu seiner Mutter und sagte: „Die Lehrerin hat mir aufgetragen, ich solle etwas Essig für sie holen.“ Als die Mutter am Faß stand, um Essig daraus zu entnehmen, stieß das Mädchen sie in das Faß hinein. Dann lief sie wieder in die Schule. Als sie am Nachmittag nach Hause kam, fragte ihr Vater sie: „Meine Liebe, wo ist denn deine Mutter?“ – „Ich weiß nicht“, antwortete sie. Da standen sie auf und gingen durch das Haus, um sie zu suchen. Sie fanden sie, wie nur noch ihre Füße oben aus dem Essigfaß herausschauten und sie keinen Atemzug mehr von sich gab. Da trugen sie sie hinaus und legten sie zur Ruhe.

Bald darauf überbrachte die Lehrerin dem Mann eine Nachricht: „Du kannst doch das Mädchen nicht so lange ohne Mutter lassen. Nimm mich doch als deine Frau, ich werde schon gut für sie sorgen.“ So heiratete der Fischer also die Lehrerin. Sie behandelte das Mädchen zehn, fünfzehn Tage ganz gut, dann aber gab sie ihm immer, wenn der Vater Fischen gegangen war, die Fische und sagte: „Geh zum Strand und wasche sie.“

Eines Tages wusch das Mädchen gerade wieder die Fische, da rutschte ihr einer aus der Hand und fiel ins Wasser. Da begann das Mädchen zu weinen und klagte: „Wenn ich jetzt so nach Hause komme, wird mich die Frau meines Vaters sicher töten.“ Da sah sie, wie ein großer Fisch aus dem Wasser an die Oberfläche kam, der einen anderen Fisch im Maul hatte. Den warf er an Land und sprach zu ihr: „Liebes Mädchen, weine nicht! Dieser Fisch soll Ersatz sein für den Fisch, der dir ins Wasser fiel. Ich werde anstatt deiner Mutter für dich sorgen. Setz dich ruhig hin, bis ich dir dein Mittagessen bringe.“ Er tauchte unter und brachte dem Mädchen eine Schüssel mit Reis. Das Mädchen setzte sich hin und aß sich rund herum satt. Dann sprach der Fisch zu ihr: „Jedesmal, wenn du kommst, um hier Fische zu waschen, rufe: ‚Mutter Fisch!‘ Dann werde ich kommen und dir alles, was du brauchst, besorgen.“ So kam das Mädchen jeden Tag und ließ sich von dem Fisch Essen bringen.

Einmal wollte die Stiefmutter zu einer Hochzeit gehen. Zuerst ging sie in die Schule, sammelte dort alle dreckigen Kleider von den Kindern ein, nahm sie mit nach Hause und gab sie dem Mädchen mit den Worten: „Bis zum Nachmittag, wenn ich wiederkomme, mußt du diese gewaschen und getrocknet haben. Außerdem mach das Zimmer sauber, bis ich wiederkomme.“ Das Mädchen nahm weinend die ganzen Kleider auf und lief zum Meer, wo sie rief: „Mutter Fisch!“ Der große Fisch kam hervor und fragte: „Was ist denn, mein Kind?“ – „Meine Stiefmutter“, antwortete das Mädchen, „hat mir alle diese Kleider gegeben, die ich bis zum Abend waschen soll. Außerdem muß ich noch das Zimmer putzen.“ – „Mach dir keine Sorgen“, erwiderte der Fisch. Er nahm die Kleider, tauchte mit ihnen unter und brachte dem Mädchen ein Kleid zurück. „Dieses Kleid“, sagte er, „wirst du selbst anziehen und dann auch zu der Hochzeit gehen. Aber hüte dich davor, dich zu erkennen zu geben.“

So zog das Mädchen das hübsche Kleid an. Als sie auf dem Fest ankam, staunten alle Leute über ihre Schönheit. Die Familie der Braut dachte, sie sei von den Verwandten des Bräutigams, und dessen Familie wiederum meinte, sie gehöre zu den Verwandten der Braut. Alle waren von ihrer Schönheit bezaubert, und das Mädchen tat so, als sei es aus der Familie eines Kaufmanns. Als es Nachmittag wurde, erhob sie sich früher als die andern und sagte: „Ich muß jetzt nach Hause gehen.“ Auf dem Heimweg mußte sie über einen Graben springen, da fiel einer ihrer Schuhe ins Wasser. Zurück am Strand rief sie: „Mutter Fisch! Einer meiner Schuhe ist im Wasser fortgeschwommen!“ – „Mach dir keine Sorgen, mein Kind“, erwiderte der Fisch. „Die Schuhe gehören ja dir!“

Jetzt laßt aber einmal diese beiden. Den Schuh nämlich trug das Wasser fort bis Esfahan. Dort fand man den Schuh und brachte ihn vor den Schah Abbas. Als dort der Blick des Königssohnes auf den Schuh fiel, verliebte er sich sogleich in seine Eigentümerin, obwohl er sie noch gar nicht gesehen hatte. Und auf der Stelle schickte er eine Nachricht zu seinem Vater, daß er ihm die Eigentümerin des Schuhs bringen solle. Der König befahl, den Wasserlauf zu verfolgen und zu sehen, woher das Wasser komme. Bald erhielt er zur Antwort, daß der Bach seine Quelle in einer nahegelegenen Stadt, wie zum Beispiel Qom oder Kashan, habe. Nun befahl er, eine alte Heiratsvermittlerin mit dem Schuh in die Stadt zu schicken; sie solle umhergehen und die Eigentümerin des Schuhes ausfindig machen. So ging die alte Frau von Haus zu Haus, bis sie zum Haus des Fischers kam. Zuerst rief die Lehrerin ihre eigene Tochter, aber ihr Fuß war viel zu groß. Sie drückte ihn, damit er in den Schuh hineingehe, aber so scheuerte er die Ferse auf. Die alte Frau rief: „Ja, wollt Ihr denn, daß er mit Gewalt passen soll?“ Dann rief die Lehrerin ihre Stieftochter, damit sie den Schuh anziehen solle, und als sie es tat, sah die alte Frau, daß der Schuh genau für ihren Fuß genäht worden war. Die alte Frau schaute dem Mädchen ins Gesicht und sah, daß sie so schön war wie ein Diamant in der Asche.

Man benachrichtigte den Königssohn, daß man die Eigentümerin des Schuhs gefunden habe, und sogleich ließ er Brautwerber schicken. Die

Stiefmutter aber wollte verhindern, daß der Prinz das Mädchen wirklich nehme, und so gab sie ihm überhaupt nichts als Brautgabe mit, sondern sagte: „Die Tochter eines Fischers besitzt nichts." So nahmen die Brautwerber das Mädchen ohne irgend etwas mit auf den Weg nach Esfahan. Als das Mädchen sich aber einmal umdrehte, da sah es hinter sich sieben Maultiere und sieben Kamele, voll beladen mit Brautgaben, und auf jedem Kamel saß ein Sklave. Da dachte es bei sich: „Der Besitzer dieser Kamele ist auch nur ein Sklave von dir, mein Gott, genauso, wie ich ein Sklave von dir bin." Denn sie hatte noch nicht verstanden, daß diese Kamele ihr selbst gehörten. Als man die Braut dann in das königliche Schloß führte, sah man, daß die Kamele auch hinterher kamen. Da fragte man die Sklaven: „Zu wem gehört ihr?" – „Dies ist die Mitgift der Braut", antworteten die Sklaven, „und wir sind ihre Bewacher." So überbrachte man dem König die Nachricht: „Als wir das Haus des Mädchens verließen, war sie noch alleine. Als wir dann außerhalb der Stadt waren, sahen wir, daß ihr diese Kamele folgten." Da sprach der König: „Wie dem auch immer sei, dahinter steckt ein Geheimnis." Dann gab er den Befehl, die Mitgift zu bringen und die Pakete zu öffnen. Man fand lauter Dinge, wie sie eine Königstochter benötigt, und auch der zweite Brautschuh war dabei.

Da rief der König das Mädchen zu sich, und es erzählte ihm seine ganze Geschichte. „Sehr gut", erwiderte der König, und zu seinem Sohn fuhr er fort: „Heute wirst du dieses Mädchen noch nicht berühren." Am nächsten Tag bereitete man sich auf die Reise vor, holte die Braut und reiste zusammen zum Meeresstrand. Dort sagte er, sie solle die Fischmutter rufen, und das Mädchen rief: „Mutter Fisch!" – „Ja, mein liebes Kind", antwortete der Fisch, als er emporkam, „was möchtest du?" Das Mädchen antwortete: „Ich habe den König mitgebracht, damit er Wahrheit und Lüge voneinander unterscheiden lernt."

Da erzählte der Fisch: „Ja, ich bin die Tochter des Feenkönigs. Ich war einmal in einen Fisch verwandelt, als der Vater des Mädchens mich mit seinem Netz fing. Weil ich durch das Mädchen wieder erlöst wurde, habe ich geschworen, ihm, was auch immer passiere, zur Seite zu stehen." Da nahm der König das Mädchen wieder mit zurück. Sodann ließ er nach der Stiefmutter schicken und tadelte sie: „Das Mädchen war ja noch ein Kind und wußte nicht, was es tat. Aber du, was soll ich mit dir machen? Soll ich dich ins Gefängnis stecken oder soll ich dich aufhängen lassen?"

Quelle: Marzolph, Ulrich: Wenn der Esel singt, tanzt das Kamel. Persische Märchen und Schwänke. München 1994, 107–112.

6. Die Bremer Stadtmusikanten

A. Die Bremer Stadtmusikanten

Es hatte ein Mann einen Esel, der ihm schon lange Jahre treu gedient, dessen Kräfte aber nun zu Ende gingen, so daß er zur Arbeit immer untauglicher ward. Da wollt ihn der Herr aus dem Futter schaffen, aber der Esel merkte, daß kein guter Wind wehte, lief fort und machte sich auf den Weg nach Bremen; dort, dachte er, kannst du ja Stadtmusikant werden. Als er ein Weilchen fortgegangen war, fand er einen Jagdhund auf dem Wege liegen, der jappte wie einer, der sich müd gelaufen. „Nun, was jappst du so?" sprach der Esel. „Ach", sagte der Hund, „weil ich alt bin und jeden Tag schwächer werde, und auf der Jagd nicht mehr fort kann, hat mich mein Herr wollen todtschlagen, da habe ich Reißaus genommen; aber womit soll ich nun mein Brot verdienen?" – „Weißt du was", sprach der Esel, „ich gehe nach Bremen, dort Stadtmusikant zu werden, geh mit und laß dich auch bei der Musik annehmen." Der Hund wars zufrieden und sie gingen weiter. Es dauerte nicht lange, so saß da eine Katze auf dem Weg und machte ein gar trübselig Gesicht. „Nun, was ist dir dann in die Quere gekommen?" sprach der Esel. „Ei", antwortete die Katze, „wer kann da lustig seyn, wenns einem an den Kragen geht; weil ich nun zu Jahren komme, meine Zähne stumpf werden und ich lieber hinter dem Ofen sitze und spinne, als nach den Mäusen herum jage, hat mich meine Frau ersäufen wollen; ich hab mich zwar noch fortgemacht aber nun ist guter Rat theuer; wo soll ich hin?" – „Geh mit uns nach Bremen, du verstehst dich doch auf die Nachtmusik, da kannst du ein Stadtmusikant werden." Die Katze wars zufrieden und ging mit. Darauf kamen die drei Landesflüchtigen an einem Hof vorbei, da saß auf dem Thor der Haushahn und schrie aus Leibeskräften. „Du schreist einem durch Mark und Bein", sprach der Esel, „was hast du vor?" – „Da hab ich gut Wetter prophezeit," sprach der Hahn, „weil unserer lieben Frauen Tag ist, wo sie dem Christkindlein die Tücher gewaschen hat und sie trocknen will, aber weil Morgen zum Sonntag Gäste kommen, so hat die Hausfrau doch kein Erbarmen und der Köchin gesagt, sie wollte mich Morgen in der Suppe essen und da soll ich mir heut Abend den Kopf abschneiden lassen. Nun schrei ich aus vollem Hals so lang ich noch kann." – „Ei was du Rothkopf", sagte der Esel," zieh lieber mit uns fort, nach Bremen, etwas besseres, als den Tod findest du überall; du hast eine gute Stimme, und wenn wir zusammen musicieren, so muß es eine Art haben." Der Hahn ließ sich den Vorschlag gefallen, und sie gingen alle vier zusammen fort.

Sie konnten aber die Stadt Bremen in einem Tag nicht erreichen und kamen Abends in einen Wald, wo sie übernachten wollten. Der Esel und der Hund legten sich unter einem großen Baum und die Katze und der Hahn machten sich hinauf, der Hahn flog bis in die Spitze, wo's am sichersten für ihn war und sah sich ehe er einschlief, noch einmal nach allen vier Winden um. Da däuchte ihn, er säh in der Ferne ein Fünkchen brennen und rief seinen Gesellen zu, es müßte nicht gar weit ein Haus seyn, denn es scheine ein Licht. Sprach der Esel: „So müssen wir uns aufmachen und noch hingehen, denn hier ist die Herberge schlecht", und der Hund sagte: „Ja ein paar Knochen und etwas Fleisch daran thäten mir auch gut!" Nun machten sie sich auf den Weg nach der Gegend, wo das Licht war und sahen es bald heller schimmern und es ward immer größer, bis sie vor ein hell erleuchtetes Räuberhaus kamen. Der Esel, als der größte, machte sich ans Fenster und schaute hinein. „Was siehst du, Grauschimmel", fragte der Hahn. „Was ich sehe?", antwortete der Esel, „einen gedeckten Tisch mit schönem Essen und Trinken, und Räuber sitzen daran und lassens sich wohl sein."

„Das wär was für uns", sprach der Hahn. „Ya, Ya, ach wären wir da!" sagte der Esel. Da rathschlagten die Thiere, wies anzufangen wäre, um die Räuber fortzubringen, endlich fanden sie ein Mittel. Der Esel mußte sich mit den Vorderfüßen auf das Fenster stellen, der Hund auf des Esels Rücken, die Katze auf den Hund klettern, und endlich flog der Hahn hinauf und setzte sich der Katze auf den Kopf. Wie das geschehen war, fingen sie insgesammt auf ein Zeichen an, ihre Musik zu machen; der Esel schrie, der Hund bellte, die Katze miaute und der Hahn krähte, indem stürzten sie durch das Fenster in die Stube hinein, daß die Scheiben klirrend niederfielen. Die Räuber, die schon über das entsetzliche Geschrei erschrocken waren, meinten nicht anders als ein Gespenst käm herein und entflohn in größter Furcht in den Wald. Nun setzten sich die vier Gesellen an den Tisch, nahmen mit dem vorlieb, was übrig geblieben war und aßen, als wenn sie vier Wochen hungern sollten.

Wie die vier Spielleute fertig waren, löschten sie das Licht aus und suchten sich eine Schlafstätte, jeder nach seiner Natur und Bequemlichkeit. Der Esel legte sich auf den Mist, der Hund hinter die Thüre, die Katze auf den Heerd bei die warme Asche und der Hahn setzte sich auf den Hahnenbalken, und weil sie müd waren von ihrem Weg, schliefen sie auch bald ein. Als Mitternacht vorbei war, und die Räuber von weitem sahen, daß kein Licht mehr im Haus war, auch alles ruhig schien, sprach der Hauptmann: „Wir hätten uns doch nicht sollen ins Bockshorn jagen lassen", und hieß einen hingehen und das Haus untersuchen. Der Abgeschickte fand alles still, ging in die Küche wollte ein Licht anzünden und nahm ein Schwefelhölzchen, und weil er die glühenden, feurigen Augen der Katze für lebendige Kohlen ansah, hielt er es daran, daß es Feuer fangen sollte. Aber die Katze verstand keinen Spaß, sprang ihm in das Gesicht, spie und kratzte. Da erschrak er gewaltig, lief und wollte zur Hinterthüre hinaus, aber der Hund, der da lag, sprang auf und biß ihm ins Bein, und als er über den Hof an der Miste vorbei rennte, gab ihm der Esel noch einen tüchtigen Schlag mit dem Hinterfuß, der Hahn aber, der vom Lärmen aus dem Schlaf geweckt und munter geworden war, rief vom Balken herab: „Kikeriki!“ Da lief der Räuber, was er konnte, zu seinem Hauptmann zurück und sprach: „Ach, in dem Haus sitzt eine gräuliche Hexe, die hat mich angehaucht und mit ihren langen Fingern mir das Gesicht zerkratzt, und vor der Thüre steht ein Mann mit einem Messer, der hat mich ins Bein gestochen, und auf dem Hof liegt ein schwarzes Ungethüm, das hat mit einer Holzkeule auf mich los geschlagen, und oben auf dem Dache, da sitzt der Richter, der rief: ‚Bringt mir den Schelm her!‘ Da machte ich, daß ich fortkam.“ Von nun an getrauten sich die Räuber nicht weiter in das Haus, den vier Bremer Musikanten gefiels aber so wohl darin, daß sie nicht wieder heraus wollten und der das zuletzt erzählt hat, dem ist der Mund noch warm.

Quelle: Kinder- und Haus-Märchen. Gesammelt durch die Brüder Grimm. Erster Band. Zweite vermehrte und verbesserte Auflage. Berlin 1819, 141–145, Nr. 27.

B. Der Kecklein

Zwölf Wölf die hielten Hause
Mit einander auf gleiche Beut.
Nun war einer, der hieß der Kecklein unter ihn,
Derselb wollt allmal voren dran
Und bstach allmal die Helt.

Eins Nachts warens all ause,
Kamen ins Haus vier Wanderleut,
Wollten die Nacht da ruhen, bis der Tag erschien:
Ein Katz, ein Ochs, ein Pferd, ein Hahn.
Und die Katz obgemeldt

Die setzt sich auf den Küchenherd,
Der Ochs zum Heu in Stadel zug,
Das Pferd ging in den Stalle,

Der Hahn oben aufs Hause flug.
Nach dem die Wölf früh trabeten auf die Heimfart,
Hörten mit lautem Halle
Den Hahn krähen, erschrakens hart,
Schickten den Kecklein, daß er in dem Haus besäch,
Wer darin wär. Da tät er gahn
Hinein trutzig und frech.

Bald er kam in die Küchen,
Sprang in sein Angesicht die Katz
Und krellet ihn, daß er mit großem Gschrei entrann
In Stadel, da der Ochs ihn sah,
Mit sein Horen ihn stieß.

Er loff in Stall mit Puchen;
Das Pferd schlug hinten auf mit Tratz,
Schlug ihn zu Boden. In dem krähet auch der Hahn.
Dem Wolf war aus dem Hause jach,
Forchtsam er schnaubt und blies.

Die Wölf fragten: ‚Was ist im Haus?'
‚Bald ich kam in die Küchen schier,'
Sprach er, ‚ein Pfannenflicker
Legt and Nasen ein Klammern mir
Und zwickt mich grausam. Als ich in den Stadel kam,
Stund ein groß, feist und dicker
Bauer, der sein Heugabel nahm,
Stieß mich zu Boden, daß mir ausdrang der Angstschweiß.
Als ich kam in den Stall darnach,
Der Teufel mich erst bscheiß:

Im Stall ein Büttner stunde,
Der mich mit zwei Schlegeln schlug
Zu Haufen. Erst schrie auf dem Dach ein Bader sehr:
‚Hätt ich dich, ich wollt kämmen dir,
Dein Augen picken aus'.

Vor Angsten mir geschwunde.
Nun hab ich des Keckleins genug;
Drum heut Kecklein, und darnach Kecklein nimmermehr.

Mein Pelz würd gar zerflammet mir,
Wenn ich hielt also Haus.'

Also get es manch keckem man,
Der sein wil Henflein frischer knecht,
Mit aim iden wil palgen,
Der im nit aller sach geit recht,
Ist druczig, frech, verwegen, schlecht auf wie ein gaul.
Wen man in oft duet walgen,
Und der schlappen entpfint umbs maul,
Lest er zw lecz von seiner aufschimpfigen art,
Das er nicht hawt und har verlir
Durch zanck und widerpart.

Quelle: Hans Sachs, zitiert nach Bolte, Johannes/Polívka, Georg: Anmerkungen zu den Kinder- und Hausmärchen der Brüder Grimm. Bd. 1. Leipzig 1913, 238–240; Moral zitiert nach Sämtliche Fabeln und Schwänke von Hans Sachs 5. Herausgegeben von E. Goetze und C. Drescher. Halle a. S. 1904, 212, Nr. 735

C. Die Tiere und der Teufel

Es war einmal ein alter Mann, der drei Tiere besaß: eine Katze, einen Hahn und einen Ochsen. Als man nun einst beim Abendessen saß, sagte der Hauswirt zum Knechte: „Morgen früh mußt du die Katze töten."

Aber nach dem Essen gab der Knecht der Katze den Rat: „Flieh, sonst wirst du morgen früh geschlachtet." Die Katze nahm sich die Warnung zu Herzen, und als man sie am frühen Morgen töten wollte, war das Opfer fort, von der Katze nichts zu sehen und zu hören.

Am folgenden Abend sagte der Hauswirt wieder: „Morgen früh muß man unseren Hahn schlachten." Diesen Befehl des Hausherrn hinterbrachte der Knecht auch dem Hahn, der schleunigst das Gehöft verließ. Auch an den Ochsen kam die Reihe zu fliehen, und alle drei fanden sich im Walde wieder zusammen. Sie wanderten unter den Bäumen dahin; da kommt ihnen ein Wolf entgegen. „Wohin gehst du?" fragen sie diesen. „Ich suche die Herde dort auf," antwortete der Wolf; „ich will sehen, ob ich nicht ein Lämmchen zum Imbiß erreichen kann." – „Geh nicht hin!" warnten die andern. „Dort wird man dich töten; komm lieber mit uns."

Der Wolf willigte ein, und sie gingen vier Mann hoch weiter. Da kommt ihnen ein Bär entgegen. „Wohin gehst du?" fragen sie wiederum. „In die

Nähe des Dorfes dort; ich will Hafer fressen," antwortete der Bär. „Geh nicht hin, du könntest zu Schaden kommen," sagten die andern, „komm lieber mit uns." Der Bär ging denn auch mit ihnen, und als sie zu fünfen ein Stückchen weitergewandert waren, begegneten sie einem Hasen. Den redeten sie ebenfalls an, und auch ihn gewannen sie zum Gefährten, worauf sie einem Dorf zuschritten und sich anschickten, das Badehäuschen zu heizen. Vor dem Häuschen lag ein Hund, der die andern mit der Warnung empfing: „Geht nicht dort hinein, drin wohnen böse Geister." Aber die andern gingen doch hinein. Der Bär legte sich an der Schwelle hin, der Wolf zwischen den Türpfosten, der Ochs suchte sich den Viehwinkel auf, der Hahn flog auf die Hühnerstiege, die Katze legte sich auf den Ofen, der Hase unter die Bank und der Hund mitten in die Stube.

Da kommt auch der Teufel an das Badehaus und öffnet die Tür. Im Nu beißt ihn der Wolf in die Wade, der Bär schlägt ihn mit der Tatze, der Ochs stößt ihn mit den Hörnern, der Hahn fängt an zu krähen und die Katze zu miauen, der Hase springt unter der Bank hin und her, und der Hund rennt in der Stube herum. Vor Schrecken über diesen Wirrwarr fiel der Teufel rücklings hin, aber kaum hatte er sich aufgerafft und sich aus den Klauen seiner Feinde befreit, als er auch aus der Tür hinausflog und in eiligster Flucht dem Walde zurannte, wo er seinen Gefährten die Geschichte mit den Worten erzählte: „Geht nicht mehr in das Badehaus: drin hausen Fremde, und gar gewaltige. Ein Schneider stach mich gleich an der Schwelle mit seinen Nadeln, ein rauhaariger Mann packte mich mit seinen Fäusten an der Brust, ein Schuster schlug mich mit seinem Leistensack, daß ich rücklings hinfiel; einer auf dem Ofen schlug Feuer an, die Lehrbuben rannten in der Stube herum, sprangen mit glühenden Augen aus einer Ecke in die andre und suchten mich, um mich zu prügeln, konnten mich aber nicht finden. Einer schrie sogar den andern zu, als ich entfloh: „Greift den Kerl! Greift den Kerl!"

Quelle: Löwis of Menar, August von: Finnische und estnische Volksmärchen. Jena 1922, 142-143, Nr. 45 (finnisch).

D. Der Stier baut ein Haus

Einst gingen der Stier und der Widder herum. Sie brechen auf, um zu jagen. Auf dem Wege kommt eine Gans. „Brüder, wohin geht ihr?" – „Jagen." – „Nehmet mich mit!" – „Gehen wir!" Sie gehen. Im Dorfe kommt ein Hahn heraus. „Brüder, wohin geht ihr?" – „Wir gehen jagen." – „Nehmet mich mit!" – „Gehen wir!" Sie gehen zu viert. Sie beginnen den Wald zu erreichen. Ein Hase kommt hervor. „Brüder, wohin geht ihr?" – „Wir gehen jagen." – „Nehmet mich mit!" – „Gehen wir!" Es gehen ihrer fünf.

Sie kommen im Wald an. Das Wetter ist kalt. Der Stier ruft: „Kinder, kommt, bauen wir ein Haus!" Die faulenzen. Der Stier ruft: „Widder, komm, bauen wir!" Der Widder sagt: „Ich lege mich unter die Fichte, ich schlafe." – „Komm, Gans, bauen wir!" Die Gans sagt: „Ich stecke meinen Kopf unter meine Flügel, schlafe." – „Komm, Hahn, bauen wir!" Der Hahn sagt: „Ich setze mich auf einen Fichtenzweig, schlafe." – „Komm, Hase, bauen wir!" Der Hase sagt: „Ich lege mich unter das Reisig, schlafe."

Der Stier hat keinen Genossen, er baut allein ein Haus. Er geht hinein, legt sich nieder. In der Früh kommt der Widder: „Bruder, lass mich hinein, ich habe mich sehr erkältet." – „Jetzt kommst du, bauen hast du nicht geholfen. Ich lasse dich nicht herein." – „Wenn du mich nicht einlässt, zerbreche ich deine Tür." Er stellt sich dazu, stösst gegen die Türe. „Komm herein, du zerbrichst die Tür! Es wird Kälte hereinkommen." Er läuft hinein. Die Gans kommt. „Brüder, lasset mich hinein! Ich bin sehr erkältet." – „Ach, jetzt kommst du, bauen hast du nicht geholfen. Ich lasse dich nicht herein." – „Wenn du mich nicht hineinlässt, reisse ich das Moos zwischen den Balken der Wand heraus." Sie beginnt zu reissen. „Ei, reisse nicht! Du lässt die Kälte herein. Geh, komm herein!" Und jetzt kommt der Hahn. „Kikeriki, Brüder, lasset mich ein! Ich bin sehr erkältet." – „Ach, du schläfst auch auf dem Fichtenzweig." – „Wenn ihr mich nicht hineinlasset, werde ich auf der Decke deines Hauses die Erde ausscharren." Er beginnt zu scharren. „Ei, scharre nicht! Du machst ein Loch. Die Kälte wird hereinkommen. Geh, komm herein!" Der Hase kommt laufend. „Brüder, lasset mich hinein!" – „Du kannst doch auch unter dem Reisig schlafen." – „Wenn ihr mich nicht hineinlasset, nage ich eure Decke aus!" Er beginnt zu nagen. „Geh, komm herein! Du machst ein Loch, die Kälte wird hereinkommen." Er kommt herein. Es leben ihrer fünf. Sie leben zusammen.

Der Bär horcht. Auf der anderen Seite horcht der Wolf. Der Wolf und der Bär gehen beiseite. Der Bär sagt: „Ich sah eine Familie, sie sind ihrer viele. Der Wolf sagt: „Ich sah sie auch dort." Der Bär sagt: „Ich gehe sie fressen." – „Geh!" Der Bär geht, öffnet die Tür, geht hinein. Der Stier liegt bei der Tür. Er stellt sich dazu, stösst den Bären, der kann sich gar nicht rühren. Der Widder aber weicht zurück, weicht zurück, läuft ihn an, stösst ihn. Der Bär brüllt. Die Gans kriecht auf den Bär, reisst seine Haare aus. Der Hahn setzt sich auf den Querbalken und schreit: „Bringt ein Seil, bringt ein Seil!" Der Hase sucht das Seil. Der Stier lässt den Bären los. Er kommt los.

Der Bär geht weg. Er kommt zum Wolf. Der Wolf sagt: „Nun, hast du sie gefressen?“ – „Wie hätte ich sie gefressen?“ Der Wolf sagt: „Jetzt gehe ich.“ Der Wolf geht. Er öffnet die Tür, geht hinein. Der Stier stellt sich dazu, stösst ihn. Der Wolf heult. Der Widder stellt sich dazu, weicht zurück, stösst ihn. Der Wolf heult. Die Gans klettert auf ihn, reisst den Rücken des Wolfes. Der Hahn setzt sich auf den Balken und schreit: „Bringt ein Seil, bringt ein Seil, erwürgen wir ihn!“ Der Hase läuft im Haus herum, sucht ein Seil. Der Stier lässt den Wolf frei. Der Wolf geht. Er kommt zum Bären. „Nun, hast du sie gefressen?“ – „Wie hätte ich sie gefressen? Die sind doch so stark! Sie lassen einander nicht.“ – Der Stier, der Widder, die Gans, der Hahn, der Hase leben noch jetzt zusammen. Ende.

Quelle: Beke, Ödon: Tscheremissische Märchen, Sagen und Erzählungen. Helsinki 1938, 635–638, Nr. 74.

E. Die Tiere auf der Wanderschaft

Als ich ein kleiner Junge war, wollte ich nicht folgen, da jagte mich der Vater aus dem Haus. No, ich lief nach Schlanei zum Onkel. Der sagt: „Lauf nach Hause! Du willst ja sowieso nicht folgen!“

No, aber da ging ich nicht hin, sondern lief nach Bilovetz, vielleicht würde ich dort einen Dienst finden. Und ich fand einen, es war beim Hejda, einem Bauern. Hier waren sie gerade beim Säen, und der Hejda hatte eine graue Stute und einen grünen Ochsen. Da mußte ich auf der lieben Stute sitzen und eggen, und er säte. No, aber da fing ich jetzt an, auf der Stute einzunicken, der Hejda nahm einen Erdbatzen, und den mir, patsch! auf den Rücken. Das wollte mir nicht sehr gefallen, aber ich egge weiter, und nach einer Weile nicke ich wieder ein. Der Hejda wirft mir wieder einen Erdbatzen auf den Rücken. No, ich wurde zornig, und von der lieben Stute herunter und fort. Und der Ochse kam hinter mir her – wo ich hinlief, folgte er mir, ich ging voraus, er hinter mir. Und als wir so ein Stück gehen, treffen wir an einer Weggabel einen Widder.

„Wohin geht's?“

„Auf Wanderschaft.“

„Das will ich auch. No, da geh' ich mit euch.“

So gingen wir – voraus ich, hinter mir der Ochse und dann der Widder. Wir gehen weiter und treffen einen Krebs.

„Wohin denn, Kameraden?“

„No halt auf Wanderschaft.“

„Das will ich auch, da gehe ich mit euch."

No gut, wir gehen – voraus ich, hinter mir der Ochse, dann der Widder und zuletzt der Krebs. Nach einer Weile treffen wir einen Kater.

„Und wo geht's denn hin, Kameraden?"

„Ach, auf Wanderschaft."

„No, da könnte ich mit euch gehen."

„Das kannst du freilich."

No, so gehen wir – voraus ich, hinter mir der Ochse, dann der Widder, danach der Krebs und zuletzt der liebe Kater. Und es dauert gar nicht lange, da treffen wir einen Hahn.

„Wohin geht's, Kameraden?"

„Wir gehen auf Wanderschaft."

„Ah, das paßt mir, da könnte ich mit euch gehen."

„Je nun, warum nicht!"

Und so gehen wir, bis wir in einen großen Wald kommen. Aber der war sehr tief, und so gehen wir gute vierzehn Tage dahin und kommen nicht heraus! Nun ist der Hahn dran, er muß auf den höchsten Baum steigen und versuchen, ob er nicht vielleicht irgendeine Hütte sieht. Der liebe Hahn steigt auf eine Tanne, da war der beste Ausblick, und sagt: „Ich werde in die Richtung krähen, in der eine Hütte ist, dort werden wir hingehen."

Und so machte er es auch und sah gottlob eine Hütte. So gehen sie, bis sie hinkamen; es war nur so eine alte Hütte, und keiner war drin. Aber sie aßen sich satt, und als die Dämmerung kam und die Nacht, da kroch ich auf den Backofen, der Hahn flog auf den Hahnenbalken, der Kater sprang auf den Herd, und der Krebs kroch in den kupfernen Wasserkessel. Der Widder blieb als Wache in der Stube und der Ochse draußen auf dem Hof.

Als es so gegen Mitternacht ging, stürmten Räuber in unsere Stube. Einer ging gleich in die Stube hinein, wollte ein Licht anzünden, tappt auf dem Herd nach dem Kienspan, aber da hieb der Kater nach ihm, daß er blutete; er geht zum Kessel um sich abzuwaschen, da zwickt ihn der Krebs. Er sagt: „Da riecht's nach Mensch, da bleibe ich nicht, Kameraden."

Gerade da kräht der Hahn: „Richtet ihn hin! Richtet ihn hin!"

Und da läuft er, der Ochse stieß ihn, der Widder stieß ihn, gehörig zusammengeschlagen liefen alle auseinander – und wir blieben allein.

No, und jetzt lassen wir's uns schmecken! Wir haben uns satt gegessen, jeder soviel er konnte, und Geld war genug da, jeder nahm sich, was er gerechterweise tragen konnte, und jeder ging in ein anderes Dorf: ich blieb in Klein Tscherma, der Krebs in Pavlikov, der Hahn in Schdarek und der Widder in Drschewitz und der Ochse in Kelnov – und wenn keiner von ihnen draufgegangen ist, sind sie heute noch am Leben.

Quelle: Sirovátka, Oldřich.: Tschechische Volksmärchen. Düsseldorf/Köln 1980, 244–246, Nr. 42.

F. Der Kater und seine Gesellen

Ein Alter hatte einen Kater, der ihm immer Fische stahl und ihm den Käse wegfraß. Der Alte wird böse, packt den Kater, steckt ihn in einen Sack und ruft einen Jungen herbei. Dem gibt er zwei Geldstücke und sagt zu ihm: „Ertränke diesen Kater, denn ich habe von ihm genug."

Der Junge gehorcht. Aber der Sack war nicht gut. Als der Kater das Meer sieht, zerbeißt er den Sack, beißt auch den Jungen und läuft durch das Loch davon. Der Kater kehrt nicht mehr nach Hause zurück. Er zieht durch die Welt und begegnet einem Esel. Er fragt ihn: „Wohin gehst du, Esel?"

„Ich gehe durch die Welt", sagt er, „das Leben verdrießt mich. Man ruft mich oft zu einer Hochzeit. Man braucht entweder Wasser oder Holz. Man läßt mich wohl riechen, aber zu essen gibt man mir nichts. Dafür prügelt man mich noch! Da machte ich mich auf die Beine und gehe nun durch die Welt."

„Laß uns zusammen gehen!"

Sie gehen weiter und treffen einen Hammel. Sie sagen zu ihm:„Wohin gehst du?"

Er sagt: „Man brachte mich in die Stadt. Man zog mir die Kleider von vorn und von hinten ab. Da machte ich mich auf die Beine und lief davon."

„Laß uns zusammen gehen", sagen sie.

Und sie treffen einen Hahn. Sie fragen ihn: „Wohin willst du, Federbusch?"

„Mich trug die Wirtin mit dem Kopf nach unten und mit gebundenen Beinen in die Stadt, und ich ging von Hand zu Hand, und man handelte um einen Zwanziger und die Hälfte. Ein Mann band mir die Beine los und legte mich auf den Boden. Da flog ich auf und lief davon", sagte der Hahn.

„Komm mit uns!"

Sie gehen weiter und finden ein Ei. „Wohin, kleines Weißchen?"

„Mich hat eine Henne in die Welt gesetzt. Die Wirtin trug mich in die Stadt, und dort griff man mit den Händen nach mir: von einem Ohr zum anderen, von einem Auge zum anderen, meinen ganzen Bauch hat man durchgeschaukelt. Einer legte mich auf den Boden, drehte mich herum, und ich – lief davon!“ erzählt das Ei.

„Laß uns zusammen gehen“, sagen die anderen.

Sie gehen und gehen und werden unterwegs durstig. Sie müssen ihren Durst löschen. Da kamen sie zu einem Tümpel und beginnen zu trinken.

Der Hahn trinkt sich zuerst satt und hält dann Wache. Als das Ei am Tümpel war, kommt ein Wolf vorbei.

„Mach dich bereit, Hammel, da kommt ein Wolf. Er wird dich auffressen!“ sagt der Hahn.

Der Hammel vereinbart mit dem Wolf folgendes: „Hör zu, Wolf, du wirst mich auffressen. Damit ich den Tod nicht sehe und du deine Zähne nicht stumpf machst, mach dein Maul weit auf, und ich werde geradeaus in deinen Bauch rennen.“

Der hungrige Wolf macht sein Maul weit auf, und der Hammel geht zurück, geht ungefähr drei, vier Schritte zurück, nimmt einen Anlauf und stößt dem Wolf die Hörner ins Maul – und so tötet er den Wolf.

Der Hahn sagt: „Wir brauchen das Wasser und auch die anderen, die hier vorbeikommen werden. Wenn wir den Wolf hierlassen, wird das Wasser verderben. Wer wird den Wolf tragen?“

Der Esel drehte seinen Rücken hin. Und sie luden den Wolf auf den Esel und gingen weiter durch den Wald. Sie gingen und gingen, und schon wurde es dunkel. Da bemerkten sie ein kleines Licht und gingen ihm entgegen. Und sie kamen zu dem Licht. Da war ein Haus mit hohen Fenstern bis zum Dach. Als sie ankamen, ging der Esel vor die Tür, schüttelte sich und warf den Wolf über die Schwelle des Hauses.

Sie hörten Geschrei und Gesang im Haus, man stößt mit Wein an. Der Hahn sagt: „Wir machen hier eine Leiter, damit wir sehen, wer darin ist.“

Und sie stellten sich so auf: unten war der Esel, auf ihm der Hammel, der Kater auf dem Hammel, das Ei auf dem Kater, der Hahn auf dem Ei, so daß der Hahn durch das Fenster ins Haus sah. Der Hahn schaut hinein und sagt: „Zwölf Männer sind darin, sie sitzen am Tisch und essen und trinken. Wir aber sind hungrig und durstig.“

„Wie können wir sie erschrecken?“ sagt der Hahn. „Laßt uns ganz laut Musik machen, einen großen Lärm, laßt uns schreien, so gut wir können.“

Sie begannen – der Esel: io-io-io-io, der Hammel: be-be-beee, der Kater: mnjau, mijauuu-u, das Ei platzte, der Hahn: kukuriku, kukurikuuu.

Das war ein großer Lärm. Vor soviel Lärm erschraken die da drinnen. Sie öffneten die Tür und sehen den Wolf. Da liefen alle aus dem Haus, die Gesellen des Katers aber in das Haus hinein. Sie aßen und tranken sich satt.

Der Hahn sagt: „Es wäre eine Sünde, so eine Wohnung und solch einen Reichtum zu verlassen. Hier wollen wir bleiben, solange wir leben.“

Dann befahl er: „Du, Keulenträger, stell dich hinter die Tür. Wer immer hereinkommt – schlage mit deinen Keulen auf ihn ein. Und du, mit den gespreizten Hörnern, stell dich in die Ecke. Wer immer kommt – stoß sie ihm in die Brust. Und du, Mieze, spring auf den Tisch, und wer immer hereinkommt – auf den spring los und kratze ihm die Augen aus. Und du, kleines Weißchen, geh in die Asche. Wenn es nötig ist, dann platze und verräuchere das ganze Haus. Ich aber gehe auf die Balken. Ich werde von den Balken aus befehlen."

Die Leute aber, die hinausgerannt waren, begannen sich zu besprechen: „Was für ein Wunder! Wir sind vor dem Geschrei erschrocken und haben nichts gesehen als einen Wolf vor der Tür. Laßt uns einen zum Haus schiken, der nachsehen soll, was das war."

Es fand sich auch einer. Es war der Jüngste und Stärkste. Er war fünfundzwanzig Jahre alt, und er schaute von der Tür aus hinein.

Da schlägt einer mit zwei Keulen auf ihn los. Und einer rennt ihm aus der Ecke entgegen und stößt ihn in die Brust, so daß er umfällt. Und einer mit scharfen Krallen greift nach seinen Augen und will sie ihm auskratzen. Und das kleine Weißchen platzt und verräuchert das Haus. Und einer ruft vom Balken: kukuriku, kukuriku...

Nur mit großer Mühe kam er davon und ging zu den Seinen. Sie fragten ihn, was es da gibt.

„Ich will da nie mehr hin. Ich habe noch nicht einmal hineingeschaut, da schlägt schon einer mit zwei Keulen auf mich los. Aus der Ecke kommt einer, stößt mir seine gespreizten Hörner in die Brust und wirft mich auf die Erde. Und einer mit scharfen Nägeln stürzt sich auf mich; fast hätte er mir die Augen ausgekratzt. Und einer knallt aus der Asche los und verräuchert das ganze Haus. Und einer schreit von oben, vom Balken: ‚Haltet ihn, haltet ihn, bis ich herunterkomme.' Da gehe ich nie mehr hinein."

So kehrten auch die andern nie mehr zurück. Und der Kater und seine Gesellen blieben bis in ihr Alter und zu ihrem Tod dort.

Der Hahn fegte immer den Tisch, und die Krümel warf er den Ameisen hin. So schloß er mit ihnen Freundschaft.

Der Esel krepierte vor Alter. Da sammelt der Hahn die Brotkrümel vom Tisch in ein Taschentuch, trägt sie zum Ameisenhaufen und ruft ihren König herbei. Da kommt eine Ameise mit großem Kopf und Flügeln. Der Hahn bittet sie um ihr ganzes Heer, denn sein Freund wäre ihm gestorben, und man müsse ihn begraben. Der König befiehlt es und schickt das Heer hin. Da kommt eine Unmenge von Ameisen herbei, eine Unmenge Tierchen. Jede packt den Esel an einem Haar, und so ziehen sie ihn weit vom Hause weg.

Im Alter krepiert auch der Hammel. Da geht der Hahn wieder zum Ameisenhaufen und bittet den Herrn, ihm das Heer zu schicken.

Und der Ameisenkönig schickt es ihm. Sie ziehen auch den Hammel weg.

Vor Alter starb auch der Kater. Wieder rief der Hahn die Ameisen zu Hilfe. Ihn zogen sie leicht aus dem Haus heraus, denn er war klein.

Das Ei vernichtete sich im Alter selbst in der Asche.

Dann kam ein großer Habicht und fraß den Hahn auf.

Und so blieb das Haus leer.

Quelle: Bošković-Stulli, Maja: Kroatische Volksmärchen. Düsseldorf/Köln 1975, 262–267, Nr. 61.

G. Das Fleisch ist selbst ins Haus gekommen

Es war einmal ein Esel. Den verdroß es, immer schwer arbeiten zu müssen, und eines Tages lief er seinem Herrn davon, um sich einen Ort zu suchen, wo es keine Arbeit gab. Während er so seines Weges ging, begegnete er einem Widder, und der fragte ihn: „Wohin des Wegs, mein Freund?"

„Ich konnte es zu Hause nicht mehr aushalten, Bruder", antwortete ihm der Esel. „Gab es irgendwo eine Hochzeit – los!, der Esel soll Wasser holen; war Holz zu schleppen – soll der Esel es bringen; mußte Dung auf den Acker gebracht werden – soll der Esel ihn hintragen. Und immer hungrig. Nichts gab es zu fressen. Höchstens eine Handvoll Heu oder die Heureste vom Pferd oder ein Bündel dürrer Ruten warf man mir zu. Soll er das fressen, soll er verrecken! Und im Morgengrauen schon wieder an die Arbeit – Holz holen, Wasser holen, auf den Acker. Es war nicht mehr auszuhalten; diese Qualen konnte ich einfach nicht länger ertragen. Deshalb bin ich weggelaufen und suche einen Ort, wo es keine Arbeit gibt, damit ich mich etwas erholen kann."

„Ach", antwortete ihm der Widder, „auch ich bin deshalb weggelaufen. Gab es irgendwo eine Hochzeit – los, laßt uns den Widder schlachten! Kamen Freunde, kamen Feinde – kommt, wir wollen ihnen den Widder vorsetzen!"

Da taten sich die beiden zusammen, und während sie so gemeinsam ihres Weges gingen, begegneten sie dem Fuchs. Auch der fragte sie: „Wohin des Weges, meine Freunde?"

Da erzählten sie ihm, warum sie weggelaufen waren und wohin sie gingen.

„Ach", antwortete ihnen der Fuchs, „auch ich bin deshalb weggelaufen. Gab es irgendwo eine Hochzeit – los, laßt uns dem Fuchs das Fell abziehen und einen Pelz daraus machen für den Bräutigam und die Braut!"

Und auch der Fuchs schloß sich ihnen an, und so wurden sie drei Kameraden.

Während die drei so ihres Weges gingen, begegnete ihnen ein Hahn. „Wohin des Wegs, meine Freunde?" fragte sie der Hahn. Und sie erzählten ihm, warum sie weggelaufen waren. „Auch ich bin deshalb weggelaufen", antwortete ihnen der Hahn. „Kamen die Verwandten zum ersten Mal nach der Hochzeit zu Besuch – los, laßt uns den Hahn schlachten. Kam der Schwiegersohn zu Besuch – kommt, wir wollen den Hahn schlachten; kam ein Türke, kam ein Gast – der Hahn wird geschlachtet; näherte sich die Fastenzeit, war es Weihnachten oder Ostern – der Hahn wird geschlachtet! Da wird gar nicht erst gefragt, ob er schon ausgewachsen ist oder nicht, ob er schon zu krähen anfing oder nicht – ganz egal, der Hahn muß auf den Tisch! Das konnte ich einfach nicht länger ertragen und bin weggelaufen."

So schloß auch er sich ihnen an, und zu viert gingen sie weiter.

So gingen und gingen sie ihres Weges, bis sie eine Wolfshaut fanden. Sie wollten sie mitnehmen, aber sie war ihnen etwas zu schwer. Da sprach der Esel: „Nehmt sie und ladet sie mir auf, ich werde sie schon tragen, denn ich bin es ja gewohnt, schwere Lasten zu tragen; ladet sie mir nur auf, ich trage sie schon!"

Da nahmen sie die Haut und luden sie dem Esel auf und gingen weiter ihres Wegs. Sie gingen und gingen, bis sie zu einer Mühle kamen. Und weil es gerade dunkelte, gingen sie hinein, um dort zu übernachten. Aber was sahen sie da nicht alles! In der Mühle brannte ein Feuer, und über dem Feuer kochte das Abendbrot, und doch gab es keine lebende Seele in der Mühle.

In dieser Mühle lebten Bären und Wölfe, aber sie waren gerade nicht zu Hause, denn sie waren gegen Abend auf Jagd gegangen. Da wußten die vier nicht, was sie machen sollten, ob sie in die Mühle hineingehen und dort bleiben oder ob sie weitergehen sollten. Eigentlich hatten sie etwas Angst, hineinzugehen und dort zu bleiben, denn sie sahen, daß jemand anders in der Mühle wohnte, aber sie hatten auch keine Zeit mehr weiterzugehen, denn es war schon dunkel geworden. Ob sie wollten oder nicht, sie blieben schließlich doch und gingen in die Mühle, um dort zu übernachten. Die Wolfshaut aber, die sie unterwegs gefunden hatten, füllten sie mit Heu und hängten sie an der Tür auf. Dann setzten sie sich ums Feuer und machten es sich bequem. Sie saßen noch gar nicht lange am Feuer, da kamen zwei Bären und zwei Wölfe mit ihren Kindern und fanden sie dort. Als die Gäste die Hausherren dieser verlassenen Mühle kommen sahen, wurden sie steif und starr vor Angst.

„Herzlich willkommen, Freunde", sagten die Bären und Wölfe zu ihnen.

„Wir hoffen, ihr seid wohlauf", antworteten ihnen die Gäste.

„Setzt euch doch, aber bitte, setzt euch doch, setzt euch doch", wiederholten die Hausherren.

Und sie setzten sich: Ganz zuoberst ließen sie den Esel sitzen, weil er der größte von allen war; neben ihn setzte sich der Widder, dann der Fuchs und schließlich der Hahn. Sie aßen und tranken zu Abend und waren lustig. Nach einer gewissen Zeit forderten die Hausherren die Gäste auf, doch etwas zu singen. Aber der Esel antwortete ihnen: „Zuerst müssen die Hausherren etwas singen und danach die Gäste. So gehört es sich, und so ist es Brauch."

Sie stritten sich etwas, aber schließlich begann nach altem Brauch der Bär zu singen: „Das Fleisch ist selbst ins Haus gekommen, das Fleisch ist selbst ins Haus gekommen!"

Da erstarrten die armen Gäste vor Angst, als sie das Lied des Bären hörten. Schließlich forderten sie auch den Esel auf, etwas zu singen. Der arme Esel!, als ob ihm jetzt zum Singen zumute wäre. Aber was sollte er machen? Er mußte einfach singen!... Schließlich begann auch er mit seiner süßen Stimme zu singen: „Geh nur hinaus, damit du siehst, was an der Türe hängt, geht nur hinaus, damit ihr seht, welch Wunder euch erwartet!"

Da sahen sich die Bären und Wölfe verstohlen an und zwinkerten sich zu, daß irgendeiner hinausgehen sollte, um nachzusehen, was es da gäbe. Schließlich schickten sie eins von den Bärenkindern hinaus, damit es einmal nachsehe, und befahlen ihm zu fliehen und nicht mehr in die Mühle zurückzukommen, wenn es etwas Schreckliches und Gefährliches war. Da ging das Bärenkind hinaus, und was sah es da: An der Tür war ein Wolf aufgehängt! Das war die Wolfshaut, die sie unterwegs gefunden hatten und die sie mit Heu gefüllt und an der Tür aufgehängt hatten. Die Wölfe und Bären aber hatten sie nicht gesehen, als sie hereingekommen waren. Vor lauter Angst dachte das Bärenkind nicht einmal daran, in die Mühle zurückzukehren, sondern floh in das Gebirge. Weil das Bärenkind nicht zurückgekommen war, schickten sie nach kurzer Zeit ein anderes, aber das erschreckte sich genauso und lief davon. So schickten sie eins nach dem anderen hinaus, um nachzusehen, was es da gäbe, aber alle Wolfs- und Bärenkinder liefen auf und davon.

Schließlich wollten auch der Wolf und der Bär fliehen. Dem Widder aber schien es, als wären sie aufgestanden, um sie zu fressen, und er sprang auf und wollte zur Tür hinaus und fliehen. Aber anstatt die Tür zu öffnen, stieß er mit seinen Hörnern dagegen und verschloß sie noch fester, so daß alle drinnen eingeschlossen waren. Da erschraken alle gegenseitig, die Hausherren, die wilden Tiere vor den Gästen, diese aber wieder vor den Hausherren. Vor lauter Angst begann der Esel zu brüllen: IA, IA, IA! Der Fuchs aber lief von einer Ecke in die andere und suchte ein Loch, um zu entwischen. Der Hahn aber flog auf einen Balken und fing an zu krähen: „Kikeriki, kikeriki!“ Ein jeder versuchte, irgendwie zu entfliehen.

Schließlich gelang es dem Wolf und dem Bären zu entkommen; sie zwängten sich irgendwie durch die Tür und liefen auf und davon, um ihre Kinder zu suchen.

Als sie ihre Kinder gefunden hatten, die geflohen waren und im Gebirge herumirrten, setzten sie sich nieder und erzählten einander von den Ängsten, die sie hatten ausstehen müssen.

„Hast du jenen Kleinen gesehen“, sagt der Wolf zu dem Bären, „wie er vom Balken herunterrief: ‚Schnell, bringt einen Strick, damit wir sie aufhängen! Gebt ihn mir her!‘ Und der mit dem langen Schwanz, der von einer Ecke in die andere lief und den Strick suchte! Aber der mit den langen Ohren erst, der ganz zuoberst saß, der dem mit den krummen Hörnern zurief: ‚Schnell, mach die Tür zu! Haltet sie, damit wir sie fangen und aufhängen!‘ Wenn wir nicht geflohen wären, hätten sie uns alle aufgehängt!“

Solch eine Jagd veranstalteten die wilden und die zahmen Tiere untereinander.

Quelle: Eschker, Wolfgang: Mazedonische Volksmärchen. Düsseldorf/Köln 1972, 49–53, Nr. 16.

H. Von dem Hahn, der Pabst werden wollte

Es fiel einmal dem Hahn ein, er wolle nach Rom gehen, und sich zum Pabste wählen lassen. Da machte er sich auf den Weg. Auf seiner Reise fand er einen Brief, den nahm er mit. Da begegnete ihm die Henne, und frug: „Herr Hahn, wohin geht ihr?“ – „Ich gehe nach Rom und will Pabst werden.“ – „Wollt ihr mich mitnehmen?“ frug sie. „Zuerst muß ich in meinem Briefe nachsehen,“ sprach der Hahn und schaute in den Brief hinein. „Nun, komm nur mit; wenn ich Pabst werde, so kannst du Frau Päbstin sein.“ Da gingen Herr Hahn und Frau Henne zusammen weiter, und es begegnete ihnen eine Katze, die sprach: „Herr Hahn und Frau Henne, wohin geht ihr?“ – „Wir gehen nach Rom, und wollen Pabst und Päbstin werden.“ – „Wollt ihr mich mitnehmen?“ – „Warte bis ich in meinem Briefe nachgesehen habe,“ sprach der Hahn, und schaute in den

Brief. „Nun, komm nur mit, du kannst unsere Kammerfrau sein." Über ein Weilchen begegnete ihnen ein Marder, der frug sie: „Wohin geht ihr, Herr Hahn, Frau Henne und Frau Katze?" – „Wir gehen nach Rom, dort will ich Pabst werden," antwortete der Hahn. „Wollt ihr mich mitnehmen?" – „Warte bis ich in meinem Briefe nachgesehen habe." Als der Hahn nun in den Brief geschaut hatte, sprach er: „Nun, komm nur mit."

So wanderten denn die vier Thiere zusammen weiter auf dem Wege nach Rom. Als es dunkel wurde, kamen sie an ein Häuschen, darin wohnte eine alte Hexe, sie war aber eben ausgegangen. Also suchte sich jedes Thier nach seinem Behagen einen Platz aus. Der Marder setzte sich in einen Schrank, die Katze auf den Herd in die warme Asche, und der Hahn und die Henne flogen auf den Türbalken hinauf.

Als nun die alte Hexe nach Hause kam, wollte sie aus dem Schrank ein Licht holen, da fuhr ihr der Marder mit seinem Schwanz ins Gesicht. Da wollte sie das Licht anzünden, und ging an den Herd. Weil sie aber die leuchtenden Augen der Katze für glühende Kohlen ansah, so wollte sie ihr Schwefelhölzchen daran anzünden, und fuhr der Katze in die Augen. Die Katze aber fuhr ihr ins Gesicht und zerkratzte sie jämmerlich. Als der Hahn all den Lärm hörte, fing er laut an zu krähen. Da merkte die Hexe, daß es keine Geister seien, sondern unschuldige Hausthiere, nahm einen Stock und jagte sie alle vier zum Hause hinaus.

Die Katze und der Marder hatten nun keine Lust mehr, weiter zu wandern, der Hahn und die Henne aber setzten ihren Weg fort.

Da sie nun nach Rom kamen, gingen sie in eine offene Kirche hinein, und der Hahn sprach zum Sakristan: „Lasset alle Glocken läuten, denn ich will jetzt Pabst werden." – „Gut," antwortete der Sakristan, „das kann geschehen; kommt nur hier herein." Da führte er den Hahn und die Henne in die Sakristei, machte die Thüre zu und fing sie Beide. Als er sie aber gefangen hatte, drehte er ihnen den Hals um und steckte sie in den Kochtopf. Dann lud er seine Freunde ein, und sie verzehrten voll Freuden den Herrn Hahn und die Frau Henne.

Quelle: Gonzenbach, Laura: Sicilianische Märchen, aus dem Volksmund gesammelt. Zweiter Teil. Leipzig 1870, 5–6, Nr. 66.

I. Die Alte, die muffigen Reis liebte

Es war einmal eine alte Frau, die sehr gerne muffigen Reis aß. Doch jede Nacht kam ein Dieb, der den muffigen Reis der alten Frau aufaß. Da machte sich die Alte auf den Weg zum König, um ihm ihre Klage vorzutragen. Die Alte ging am Rande eines Teiches entlang, als sie einen Skorpionfisch erblickte. Dieser steckte seinen Kopf aus dem Wasser und rief ihr zu: „Wohin gehst du, Alte?“

Sie antwortete: „Ein Dieb ißt jede Nacht meinen muffigen Reis. So gehe ich zum König, um mich darüber zu beklagen.“

Der Skorpionfisch sagte: „Nimm mich mit, wenn du nach Hause zurückkehrst. Das wird dir Glück bringen.“

Die alte Frau nickte zustimmend und ging weiter. Nicht lange danach ging sie an einem Belbaum vorüber. Eine Belfrucht war vom Baume heruntergefallen und rief ihr zu: „Wohin gehst du, Alte?“

Sie antwortete: „Ein Dieb ißt jede Nacht meinen muffigen Reis, und so gehe ich zum König, um mich darüber zu beklagen.“

Die Belfrucht sagte: „Nimm mich mit dir, wenn du nach Hause zurückkehrst. Das wird gut für dich sein.“

„Das soll geschehen“, sagte die Alte.

Kurz danach sah die alte Frau etwas Kuhdung am Wege liegen. Der Kuhdung erkundigte sich: „Wohin gehst du, Alte?“

Die Alte erwiderte: „Ein Dieb ißt jede Nacht meinen muffigen Reis. Jetzt gehe ich zum König, um mich darüber zu beklagen.“

Der Kuhdung sagte: „Nimm mich mit, wenn du nach Hause zurückkehrst. Ich werde dir daheim gute Dienste erweisen können.“

„Nun wohl“, sagte die Alte.

Und sie zog weiter ihres Weges, bis sie auf ein Rasiermesser stieß, das am Wegrand lag. Das Rasiermesser fragte: „Wohin gehst du, Alte?“

„Ein Dieb ißt jede Nacht meinen muffigen Reis. So gehe ich zum König, um mich zu beklagen.“

Das Rasiermesser sagte: „Nimm mich mit, wenn du nach Hause zurückkehrst. Ich werde dir schon nützen können.“

„Natürlich will ich das tun“, sagte die alte Frau.

Zuletzt langte die Alte am Haus des Königs an. Aber der König war auf Reisen, und so konnte sie ihre Klage nicht vortragen.

Auf dem Rückweg erinnerte sie sich des Rasiermessers, des Kuhdungs, der Belfrucht und des Skorpionfisches. Sie nahm sie alle mit sich in ihrem Beutel und zog ihres Weges. Als sie in ihren Hof gelangte, rief das Rasiermesser: „Lege mich hier ins Gras!“

Die Alte legte das Rasiermesser in das Gras.

Als sie die Stufen hinaufging, sagte der Kuhdung: „Lege mich auf eine der Stufen!“ Die Alte tat das.

In der Hütte sagte die Belfrucht: „Lege mich in den Ofen auf den Holzrost!“ Auch das tat die Alte.

Da sprach der Skorpionfisch: „Lege mich in den Topf mit dem muffigen Reis!“

Als die Nacht kam, bereitete die alte Frau ihre Mahlzeit und aß ihr Nachtessen. Dann legte sie den Skorpionfisch in den Topf mit dem muffigen Reis und ging zu Bett.

Mitten in der Nacht kam der Dieb. Er brach in das Haus ein, und kaum hatte er seine Hand in den irdenen Topf gesteckt, in dem sich der Reis befand, da stach ihn der Skorpionfisch mit seinem Stachel mitten durch die Hand. Vor Schmerz heulte der Dieb laut auf. Jammernd näherte er sich dem Ofen. Da platzte gerade in diesem Augenblick die Belfrucht, und die heißen Stücke flogen dem Dieb ins Gesicht und in die Augen.

Wild vor Schmerz lief der Dieb aus dem Haus, doch da rutschte sein Fuß in dem Kuhdung aus. Über und über mit Kuhdung beschmiert, wollte sich der Dieb seine Füße im Grase sauber reiben. Doch da schnitt ihn das dort liegende Rasiermesser in seinen Fuß, und er schrie noch heftiger vor Schmerzen.

Auf die Schreie des Diebes hin liefen die Leute von allen Seiten herbei zum Haus der Alten und ergriffen den Dieb. Sie schlugen so heftig auf ihn los, daß er bald tot war.

Quelle: Mode, Heinz/Ray, Arun: Bengalische Märchen. Frankfurt/Main o. J., 190-192.

7. Der Däumling

A. Daumesdick

Es war ein armer Bauersmann, der saß Abends beim Herd, und schürte das Feuer, und die Frau saß und spann. Da sprach er: „Wie ists so traurig, daß wir keine Kinder haben! Es ist so still bei uns, und in den andern Häusern ists so laut und lustig." – „Ja," antwortete die Frau, und seufzte, „wenns nur ein einziges wäre, und wenns auch ganz klein wäre, nur Daumens groß, so wollt ich schon zufrieden sein: wir hättens doch von Herzen lieb." Nun geschah es, daß die Frau kränklich ward, und nach sieben Monaten ein Kind gebar, das zwar an allen Gliedern vollkommen aber nicht länger als ein Daumen war. Da sprachen sie: „Es ist wie wir es gewünscht haben, und es soll unser liebes Kind sein," und nannten es nach seiner Gestalt Daumesdick. Sie ließens nicht an Nahrung fehlen, aber das Kind ward nicht größer, sondern blieb wie es in der ersten Stunde gewesen war, doch schaute es verständig aus den Augen, und zeigte sich bald als ein kluges und behendes Ding, dem alles glückte was es anfieng.

Der Bauer machte sich einmal fertig in den Wald zu gehen und Holz zu fällen, da sprach er so vor sich hin: „Nun wollt ich daß einer da wäre, der mir den Wagen nachbrächte." – „O Vater," rief Daumesdick, „den Wagen will ich schon bringen, verlaßt euch drauf, er soll zur bestimmten Zeit im Walde sein." Da lachte der Mann, und sprach: „Wie sollte das zugehen, du bist viel zu klein, um das Pferd mit dem Zügel zu leiten." – „Das thut nichts, Vater, wenn nur die Mutter anspannen will, ich setze mich dem Pferd ins Ohr, und rufe ihm zu wie es gehen soll." – „Nun," antwortete der Vater, „einmal wollen wirs versuchen." Als die Stunde kam, spannte die Mutter an, und setzte den Daumesdick dem Pferd ins Ohr, darauf rief der Kleine, wie das Pferd gehen sollte: „Jüh und joh! Hott und har!" Nun gieng es ganz ordentlich als wie bei einem Meister, und der Wagen fuhr den rechten Weg nach dem Walde. Es trug sich zu, als er eben um eine Ecke bog, und der Kleine: „Har, har!" rief, daß zwei fremde Männer daher kamen. „Mein," sprach der eine, „was ist das? Da fährt ein Wagen, und ein Fuhrmann ruft dem Pferde zu, und ist doch nicht zu sehen." – „Das geht nicht mit rechten Dingen zu," sagte der andere, „wir wollen dem Karren folgen, und sehen wo er anhält." Der Wagen aber fuhr vollends in den Wald hinein, und richtig zu dem Platze, wo das Holz gehauen wurde. Als Daumesdick seinen Vater erblickte, rief er ihm zu: „Siehst du, Vater, da bin ich mit dem Wagen, nun hol mich herunter." Der Vater faßte das Pferd mit der linken, und holte mit der rechten sein Söhnlein aus dem Ohr, das sich ganz lustig auf einen Strohhalm niedersetzte. Als die beiden fremden Männer den Daumesdick erblickten, wußten sie nicht was sie vor Verwunderung sagen sollten. Da nahm der eine den andern beiseit, und sprach: „Hör, der kleine Kerl könnte unser Glück machen, wenn wir ihn in einer großen Stadt vor Geld sehen ließen, wir wollen ihn kaufen." Sie giengen zu dem Bauer, und sprachen: „Verkauft uns den kleinen Mann, er solls gut bei uns haben." – „Nein," antwortete der Vater, „es ist mein Herzblatt, und ist mir für alles Gold in der Welt nicht feil." Daumesdick aber, als er von dem Handel gehört, war an den Rockfalten seines Vaters hinaufgekrochen, stellte sich ihm auf die Schulter, und sagte ihm ins Ohr: „Vater, gieb mich nur hin, ich will schon wieder zu dir kommen." Da gab ihn der Vater für ein schönes Stück Geld den beiden Männern hin. „Wo willst du sitzen?" sprachen sie zu ihm. „Ach, setzt mich nur auf den Rand von eurem Hut, da kann ich auf und ab spazieren, und die Gegend betrachten, und falle doch nicht herunter." Sie thaten ihm den Willen, und als Daumesdick Abschied von seinem Vater genommen hatte, machten sie sich mit ihm fort. So giengen sie bis es Abend und dämmerig ward, da sprach der Kleine: „Hebt mich einmal herunter, es ist nöthig." – „Bleib nur droben," sprach der Mann, auf dessen Kopf er saß, „ich will mir nichts draus machen, die Vögel lassen mir auch manchmal was drauf fallen." – „Nein," sprach Daumesdick, „ich weiß auch, was sich schickt: hebt mich nur geschwind herab." Der Mann nahm den Hut ab, und setzte den Kleinen auf einen Acker am Weg, da sprang und kroch er ein wenig zwischen den Schollen hin und her, und schlüpfte dann auf einmal in ein Mausloch, das er sich gesucht hatte. „Guten Abend, ihr Herren, geht nur ohne mich heim," rief er ihnen zu, und lachte sie aus. Sie liefen herbei, und stachen mit Stöcken in das Mausloch, aber das war vergebliche Mühe: Daumesdick kroch immer weiter zurück; und da es bald ganz dunkel ward, so mußten sie mit Ärger und mit leerem Beutel wieder heim wandern.

Als Daumesdick merkte daß sie fort waren, kroch er aus dem unterirdischen Gang wieder hervor. „Es ist hier auf dem Acker in der Finsterniß so gefährlich gehen," sprach er, „wie leicht bricht einer Hals und Bein!" Zum Glück stieß er an ein leeres Schneckenhaus. „Gottlob," sagte er, „da kann ich die Nacht sicher zubringen," und setzte sich hinein. Nicht lang, als er eben einschlafen wollte, da hörte er zwei Männer vorüber gehen, davon sprach der eine: „Wie wirs nur anfangen, um dem reichen Pfarrer sein Geld und sein Silber zu holen?" – „Das könnt ich dir sagen," rief Daumesdick dazwischen. „Was war das?" sprach der eine Dieb erschrocken, „ich hörte jemand sprechen." Sie blieben stehen und horchten, da sprach Daumesdick wieder: „Nehmt mich mit, so will ich euch helfen.“ – „Wo bist du denn?“ – „Sucht nur hier auf der Erde, und merkt wo die Stimme herkommt“ antwortete er. Da fanden ihn endlich die Diebe, und hoben ihn in die Höhe. „Du kleiner Wicht, was willst du uns helfen!“ sprachen sie. „Seht,“ antwortete er, „ich krieche zwischen den Eisenstäben in die Kammer des Pfarrers hinein, und reiche euch heraus was ihr haben wollt.“ – „Wohlan,“ sagten sie, „wir wollen sehen was du kannst.“ Als sie bei dem Pfarrhaus kamen, kroch Daumesdick in die Kammer, schrie aber gleich aus Leibeskräften: „Wollt ihr alles haben, was hier ist?“ Die Diebe erschraken, und sagten: „So sprich doch leise, damit niemand aufwacht.“ Aber Daumesdick that als hätte er sie nicht verstanden, und schrie von neuem: „Was wollt ihr? Wollt ihr alles haben, was hier ist?“ Das hörte die Köchin, die in der Stube daran schlief, richtete sich im Bette auf, und horchte. Die Diebe aber waren vor Schrecken ein Stück Wegs zurück gelaufen, endlich faßten sie wieder Muth, dachten: „Der kleine Kerl will uns necken,“ kamen zurück, und flüsterten ihm hinein: „Nun mach Ernst, und reich uns etwas heraus.“ Da schrie Daumesdick noch einmal so laut er konnte: „Ich will euch ja alles geben, reicht nur die Hände herein.“ Die Diebe liefen fort, und rannten als wäre der wilde Jäger hinter ihnen, die Magd aber, als sie nichts bemerken konnte, gieng ein Licht anzuzünden. Wie sie damit herbei kam, machte sich Daumesdick, ohne daß er gesehen wurde, hinaus in die Scheune: die Magd aber, nachdem sie alle Winkel durchgesucht und nichts gefunden hatte, legte sich endlich wieder zu Bett, und glaubte sie hätte mit offnen Augen und Ohren doch nur geträumt.

Daumesdick war in den Heuhälmchen herumgeklettert, und hatte einen schönen Platz zum Schlafen gefunden: da wollte er sich ausruhen bis es Tag wäre, und dann zu seinen Eltern wieder heim gehen. Aber er mußte andere Dinge erfahren! Ja, es giebt viel Trübsal und Noth auf der Welt! Die Magd stieg, wie gewöhnlich, als der Tag graute, schon aus dem Bett, und wollte das Vieh füttern. Ihr erster Gang war in die Scheune, wo sie einen Arm voll Heu packte, und gerade dasjenige, worin der arme Daumesdick lag und schlief. Er schlief aber so fest, daß er nichts gewahr wurde, und nicht eher aufwachte als bis er in dem Maul der Kuh war, die ihn mit dem Heu aufgerafft hatte. „Ach Gott,“ rief er, „wie bin ich in die Walkmühle gerathen!“ merkte aber bald wo er war. Da hieß es aufpassen, daß er nicht zwischen die Zähne kam und zerdrückt wurde, und darnach mußte er doch mit in den Magen hinabrutschen. „In dem Stübchen sind die Fenster vergessen,“ sprach er, „und scheint keine Sonne hinein: ein Licht wird auch wohl nicht zu haben sein!“ Überhaupt gefiel ihm das Quartier schlecht, und was das schlimmste war, es kam immer mehr neues Heu zur Thüre hinein, und der Platz ward immer enger. Da rief er endlich in der Angst, so laut er konnte: „Bringt mir kein frisch Futter mehr, bringt mir kein frisch Futter mehr." Die Magd melkte gerade die Kuh, und als sie sprechen hörte ohne jemand zu sehen, und es dieselbe Stimme war, die sie auch in der Nacht gehört hatte, erschrak sie so, daß sie von ihrem Stühlchen herabglitschte, und die Milch verschüttete. Sie lief in der größten Hast zu ihrem Herren, und rief: „Ach Gott, Herr Pfarrer, die Kuh hat geredet." – „Du bist verrückt" antwortete der Pfarrer, gieng aber doch selbst in den Stall nachzusehen was vor wäre. Aber kaum hatte er den Fuß hineingesetzt, so rief Daumesdick eben aufs neue: „Bringt mir kein frisch Futter mehr, bringt mir kein frisch Futter mehr." Da erschrak der Pfarrer selbst, meinte es wäre ein böser Geist, und hieß die Kuh tödten. Nun ward sie geschlachtet, der Magen aber, worin Daumesdick steckte, hinaus auf den Mist geworfen. Daumesdick suchte sich heraus zu arbeiten, und hatte große Mühe damit, doch endlich brachte er es so weit, daß er Platz bekam, aber, als er eben sein Haupt herausstrecken wollte, kam ein neues Unglück. Ein hungriger Wolf sprang vorbei, und verschlang den ganzen Magen mit einem Schluck. Daumesdick verlor den Muth nicht. „Vielleicht," dachte er, „läßt der Wolf mit sich reden," und rief ihm aus dem Wanste zu: „Lieber Wolf, ich weiß dir einen herrlichen Fraß." – „Wo ist der zu holen?" sprach der Wolf. „In dem und dem Haus, da mußt du durch die Gosse hinein kriechen, und wirst Kuchen, Speck und Wurst finden, so viel du essen willst," und beschrieb ihm genau seines Vaters Haus. Der Wolf ließ sich das nicht zweimal sagen, drängte sich in der Nacht zur Gosse hinein, und fraß in der Vorrathskammer nach Herzenslust. Als er satt war, wollte er wieder fort, aber er war so dick geworden, daß er denselben Weg nicht wieder hinaus konnte. Darauf hatte Daumesdick gerechnet, und fieng nun an in dem Leib des Wolfs einen gewaltigen Lärmen zu machen, tobte und schrie, was er konnte. „Willst du stille sein," sprach der Wolf, „du weckst die Leute auf." – „Ei was," antwortete der Kleine, „du hast dich satt gefressen, ich will mich auch lustig machen," und fieng von neuem an aus allen Kräften zu schreien. Davon erwachte nun sein Vater und seine Mutter, liefen an die Kammer, und schauten durch die Spalte hinein. Wie sie sahen daß ein Wolf darin hauste, erschraken sie, und der Mann holte die Axt, und die Frau die Sense. „Bleib dahinten," sprach der Mann, als sie in die Kammer traten, „wenn ich ihm einen Schlag gegeben habe und er davon noch nicht todt ist, so haust du auf ihn, und zerschneidest ihm den Leib." Da hörte Daumesdick die Stimme seines Vaters, und rief: „Lieber Vater, ich bin hier, ich stecke im Leibe des Wolfs." Sprach der Vater voll Freuden: „Gottlob, unser liebes Kind hat sich wieder gefunden," und hieß die Frau die Sense wegthun, damit Daumesdick nicht beschädigt würde. Darnach holte er aus, und schlug dem Wolf einen Schlag auf den Kopf daß er todt niederstürzte, dann suchten sie Messer und Scheere, schnitten ihm den Leib auf, und zogen den Kleinen wieder hervor. „Ach," sprach der Vater, „was haben wir für Sorge um dich ausgestanden!" – „Ja, Vater, ich bin viel in der Welt herumgekommen; gottlob, daß ich wieder frische Luft schöpfe!" – „Wo bist du denn all gewesen?" – „Ach, Vater, ich war in einem Mauseloch, in einer Kuh Bauch und eines Wolfes Wanst: nun bleib ich bei euch." – „Und wir verkaufen dich um alle Reichthümer der Welt nicht wieder." Da herzten und küßten sie ihren lieben Daumesdick, gaben ihm zu essen und trinken, und ließen ihm neue Kleider machen, denn die seinigen waren ihm auf der Reise verdorben.

Quelle: Kinder und Hausmärchen. Gesammelt durch die Brüder Grimm. Erster Band. Große Ausgabe. Fünfte, stark vermehrte und verbesserte Auflage. Göttingen 1843, 226–233, Nr. 37.

B. Die Geschichte von Tom Däumling

Es heißt, daß in den Tagen des gefeierten Fürsten Artus, der im Jahr 516 König von England war, einst ein großer Magier lebte. Er hieß Merlin und war in jener Zeit der gelehrteste und geschickteste Zauberer der Welt.

Dieser berühmte Magier, der jede beliebige Gestalt annehmen konnte, reiste einmal als armer Bettler verkleidet, und da er sehr müde geworden war, blieb er vor der Hütte eines ehrlichen Ackermannes stehen, um sich auszuruhen, und bat um einen Imbiß.

Der Ackermann hieß ihn herzlich willkommen, und sein Weib, die eine sehr gutherzige, gastfreundliche Frau war, brachte ihm bald in einer hölzernen Schüssel etwas Milch und auf einem Holzteller ein wenig grobes braunes Brot.

Merlin freute sich sehr über dieses schlichte Mahl und über die Freundlichkeit des Ackermannes und seines Weibes. Aber obgleich in der Hütte alles sauber und behaglich war, konnte er nicht umhin, zu bemerken, daß beide sehr bedrückt und kummervoll zu sein schienen. Daher fragte er sie nach dem Grund ihrer Betrübnis aus und erfuhr, daß sie unglücklich waren, weil sie keine Kinder hatten.

Mit Tränen in den Augen erklärte die arme Frau, sie wäre der glücklichste Mensch der Welt, wenn sie einen Sohn hätte, und wäre er auch nicht größer als ihres Mannes Daumen, so wollte sie doch zufrieden sein.

Die Vorstellung von einem Jungen, der nicht größer war als ein Männerdaumen, machte Merlin so viel Spaß, daß er beschloß, die Elfenkönigin zu besuchen und sie zu ersuchen, den Wunsch der armen Frau zu erfüllen. Auch der Elfenkönigin gefiel der drollige Einfall, solch eine kleine Person unter den Menschenwesen zu sehen, außerordentlich gut, und sie versprach Merlin, daß der Wunsch erfüllt werden solle. Daher kam kurz danach das Weib des Ackermannes mit einem Sohn nieder, und welch Wunder! – der war kein bißchen größer als seines Vaters Daumen.

Die Elfenkönigin wünschte den kleinen Kerl zu sehen, der so in die Welt gekommen war, und kam durchs Fenster herein, während die Mutter im Bett aufsaß und ihn bewunderte. Die Elfenkönigin küßte das Kind, gab ihm den Namen Tom Däumling und sandte nach einigen Elfen, die ihren kleinen Günstling nach den Anweisungen kleiden mußten, die sie gab:

„Auf dem Kopf trug er einen Eichenblatthut,
sein Hemd aus Spinnweb man spann;
die Jacke gewebt aus Distelflaum gut,
aus Federn hat Hosen er an.
Die Strümpfe aus Apfelschale man band
mit Wimpern, die vom Aug' der Mutter man fand.
Die Schuhe waren aus Mausefell fein,
mit dem weichen Haar nach innen hinein."

Es ist bemerkenswert, daß Tom niemals auch nur ein bißchen größer wurde als seines Vaters Daumen, der nur von gewöhnlicher Größe war. Aber als er älter wurde, wurde er sehr listig und steckte voller Streiche. Als er alt genug war, um mit den Jungen zu spielen, und im Spiel alle seine eigenen Kirschkerne verloren hatte, schlüpfte er meist in die Beutel seiner Spielkameraden, füllte seine Taschen, und nachdem er unbeobachtet herausgelangt war, spielte er wieder mit.

Eines Tages jedoch, als er gerade aus einem Beutel mit Kirschkernen herauskam, in dem er wie gewöhnlich stibitzt hatte, sah ihn zufällig der Junge, dem der Beutel gehörte. „Aha, mein kleiner Tommy", sagte der Junge, „so habe ich dich endlich dabei erwischt, wie du meine Kirschkerne stiehlst, und du sollst den Lohn für deine Diebeskniffe bekommen." Während er das sagte, zog er die Schnur fest um seinen Hals zusammen und schüttelte den Beutel so kräftig, daß der arme kleine Tom an Beinen, Schenkel und Leib arg verletzt wurde. Er schrie vor Schmerz auf und bat, er solle ihn herauslassen, und versprach, sich nie mehr solch üble Streiche zuschulden kommen zu lassen.

Kurze Zeit danach war seine Mutter dabei, eine Mehlspeise zu machen, und Tom, der schrecklich gern sehen wollte, wie das gemacht wurde, kletterte auf den Rand der Schüssel hinauf. Aber unglücklicherweise glitt sein Fuß aus, und er plumpste bis über die Ohren in den Teig, ohne daß seine Mutter es merkte. Sie rührte ihn in den Kochbeutel und tat ihn in den Topf zum Kochen.

Der Teig hatte Toms Mund gefüllt und ihn so am Schreien gehindert; als er aber das heiße Wasser spürte, strampelte und rang er so sehr in dem Topf, daß seine Mutter dachte, die Mehlspeise sei verhext. Und sogleich zog sie sie aus dem Topf und warf sie vor die Tür. Ein armer Kesselflicker ging vorbei, der hob die Mehlspeise auf, steckte sie in seinen Vorratssack und ging davon. Tom, der jetzt seinen Mund vom Teig frei hatte, begann darauf laut zu schreien, und das erschreckte den Kesselflicker so sehr, daß er die Mehlspeise zu Boden warf und wegrannte. Beim Fallen war die Mehlspeise in Stücke zerbrochen, Tom kroch mit Teig überzogen heraus und ging mühsam nach Hause. Seiner Mutter tat es sehr leid, als sie ihren Liebling in solch einem jammervollen Zustand sah. Sie steckte ihn in eine Teetasse, und bald hatte sie den Teig heruntergewaschen. Danach küßte sie ihn und legte ihn zu Bett.

Bald nach dem Abenteuer mit der Mehlspeise ging Toms Mutter ihre Kühe auf der Weide melken, und sie nahm ihn mit sich. Der Wind wehte sehr stark, und weil sie fürchtete, er könnte fortgeblasen werden, band sie ihn mit einem feinen Faden an eine Distel. Die Kuh bemerkte bald den Eichenblatthut, hatte Lust darauf, und so erwischte sie den armen Tom und die Distel auf einen Happen. Als die Kuh die Distel kaute, fürchtete sich Tom vor ihren großen Zähnen, die drohten, ihn in Stückchen zu zermalmen, und so laut er konnte, brüllte er: „Mutter, Mutter!"

„Wo bist du, Tommy, mein lieber Tommy?" sagte seine Mutter.

„Hier, Mutter", antwortete er, „im Maul der roten Kuh."

Seine Mutter fing an zu weinen und die Hände zu ringen, aber die Kuh war überrascht von dem seltsamen Lärm in ihrer Kehle, machte das Maul auf und ließ Tom herausfallen. Zum Glück fing ihn seine Mutter in der Schürze auf, als er zu Boden fiel, er hätte sich sonst schrecklich verletzt. Dann steckte sie Tom in ihr Busentuch und lief mit ihm nach Hause.

Toms Vater machte ihm eine Peitsche aus Gerstenstroh, damit er das Vieh treiben könne. Und als er eines Tages aufs Feld gegangen war, glitt er mit dem Fuß aus und rollte in eine Furche. Ein Rabe flog darüber hin, packte ihn und flog mit ihm zur Spitze eines Riesenschlosses, das nahe an der Küste lag, und dort setzte er ihn ab.

Um Tom stand es schrecklich, er wußte nicht was tun; aber bald wurde er in noch schrecklichere Furcht versetzt, denn der alte Riese Grumbo kam hervor und erging sich auf der Terrasse. Und er bemerkte Tom, nahm ihn auf und schluckte ihn herunter wie eine Pille.

Kaum hatte der Riese Tom geschluckt, da bereute er auch schon, daß er es getan hatte, denn Tom begann zu strampeln und umherzuspringen, daß es dem Riesen recht unbehaglich wurde, und schließlich spuckte er ihn wieder aus und ins Meer. In dem Augenblick, in dem Tom ins Meer fiel, schluckte ihn ein großer Fisch, und der wurde kurz darauf gefangen und für König Artus' Tafel gekauft. Als sie den Fisch aufmachten, damit er gekocht werde, waren alle überrascht, solch einen kleinen Jungen zu finden, und Tom war recht begeistert, daß er seine Freiheit wieder hatte. Sie schafften ihn zum König, und der machte Tom zu seinem Hofzwerg, und er wurde bald ein großer Günstling bei Hof, denn mit seinen Possen und Sprüngen belustigte er nicht nur den König und die Königin, sondern auch alle Ritter der Tafelrunde.

Wie es heißt, nahm der König häufig Tom mit sich, wenn er ausritt, und wenn ein Regenschauer niederging, kroch er meist in Seine Majestät Westentasche und schlief dort, bis der Regen vorbei war.

Eines Tages fragte König Artus Tom über seine Eltern aus, weil er wissen wollte, ob sie so klein seien wie er und in welchen Verhältnissen sie lebten. Tom erzählte dem König, daß sein Vater und seine Mutter so groß waren wie jedermann bei Hofe, aber daß sie in recht ärmlichen Verhältnissen lebten. Als er das hörte, trug der König Tom zu seiner Schatzkammer, das war der Ort, wo er all sein Geld verwahrte, und er hieß ihn sich so viel Geld zu nehmen, als er zu seinen Eltern nach Hause tragen könnte. Das ließ den armen kleinen Kerl vor Freude springen. Unverzüglich ging Tom und beschaffte sich eine Geldbörse, die aus einer Wasserblase gemacht war, kehrte dann zur Schatzkammer zurück, und dort erhielt er ein silbernes Dreipfennigstück, das steckte er hinein.

Es war ein wenig schwierig für unseren kleinen Helden, die Last auf den Rücken zu heben, aber schließlich gelang es ihm, und sie lag so, wie er es wollte, und dann machte er sich auf die Reise. Nun denn, nach zwei Tagen und zwei Nächten erreichte er sicher seines Vaters Haus, ohne daß ihm ein Unfall zugestoßen wäre, und nachdem er sich mehr als hundertmal auf dem Weg ausgeruht hatte.

Achtundvierzig Stunden war Tom mit einem riesigen Silberstück auf dem Rücken gereist, und er war fast auf den Tod erschöpft, als seine Mutter ihm aus dem Haus entgegenlief und ihn hereintrug.

Toms Eltern waren beide glücklich, daß sie ihn wiedersahen, um so mehr, als er eine solche erstaunliche Summe Geldes mitgebracht hatte. Der arme kleine Kerl war aber außerordentlich müde, nachdem er eine halbe Meile in achtundvierzig Stunden gewandert war, und das mit dem riesigen silbernen Dreipfennigstück auf dem Rücken. Damit er sich von der erlittenen Mühsal erholen konnte, bettete ihn seine Mutter in eine Walnußschale neben den Kamin und fütterte ihn drei Tage lang mit einer Haselnuß, wovon er sehr krank wurde, denn für gewöhnlich reichte ihm eine ganze Nuß einen Monat lang.

Tom erholte sich bald. Aber weil es geregnet hatte und der Boden sehr naß war, konnte er nicht zu König Artus' Hof zurückwandern. Als eines Tages der Wind in jene Richtung wehte, machte ihm daher seine Mutter einen kleinen Schirm aus Seidenpapier, band Tom daran und pustete ihn mit dem Mund in die Luft, daß er davon rasch zum Palast des Königs getragen wurde. Der König, die Königin und alle Edelleute waren glücklich, Tom wieder bei Hofe zu sehen, wo er sie entzückte durch seine Geschicklichkeit beim Lanzenstechen und bei Turnieren. Aber seine Bemühungen, ihnen zu gefallen, kamen ihm teuer zu stehen und ließen ihn in eine so schwere Krankheit fallen, daß man an seinem Leben verzweifelte.

Aber die Elfenkönigin hörte von seiner üblen Verfassung, sie kam zu Hofe in einer Kutsche, die von fliegenden Mäusen gezogen wurde, setzte Tom neben sich und fuhr durch die Luft ohne anzuhalten, bis sie in ihrem Palast ankamen. Nachdem sie seine Gesundheit wiederhergestellt hatte, erlaubte sie ihm, all die fröhliche Kurzweil des Elfenlandes zu genießen. Danach befahl die Elfenkönigin, daß sich ein starker Luftstrom erhebe, auf den setzte sie Tom, und der segelte darauf wie ein Korken im Wasser. Unverzüglich wurde er so zum königlichen Palast König Artus' gesandt.

Gerade in dem Augenblick, als Tom über den Hof des Palastes dahergeflogen kam, ging zufällig der Koch vorbei mit des Königs großer Schüssel voll Weizenbrei, und das war ein Gericht, das Seine Majestät sehr liebte. Unglücklicherweise aber fiel der arme kleine Kerl, plumps, mitten hinein und ließ den heißen Brei über das Gesicht des Kochs spritzen.

Der Koch war ein bösartiger Bursche und hatte einen furchtbaren Zorn auf Tom, weil der ihn erschreckt und mit dem Brei verbrüht hatte. Er ging geradenwegs zum König und gab an, Tom sei in den königlichen Weizenbrei gesprungen und habe ihn aus reiner Bosheit heruntergeworfen. Als der König dies hörte, geriet er so in Zorn, daß er befahl, Tom solle ergriffen und wegen Hochverrats vor Gericht gestellt werden. Und nachdem es keinen gab, der für ihn zu sprechen wagte, wurde er dazu verurteilt, unverzüglich enthauptet zu werden.

Als der arme Tom hörte, wie dieses schreckliche Urteil ausgesprochen wurde, begann er vor Furcht zu zittern. Er bemerkte aber einen Müller in seiner Nähe, der gaffte mit offenem Maul, wie es die Tölpel auf dem Land auf dem Jahrmarkt tun, und weil Tom keinerlei Mittel zum Entkommen sah, machte er einen Satz und sprang bis in die Kehle des Müllers hinunter. Dieses Heldenstück vollbrachte er so behende, daß es keiner der Anwesenden bemerkte, und sogar der Müller wußte nichts von dem Streich, den ihm Tom gespielt hatte. Da Tom nun verschwunden war, wurde die Gerichtssitzung abgebrochen, und der Müller ging nach Hause in seine Mühle.

Als Tom die Mühle klappern hörte, wußte er, daß er weit weg war vom Gericht. Deshalb begann er sich hin und her zu werfen und sich umherzurollen, so daß der arme Müller keine Ruhe fand und meinte, er sei verhext. Also schickte er nach dem Doktor. Als der Doktor kam, fing Tom an zu tanzen und zu singen, und der Doktor erschrak darüber ebenso wie der Müller und schickte eilends nach fünf anderen Doktoren und zwanzig Gelehrten.

Gerade als sie dabei waren, die Ursache dieses außergewöhnlichen Vorfalles zu besprechen, mußte der Müller zufällig gähnen. Da nahm Tom die Gelegenheit wahr, machte wieder einen Sprung und landete mitten auf dem Tisch sicher auf seinen Füßen.

Der Müller war sehr empört, daß er von solch einem kleinen Zwerggeschöpf gequält worden war, und geriet in entsetzlichen Zorn. Er packte Tom, öffnete das Fenster und warf ihn hinaus in den Fluß. In dem Augenblick, als der Müller Tom fallen ließ, kam ein großer Lachs dahergeschwommen, sah ihn niederfallen und schnappte ihn im Nu. Ein Fischer fing den Lachs und verkaufte ihn auf dem Markt an den Haushofmeister eines vornehmen Herren. Als der Edelmann den Fisch sah, fand er ihn so ungewöhnlich schön, daß er ihn König Artus als Geschenk überreichte. Der befahl, den Fisch unverzüglich zuzubereiten. Als der Koch den Fisch aufschnitt, fand er den armen Tom und lief damit zum König. Aber Seine Majestät war mit Staatsangelegenheiten beschäftigt und befahl, er solle fortgebracht und gefangengehalten werden, bis er nach ihm senden werde.

Der Koch beschloß, daß ihm Tom dieses Mal nicht aus den Händen schlüpfen sollte, und daher tat er ihn in eine Mausefalle, und dort ließ er ihn, und er mußte durch die Drahtstäbe gucken. Eine ganze Woche war Tom in der Falle geblieben, bevor König Artus nach ihm sandte. Der König vergab ihm, daß er den Weizenbrei heruntergeworfen hatte, und nahm ihn wieder in seine Gunst auf. Wegen seiner Geschicklichkeit und seiner wundervollen Kunststücke wurde Tom vom König zum Ritter geschlagen und wurde bekannt unter dem Namen „der berühmte Sir Thomas Däumling“.

Da Toms Kleider sehr gelitten hatten in der Mehlspeise, im Weizenbrei und im Innern des Riesen, des Müllers und der Fische, befahl Seine Majestät, ihm einen neuen Anzug zu machen und ihn auszustatten, wie es einem Ritter gebührte.

„Das Hemd war aus Falterflügeln gemacht,
die Stiefel aus Kükenhaut fein.
Ein Elfenwicht, der es weit gebracht

in der Schneiderkunst, besorgt mit Pracht
das Nähen der Kleider sein.
Als Schwert trägt er eine Nadel am Bein,
er reitet auf feurigem Mäuselein,
so zeigt sich Tom in stattlichem Schein!"

Gewiß war es sehr unterhaltsam, wenn man Tom so in seinem Gewand sah, wohlberitten auf der Maus, wie er auf der Jagd dem König und den Edelleuten folgte. Und sie alle lachten manchmal, daß ihnen die Luft ausging, über Tom und sein prächtiges Streitroß, wenn es sich aufbäumte.

Eines Tages ritten sie an einem Bauernhaus vorbei. Eine Katze lauerte da bei der Tür, die machte einen Sprung und erwischte alle beide, Tom und seine Maus. Sie kletterte mit ihnen auf einen Baum hinauf und begann die Maus zu verschlingen. Tom aber zog kühn sein Schwert und griff die Katze so wild an, daß sie beide fallen ließ. Da fing ihn einer der Edelleute in seinem Hut auf und legte ihn nieder in einem Elfenbeinkästchen auf einem Bettchen aus Flaum.

Bald danach kam die Elfenkönigin und besuchte Tom, und sie schaffte ihn zurück ins Elfenland. Dort blieb er mehrere Jahre lang. Während er sich da aufhielt, waren König Artus und alle Leute, die Tom kannten, gestorben. Weil er sich danach sehnte, wieder bei Hofe zu sein, ließ ihm die Elfenkönigin neue Kleider machen und sandte ihn im Flug durch die Luft zu dem Palast. Das war zu der Zeit von König Thunstone, dem Nachfolger von König Artus. Alle scharten sich um ihn und wollten ihn sehen, und als er zu dem König getragen wurde, fragte ihn der, wer er sei, woher er komme und wo er lebe. Tom antwortete:

„Tom Däumling ist mein Nam',
von den Elfen ich kam.
Unter König Artus' Schein
dieser Hof war mein Heim.
Viel Freud' ich ihm brachte,
er zum Ritter mich machte.
Ob keiner von euch von Sir Däumling vernahm?"

Der König war so entzückt von dieser Ansprache, daß er befahl, es solle ein kleiner Sessel gemacht werden, damit Tom bei ihm auf seiner Tafel sitzen könne. Und es sollte auch ein goldenes Palästlein gebaut werden, eine Spanne hoch und mit einer Tür von einem Zoll Breite, und darin sollte Tom wohnen. Auch gab er ihm ein Kütschlein, das von sechs kleinen Mäusen gezogen wurde.

Über die Ehrungen, die Sir Tom erwiesen wurden, ereiferte sich die Königin so sehr, daß sie beschloß, ihn zugrunde zu richten. Und so erzählte sie dem König, der kleine Ritter habe sich ihr gegenüber dreist betragen.

In großer Eile sandte der König nach Tom. Der aber wußte nur zu gut, wie gefährlich königlicher Zorn war, und schlüpfte in ein leeres Schneckenhaus. Darin blieb er ziemlich lange liegen, bis er fast verhungerte. Zuletzt aber wagte er doch herauszugucken und erblickte einen schönen großen Schmetterling auf der Erde, ganz in der Nähe seines Verstecks. Sehr vorsichtig näherte er sich ihm, und als er sich rittlings auf ihm niedergelassen hatte, wurde er sogleich in die Luft emporgetragen. Der Schmetterling flog mit ihm von Baum zu Baum und von Feld zu Feld und kehrte zuletzt zum Hof zurück. Dort mühten sich alle, der König und die Edelleute, ihn zu fangen, aber schließlich fiel der arme Tom von seinem Sitz herunter in eine Gießkanne, und da wäre er fast ertrunken.

Die Königin war voller Zorn, als sie ihn sah, und sagte, er solle enthauptet werden. Und wieder wurde er bis zum Zeitpunkt seiner Exekution in eine Mäusefalle gesperrt.

Eine Katze jedoch, die bemerkt hatte, daß etwas Lebendiges in der Falle war, schlug so lange mit den Pfoten daran, bis die Drähte brachen, und so gab sie Tom die Freiheit zurück.

Der König nahm Tom wieder in seine Gunst auf. Aber er lebte nicht mehr lange genug, um sich ihrer zu erfreuen, denn eines Tages griff eine große Spinne Tom an, und wenn er auch sein Schwert zog und wacker kämpfte, so überwältigte ihn doch zuletzt der giftige Atem der Spinne:

„Er fiel tot zu Boden, wo gekämpft er voll Mut,
und die Spinne saugt aus ihm jeden Tropfen von Blut.“

König Thunstone und der ganze Hofstaat grämten sich so sehr, daß sie ihren kleinen Liebling verloren hatten, daß sie Trauer anlegten. Und sie setzten auf sein Grab ein prächtiges Grabmal aus weißem Marmor, das hatte die folgende Inschrift:

„Tom Däumling, König Artus' Ritter, hier liegt,
vom grausamen Biß einer Spinne besiegt.
An Artus' Hof war er wohlbekannt,
wo oft man beim Ritterspiel ihn fand.
Er stach mit der Lanze und ritt zum Turnier
und war bei der Jagd auf dem Mausetier.

Sein Leben den Hof erfüllte mit Freud',
sein Tod bracht' uns nur Traurigkeit.
Senkt eure Häupter, weint die Augen euch rot,
weint, weint – o weh, Tom Däumling ist tot!"

Quelle: Briggs, Katharine/Michaelis, Ruth: Englische Volksmärchen. Düsseldorf/Köln 1970, 40–49, Nr. 12.

C. Die Geschichte von dem Jungen, der so klein war, daß er sich selber nicht bis an die Nase reichte

Da war einmal ein Ehepaar auf einem Hof, und die hatten einen Jungen, der hieß Siggi, und er war so klein, daß er sich selber nicht bis an die Nase reichte. Und es war der Vater, der gewöhnlich auf ihn aufpaßte.

Nun, einmal – einmal da ging er zur Kirche, der Vater des Jungen, und bevor er sich auf den Weg machte, sagte er zu seiner Frau: „Paß nur auf, daß der Junge nicht in den Stall geht, damit ihn nicht die Kühe auffressen."

Und sie versprach es, und da ging er.

Aber gleich, als er über die Heuwiese hinaus war, sagte die Frau: „Siggi, geh nur und mach bei der Kuh sauber."

Und er lief und fing an, bei der Kuh sauber zu machen, aber da geriet er mit in das Heu und die Kuh verschluckte ihn. Und die Frau vergaß, nach ihm zu sehen, und so verging der ganze Tag. Am Abend kommt der Bauer heim und fragt nach dem Jungen.

„Ach, ich habe ihn in den Stall geschickt, um bei der Kuh sauber zu machen", sagt die Frau.

So läuft er hinaus zur Stalltür und ruft: „Siggi, lieber Siggi, wo ist denn mein lieber Siggi?"

Und da antwortet der Junge: „Ich bin unten in der Kuh drinnen und mache mir gerade einen Bissen Flomen los."

Und er eilt heim, sagt der Frau, nun müßten sie die Kuh schlachten, weil der Junge – weil sie den Burschen verschluckt hat. Sie machen es, schlachten die Kuh, und da kommt der Junge gelaufen, die Hände voll Flomen, den er gerade essen wollte, er machte sich gerade dran, ans Essen.

Dann fing die Frau an, die Eingeweide auszuwaschen. Da wollte der Junge auch etwas zu waschen haben, sie hatte ihn bei sich. Sie gab ihm den Blinddarm. Aber als er den Blinddarm umdrehen wollte, da fiel er selber kopfüber hinein, und nur noch die Füße standen heraus.

Und wäre der Blinddarm länger gewesen, wäre auch die Geschichte länger gewesen.

Quelle: Schier, Kurt: Märchen aus Island. Düsseldorf/Köln 1983, 234–235, Nr. 52.

D. Daumengroß

In einem Zarenreich, in einem Staat lebten einmal ein alter Mann und eine alte Frau. Sie waren arm und hatten nur ein elendes Pferdchen. Der Alte fuhr pflügen. Die Alte packte ihm Brot und Salz in einen Beutel, etwas Hirse in ein Säckchen und einen Krug mit Wasser. Der Alte fuhr los. Der Alte kam aufs Feld, spannte das Pferd vor den Pflug und begann zu pflügen. Pflügte und pflügte und war ganz ermattet. Er ließ das Pferd in einer Furche stehen, setzte sich hin, brach sich ein Stück Brot ab, salzte es und ißt. Nun, und nahm einen Schluck aus dem Krug.

Er aß und aß, und wie er einmal niest und die Augen wieder aufgemacht hat, steht ein kleiner Junge vor ihm, so groß wie ein Finger, in einem goldenen Mützchen, und sagt: „Väterchen, ruh ein wenig aus, ich will pflügen gehen!"

„Wie denn, du kleines Kerlchen?"

„Sehr einfach, ich krieche dem Pferd ins Ohr und werde pflügen."

„Nun, geh!"

Er ging los, aber da war ein Wasser.

„Väterchen, ich komme hier nicht drüber."

Nun, er trug ihn über die Pfütze.

Er kam zum Pferd, kletterte ins Ohr und pflügt. Da kommt auf einmal ein vornehmer Herr in einer Troika gefahren. Der sieht: der Alte sitzt, und das Pferd pflügt allein. Er befahl dem Kutscher, zu dem Alten hinzulenken. Sie hielten an, und der Herr fragt: „Dein Pferd?"

„Meins!"

„Wie pflügt es denn allein?"

„Mein Sohn ist dort."

„Wo?"

„Im rechten Ohr des Pferdes sitzt er."

Der Herr ging nachsehen, und im Ohr des Pferdes sitzt der Kleine im goldenen Mützchen. Dem Herren gefiel das goldene Mützchen, und er sagt: „Junge, gib mir das goldene Mützchen zum Heiraten!"

„Ich geb' dir's und du gibst's nicht zurück!"

„Doch, ich geb's zurück!"

„Nein, du gibst's nicht zurück!“

„Doch, ich geb's zurück; in zwei Tagen bring' ich's wieder!“

Der Junge gab das Mützchen hin, der Herr nahm's, stieg ein und fuhr davon.

Der Junge hat den Acker zu Ende gepflügt, kommt nach Hause und sagt: „Nun, Mütterchen, Väterchen, bleibt ihr zu Hause, ich aber will zu dem Herrn nach dem goldenen Mützchen gehen. Ich sehe, er ist ein Spitzbube und gibt's im guten nicht zurück.“ Und er ging los. Ging und ging durch den Wald, da steht auf einmal ein Fuchs: „Daumengroß, gehst du weit?“

„Zum Herrn nach dem goldenen Mützchen.“

„Nimm mich mit!“

„Du kommst ja doch nicht bis hin.“

„Doch, ich komme bis hin!“

„Nun, komm mit!“

Sie gingen und gingen; der Fuchs sagt: „Daumengroß, ich bin ganz matt.“

„Kriech in meinen Sack.“

Er geht weiter, da steht auf dem Wege ein Wolf.

„Daumengroß, gehst du weit?“

„Ich – zum Herrn nach dem goldenen Mützchen.“

„Nimm mich mit!“

„Du kommst ja doch nicht bis hin.“

„Ich komme bis hin!“

„Nun, komm mit!“

Sie gingen und gingen, da sagt der Wolf: „Junge, ich bin ganz matt!“

„Kriech in meinen Sack!“

Er geht weiter durch den tiefen Wald und trägt seinen Sack auf den Schultern.

Da steht auf dem Wege ein Bär.

„Daumengroß, gehst du weit?“

„Zum Herrn nach dem goldenen Mützchen, Michail Iwanowitsch.“

Der Bär brummte: „Nimm mich mit!“

„Du kommst ja doch nicht bis hin!“

„Doch, ich komme bis hin!“

„Nun, komm mit!“

Sie gingen und gingen; der Bär sagt: „Junge, ich bin fast ganz matt!“

„Nun, kriech in meinen Sack!“

Sie gingen weiter. Da ist auch schon der Kaufmannshof. Ein hohes Haus.

Der Junge kletterte aufs Tor und schreit: „Herr, Herr, gib das goldene Mützchen zurück, sonst schaffe ich Leid, daß es deiner Herrin leid tun wird!“

Der Herr befahl den Dienern: „Werft ihn den Gänsen vor, sollen sie ihn zu Tode zwicken!"

Sie taten's, aber er ließ den Fuchs aus dem Sack. Der Fuchs lief, erwürgte eine nach der anderen, alle Gänse, und jagte davon in den Wald.

Er kommt aus dem Hof, klettert aufs Tor und schreit: „Herr, Herr, gib das goldene Mützchen zurück, sonst schaffe ich Leid, daß es euch beiden leid tun wird!"

Der Herr befiehlt den Dienern: „Packt den Jungen und werft ihn unter die Pferde!"

Sie taten's. Aber er ließ aus seinem Sack den Wolf heraus, der biß einem nach dem anderen die Gurgel durch und rannte davon in den Wald.

Er kam aus dem Hof, kletterte aufs Tor und schreit: „Herr, Herr, gib das goldene Mützchen zurück, sonst schaffe ich dir Leid, daß es dir und der Herrin leid tun wird!"

Der Herr befiehlt: „Werft ihn auf den Viehhof!"

Sie warfen ihn auf den Viehhof, unter die Ochsen, aber er ließ aus seinem Sack den Bären heraus, der Bär erschlug alle mit seiner Tatze und rannte davon in den Wald.

Der Junge kam aus dem Hof, kletterte aufs Tor und schreit: „Herr, Herr, gib das goldene Mützchen zurück, sonst schaffe ich Leid, daß es dir und der Herrin leid tun wird!"

Der Herr befiehlt: „Werft ihn in den Brunnen!"

Sie warfen den Jungen in den Brunnen, da sagt er:

„Sack, Sack, nimm das Wasser!
Sack, Sack, nimm das Wasser!"

Der Sack nahm das ganze Wasser.

Der Junge kletterte aufs Tor und schreit: „Herr, Herr, gib das goldene Mützchen zurück, sonst schaffe ich Leid, daß es allen Herren leid tun wird!"

„Werft ihn in den Ofen, er wird im Feuer verbrennen!"

Sie stießen ihn in den Ofen, aber der Junge konnte noch sagen:

„Sack, Sack, gieß das Wasser auf die Ziegel!
Sack, Sack, gieß das Wasser auf die Ziegel!"

Das Wasser floß heraus, und das Feuer erlosch auf der Stelle.

Der Junge kam heraus, kletterte aufs Tor und schreit: „Herr, Herr, gib das goldene Mützchen zurück, sonst schaffe ich Leid, daß es allen Adligen und großen und kleinen Herren leid tun wird!"

„Steckt ihn in einen Kasten und schüttet ihn mit Geld zu, daß er dort erstickt, der Nichtsnutz!"

Der Junge aber sagt:

„Sack, Sack, nimm das Geld!
Sack, Sack, nimm das Geld!"

Der Sack steckte alles ein. Der Junge kam heraus, machte sich auf den Heimweg und brachte den Sack voll Gold mit.

„Nun, Großvater, Großmutter, macht einen Dreschplatz zurecht, breitet Sackleinwand aus, wir wollen den Sack dreschen."

Sie machten einen Dreschplatz zurecht. Der Alte schlägt einmal mit dem Dreschflegel zu, da rollte das Geld wie die Erbsen klirrend in alle Richtungen.

Der Herr aber sagt: „Werft den Jungen heraus, sonst fängt er noch an zu riechen!"

Sie öffneten den Kasten, aber dort war weder Junge noch Geld.

Er jagte hinterher. Kam zu dem Dreschplatz gesprengt, und das Geld machte ding, ding, ding.

Der Herr stürzte hinzu, aber der Alte, ob nun aus Versehen oder mit Absicht, versetzte dem Herrn mit dem Dreschflegel eins vor den Kopf, daß er gleich tot umfiel.

So lebten der Alte und die Alte bis an ihr Ende. Die Enkel aber leben gewiß noch heute.

Jetzt, ohne Herren, sind bessere Tage, jetzt darf keiner 'nen Jungen schlagen.

Quelle: Pomeranzewa, Erna: Russische Volksmärchen. Berlin 1964, 336–340, Nr. 48.

E. Spännchen

Es waren einmal ein alter Mann und eine alte Frau, die hatten keine Kinder. Der Alte aber war Fischer. Eines Tages ging er wieder Fische fangen und warf sein Netz in einem Strudel aus. Kaum hatte er es ausgeworfen, erzitterte das Netz, und der Alte zog es sofort aus dem Wasser. Da hatte er was zu sehen! In dem Netz hatte sich ein kleiner Junge verfangen. Der trug einen Schnurrbart und hatte Opanken an und war nur eine Spanne lang.

Der Alte freute sich sehr, steckte ihn in die Tasche, trug ihn nach Hause und zeigte der Alten seinen Fang.

Die Alte freute sich noch viel mehr als er, denn nun konnte doch auch sie sagen, daß sie ein Kind hatte, und sie fragte den Alten: „Wie wollen wir ihn denn nennen?"

„Wir müssen ihn wohl Spännchen nennen", antwortete der Alte, „denn er ist ja nur eine Spanne lang."

Bald darauf kamen Kaufleute vorbei. Die kehrten bei dem Alten ein, und als sie den kleinen Burschen entdeckten, baten sie den Alten sogleich, er solle ihnen den Kleinen verkaufen, egal, was er koste.

Der Alte wollte ihn auf gar keinen Fall verkaufen, doch sie bedrängten ihn so lange, bis er schließlich zustimmte, und er bekam eine Menge Geld für ihn.

Mit Spännchen aber hatte er vorher abgemacht, daß er fliehen und zurückkommen solle.

Die Kaufleute packten Spännchen, steckten ihn in die Tasche und gingen davon. Spännchen aber streckte den Kopf heraus und paßte genau auf, um sich den Weg zu merken.

Und sieh, auf einmal kam er aus der Tasche heraus, ließ sich auf den Weg herab und lief so schnell er konnte zurück. Aber da überraschte ihn die Dunkelheit, und er beschloß, wo er gerade war zu übernachten, bis der Morgen graute.

Gegen Mitternacht kamen Räuber dort vorbei und ließen sich genau an dieser Stelle nieder, um zu beraten, was sie machen wollten, und einer schlug vor, zu einem Bauern zu gehen und ihm die Ochsen zu stehlen. Da meldete sich Spännchen aus der Dunkelheit: „Nehmt ihr auch mich mit, Brüder?"

Die Räuber erschraken, zündeten ein Streichholz an, und als sie Spännchen erblickten, riefen sie aus: „Sehr gut! So einen wie dich brauchen wir gerade!"

Sie gingen zu dem Haus des Bauern, schoben Spännchen durch das Schlüsselloch und sagten ihm, er solle einen Ochsen losbinden und herausführen. Spännchen aber rief von drinnen: „Welchen Ochsen? Den schwarzen oder den weißen?"

„Leise, du schnurrbärtiger Winzling! Den schwarzen!"

Und Spännchen führte leise den schwarzen Ochsen heraus. Sie brachten ihn zu einem Bach, schlachteten ihn und teilten sich das Fleisch. Spännchen aber bekam den Magen des Ochsen.

Er ging zum Bach und wusch den Magen ordentlich aus. Weil er aber sehr müde und schläfrig war, kroch er in den Magen hinein und legte sich darin schlafen.

Als der Morgen graute, kam ein Wolf da vorbei, um Wasser zu trinken, und als der den Magen entdeckte, sprang er vom Ufer herab und verschlang ihn so gierig, daß er nicht bemerkte, daß Spännchen darin lag und schlief.

Als es Tag wurde, wachte Spännchen auf und rieb sich die Augen. Und gerade hatte er beschlossen, nach Hause zu gehen, was mußte er da sehen? Er war in einem Wolfsmaul und sah durch die Zähne des Wolfes, daß der sich an eine Herde heranschlich, um ein Lamm zu stehlen. Da rief Spännchen: „He, ihr Schäfer, der Wolf will euch ein Lamm stehlen!"

Die Schäfer sprangen auf und hetzten die Hunde auf den Wolf, und der konnte sich nur mit Müh und Not retten und entkommen. Er lief zu einer anderen Herde, und als er wieder ein Lamm reißen wollte, rief Spännchen aufs neue und warnte die Schäfer. Auch diesmal konnte der Wolf nur mit knapper Not seine Haut retten, und er fragte: „Wer bist du denn da in meinem Bauch, der mich immer um meine Beute bringt?"

„Ich bin's!" antwortete Spännchen.

Und der Wolf: „Und wer bist du?"

„Ich bin Spännchen, ein Mensch!" antwortete Spännchen.

Darauf der Wolf: „Und was willst du von mir, Spännchen?"

„Ich will, daß du mich nach Hause bringst."

„Und wo ist dein Haus?"

Spännchen zeigte ihm den Weg, und der Wolf lief los. Als er in den Hof kam, rief Spännchen: „Vater, Mutter, schnell! Ein Wolf!"

Da verschlossen die beiden Alten schnell das Tor. Der Alte griff nach einem Beil, die Alte nahm sich eine Heugabel, und wum-bum, wum-bum erschlugen sie den Wolf, zogen ihm das Fell ab und holten Spännchen wieder heraus. Aus dem Fell aber machte der Alte für sich und die Alte einen Pelz und für Spännchen einen schönen Anzug.

Ach, wie freute sich der Alte, daß er sein Spännchen wieder hatte, und von nun an trennte er sich nie wieder von ihm. Wenn er zum Pflügen ging, steckte er Spännchen einfach einem der Ochsen ins Ohr, und wenn die Ochsen wenden mußten, kam Spännchen aus dem Ohr hervor, packte die Zügel, ließ die Ochsen wenden und kroch wieder ins Ohr zurück. So half er dem Alten beim Pflügen.

Da kam eines Tages der Zar selbst vorbei und sah, wie der Alte im Schatten unter einem Birnbaum saß und die Ochsen über das Feld gingen, als würde sie jemand führen. Sie pflügten und wendeten von ganz allein. Darüber wunderte sich der Zar sehr. Er ging zu dem Alten und fragte: „Wie hast du denn den Ochsen beigebracht, allein zu pflügen?"

„Die sind ja gar nicht allein", antwortete der Alte.

„Was heißt hier, nicht allein? Es ist doch niemand bei ihnen!" sagte der Zar.

„Mein Sohn ist bei den Ochsen, der führt sie", entgegnete der Alte.

Da wunderte sich der Zar noch mehr und sagte zu ihm: „Bist du verrückt?! Nimm dich in acht, ich bin der Zar! Treib ja keinen Spaß mit mir!"

Und der Alte: „Aber ich sage dir doch, mein Sohn pflügt den Acker und treibt die Ochsen. Siehst du ihn denn nicht? Da ist er, im Ohr des Ochsen, des grauen Ochsen da links!"

Der Zar stieg vom Pferd, ging zu den Ochsen, schaute dem linken ins Ohr, und tatsächlich, da sah er den kleinen Burschen!

„Verkauf ihn mir!“ bat er den Alten.

Aber der Alte wollte nichts davon hören, sondern sagte: „Er pflügt für mich, er holt Wasser, und die allerschwersten Arbeiten erledigt er, nein, den verkaufe ich nicht, für nichts auf der Welt.“

Der Zar drängte immer mehr, doch der Alte wollte nichts davon hören. Schließlich sagte der Zar: „Ich will dir alles geben, was du zum Leben brauchst, du mußt mir aber unbedingt diesen Burschen geben.“

Da sagte der Alte: „Spännchen, komm heraus!“

Spännchen kam heraus, und der Alte sagte: „Hier, das ist dein neuer Herr!“

Der Zar nahm Spännchen in die Hand, gab dem Alten zwei Packtaschen voller Gold und ritt weiter.

Als er nach Hause kam, erzählte er der Zarin, was er Wunderbares gesehen und einem Bauern abgekauft habe.

Die Zarin schaute hin, und als sie das kleine schnurrbärtige Männchen erblickte, da wunderte auch sie sich sehr, nahm das Schnurrbärtchen zu sich und paßte gut auf es auf.

Am nächsten Sonntag ging der Zar auf die Jagd, die Zarin aber legte sich schlafen. Da nutzte Spännchen die Gelegenheit, stahl eine Menge Geld und machte sich davon.

Als der Zar zurückkam, fragte er die Zarin, wo Spännchen sei. Die Zarin erschrak sehr, fing an zu weinen und sagte, daß er davongelaufen sei.

Da tötete der Zar die Zarin, nahm einen Strick und hängte sich selbst an den Füßen auf. Und deshalb gibt es keine Zaren mehr.

Quelle: Eschker, Wolfgang: Serbische Märchen. München 1992, 45–49, Nr. 6.

F. Vom Knaben, der so groß wie ein Schlüssel war

Es war einmal eine Frau, die sich sehnlichst ein Kind wünschte und immer sagte: „Ach, bekäme ich doch ein Kind, – und wäre es nur so groß, wie der Schlüssel des heiligen Petrus!“ Endlich erhielt sie ein Kind, und – Wunder über Wunder! – es war gerade so groß, wie der Schlüssel des heiligen Petrus! Der Kleine wuchs, – doch nur mit seinem Verstande: Sein Körperchen blieb klein und winzig.

Einst bat er: „Mutter, – gib mir einen Pfennig, damit ich mir Kichererbsen kaufe!“ – „Die Kichererbsen kannst du dir doch nicht selber kaufen: du bist ein zu winziges Bürschchen!“ – „Ach, ich kenne den Laden ganz gut und kenne auch die Verkäuferin!" – „Gut! Hier hast du Geld!" Der Kleine ging nun hin und kroch in die Kiste, in der die Kichererbsen lagen; dann rief er: „Maria, ich will etwas kaufen! Kichererbsen will ich kaufen!" – „Wer bist du und wo steckst du?" – „Ich bin ich und ich bin hier!" – „Ich sehe dich nicht; welches Versteck versteckt dich?" – „Kichererbsen!" – „Ich weiß wohl, daß du die kaufen willst; aber ich sehe dich nicht; aber deine Stimme ist ja mächtig, wie die eines Riesen!" – „Maria, ich bin hier!" Endlich gewahrte ihn die Ladenfrau und erschrak sehr und wechselte die Farbe; dann sprach sie: „Ich dachte, du wärest ein Ungeheuer an Körpergröße, und nun finde ich, daß du ein Ungeheuer an Kleinheit bist!" Dann gab sie ihm die Kichererbsen. Er ging nun nach Hause und dachte über das Wort ‚Ungeheuer' nach, ohne es richtig verstehen zu können.

Am nächsten Tage bat er seine Mutter wieder um Geld, und sie gab ihm welches, damit er sich Nüsse kaufen könne. Schlüsselchen lief auf einen Karren zu, der mitten auf der Straße stand und mit Nüssen beladen war; dort setzte er sich in die Nüsse und wartete auf den Verkäufer. Der kam alsbald und wußte gar nicht, woher die laute Stimme käme, die ihm zurief, daß man Nüsse kaufen wolle; darum rief er immer wieder: „Wo bist du?" Endlich warf der Kleine mit Nüssen um sich, damit er seine Person bemerkbar mache. Der Verkäufer ärgerte sich und warf Schlüsselchen aus dem Karren. Der Kleine kroch aber an den Speichen des einen Karrenrades hinauf und schrie immerfort: „Ach, ach! Du zerquetscht mich! Halt! Halt!" Der Mann fürchtete sich, da er dachte, es wären Geister im Spiele; endlich sah er den Kleinen an eine Speiche geklammert, und es ergriff ihn ein furchtbarer Zorn. Er packte den Kleinen und warf ihn unter die Hufe seines Maultiers, damit dieses ihn zerstampfe. Aber Schlüsselchen war sehr leicht und darum sehr flink: er kroch an dem einen Beine des Tieres herauf und klammerte sich unten an den zottigen Haaren des Tieres fest und zupfte und zerrte an ihnen. Da bekam das Tier fürchterliche Angst und wollte nicht weiter. Der Mann wußte sich nicht zu helfen und untersuchte den ganzen Körper des Tieres. Da fand er Schlüsselchen! Da ergriff ihn der unbändigste Zorn, und er warf den Jungen ins Meer, wo es am tiefsten war!

Hier aber fand Schlüsselchen eine hutförmige Muschel, auf die er sich setzte und lustig umherschwamm. Zuletzt erblickte er in der Ferne ein Schiff, und da er sich gerne mit diesem in Verbindung gesetzt hätte, zog er eine kleine Fahne aus der Tasche und begann zu winken. Man bemerkte ihn; das Schiff fuhr in seine Nähe, und der Kapitän nahm ihn an Bord. Der Schiffskoch fragte: „Was kannst du eigentlich arbeiten?" – „Bin auch ein Koch; bin sehr tüchtig, trotz meiner Kleinheit!" – „Gut! Du kommst mit uns! Im Landhause unseres Herrn stelle ich dich später als zweiten Koch an!“

Nach einer langen Reise gelangten sie endlich in ein fremdes Land. Dort begaben sich die Matrosen nach dem Landhause des Schiffsherrn und nahmen Schlüsselchen mit. Er kochte dort ganz tüchtig. Einmal sagte zu ihm der erste Koch: „Höre! Ich muß ausgehen und dich also allein in der Küche lassen! Bitte, hebe ja den Deckel des Suppentopfes nicht auf; die Hitze könnte sich um dich schlagen und dich aufblähen, daß du stirbst!“ Der Koch ging fort; aber Schlüsselchen öffnete den Topf, trotz des Verbotes; da strömte der heiße Dampf heraus, wie eine Schlange, und zog den Kleinen in das kochende Wasser; er schwamm auf und ab, auf und ab in der brodelnden Flüssigkeit. Endlich kam der Koch und fand kein Schlüsselchen mehr vor! Da wurde er sehr traurig! Als er nachher seinem Herrn das Essen vorsetzte, und der Herr aß, aß und aß, – da stach dieser mit seiner Gabel in einen harten Gegenstand: das war Schlüsselchen! Man feierte einen Leichenschmaus, – und die Geschichte ist aus!

Quelle: Ilg, Bertha: Maltesische Märchen und Schwänke 1. Leipzig 1906, 174–176, Nr. 48.

G. Von dem Jungen, der so groß war wie ein Kniescheiblein

Ein Alter und eine Alte hatten einen Jungen, so groß wie ein Kniescheiblein. Eines Tages, als sein Großvater Trockenmist sammeln gehen wollte, sagte er: „Großvater, Großvater, ich will Trockenmist sammeln und dann wiederkommen!“

Da gab ihm der Großvater ein Kamel und hieß ihn gehen. Als es ein bißchen zu hageln anfing, setzte sich der Junge unter ein Blatt, und da fraß ihn das Kamel zusammen mit dem Blatt.

„Ich bringe Trockenmist, Großvater!“ war ein Ruf zu hören.

Aber als sein Großvater herauskam, war der Junge nicht da.

Ein Wolf fraß das Kamel, und da gelangte der Junge in den Magen des Wolfs. Als der Wolf in eine Hürde einbrach, schrie der Junge: „Heee – das Alterchen ist in eure Hürde eingebrochen!“

So kam der Wolf nicht dazu, auch nur das geringste zu fressen.

Der Wolf ging zum Fuchs: „Ach, in meinem Bauch sitzt ein Ding, das solchen Lärm macht!“

Da sagte der Fuchs: „Trinke soviel Wasser, wie du kannst, und renne über die Steppe!“

So fiel der Junge mit dem Kot zusammen heraus. Nachdem er herausgefallen war, klammerte sich der Junge am Schwanz der Kuh eines Ails fest. Dann setzte er sich auf sie, und indem er sie ständig kitzelte, brachte er sie wie Diebsgut zu seiner Jurte.

Quelle: Taube, Erika: Tuwinische Volksmärchen. Berlin 1978, 239, Nr. 45.

8. Doktor Allwissend

A. Doctor Allwissend

Es war einmal ein armer Bauer namens Krebs, der fuhr mit zwei Ochsen ein Fuder Holz in die Stadt und verkaufte es für zwei Thaler an einen Doctor. Wie ihm nun das Geld ausbezahlt wurde, saß der Doctor gerade zu Tisch: da sah der Bauer, wie er schön aß und trank, und das Herz gieng ihm danach auf und er wäre auch gern ein Doctor gewesen. Also blieb er noch ein Weilchen stehen und fragte endlich ob er nicht auch könnte ein Doctor werden. „O ja“, sagte der Doctor, „das ist bald geschehen.“ – „Was muß ich thun?“ fragte der Baur. „Erstlich kauf dir ein Abcbuch, so ist eins, wo vorn ein Göckelhahn drin ist; zweitens mache deinen Wagen und deine zwei Ochsen zu Geld und schaff dir damit Kleider an, und was sonst zur Doctorei gehört; drittens laß dir ein Schild malen mit den Worten ‚Ich bin der Doctor Allwissend‘ und laß das oben über deine Hausthür nageln.“ Der Bauer that alles, wies ihm geheißen war. Als er nun ein wenig gedoctert hatte, aber noch nicht viel, ward einem reichen großen Herrn Geld gestohlen. Da ward ihm von dem Doctor Allwissend gesagt, der in dem und dem Dorfe wohnte und auch wissen müßte wo das Geld hingekommen wäre. Also ließ der Herr seinen Wagen anspannen, fuhr hinaus ins Dorf und fragte bei ihm an ob er der Doctor Allwissend wäre? „Ja, der wäre er.“ – „So sollte er mitgehen und das gestohlene Geld wiederschaffen.“ – „O ja, aber die Grethe, seine Frau, müßte auch mit.“ Der Herr war das zufrieden, und ließ sie beide in den Wagen sitzen, und sie fuhren zusammen fort. Als sie auf den adligen Hof kamen, war der Tisch gedeckt, da sollte er erst mitessen. „Ja, aber seine Frau, die Grethe, auch“ sagte er und setzte sich mit ihr hinter den Tisch. Wie nun der erste Bediente mit einer Schüssel schönem Essen kam, stieß der Bauer seine Frau an und sagte: „Grethe, das war der erste,“ und meinte, es wäre derjenige, welcher das erste Essen brächte. Der Bediente aber meinte er hätte damit sagen wollen: „Das ist der erste Dieb“, und weil ers nun wirklich war, ward ihm angst, und er sagte draußen zu seinen Kameraden: „Der Doctor weiß alles, wir kommen übel an: er hat gesagt ich wäre der erste.“ Der zweite wollte gar nicht herein, er mußte aber doch. Wie er nun mit seiner Schüssel herein kam, stieß der Baur seine Frau an: „Grethe, das ist der zweite.“ Dem Bedienten ward ebenfalls angst, und er machte daß er hinaus kam. Dem dritten giengs nicht besser, der Bauer sagte wieder: „Grethe, das ist der dritte.“ Der vierte mußte eine verdeckte Schüssel hereintragen, und der Herr sprach zum Doctor er sollte seine Kunst zeigen und rathen, was darunter läge; es waren aber Krebse. Der Bauer sah die Schüssel an, wußte nicht wie er sich helfen sollte und sprach: „Ach, ich armer Krebs!“ Wie der Herr das hörte, rief er: „Da, er weiß es, nun weiß er auch wer das Geld hat.“

Dem Bedienten aber ward gewaltig angst und er blinzelte den Doctor an, er möchte einmal heraus kommen. Wie er nun hinaus kam, gestanden sie ihm alle viere sie hätten das Geld gestohlen: sie wolltens ja gerne heraus geben und ihm eine schwere Summe dazu, wenn er sie nicht verrathen wollte: es ginge ihnen sonst an den Hals. Sie führten ihn auch hin, wo das Geld versteckt lag. Damit war der Doctor zufrieden, gieng wieder hinein, setzte sich an den Tisch und sprach: „Herr, nun will ich in meinem Buch suchen wo das Geld steckt.“ Der fünfte Bediente aber kroch in den Ofen und wollte hören ob der Doctor noch mehr wüßte. Der saß aber und schlug sein Abcbuch auf, blätterte hin und her und suchte den Göckelhahn. Weil er ihn nicht gleich finden konnte, sprach er: „Du bist doch darin und mußt auch heraus.“ Da glaubte der im Ofen er wäre gemeint, sprang voller Schrecken heraus und rief: „Der Mann weiß alles.“ Nun zeigte der Doctor Allwissend dem Herrn wo das Geld lag, sagte aber nicht wers gestohlen hatte, bekam von beiden Seiten viel Geld zur Belohnung, und ward ein berühmter Mann.

Quelle: Kinder und Hausmärchen gesammelt durch die Brüder Grimm. Große Ausgabe. Zweiter Band. Siebente Auflage. Göttingen 1857, 69–71, Nr. 98.

B. Der durch das Gewissen unvermuthet entdeckete Diebstahl

Es wurde einem gewissen Fürsten ein ansehnlicher Schatz entwendet, denselben zu entdecken, resolvirete sich der Fürst, eine schätzbare Belohnung darauf zu setzen. Dieses kam einem Kohlenbrenner, welcher in einem benachbarten Walde, und dabey in äusserster Armuth, lebete, zu Ohren, derselbe, aus grosser Verzweifelung angetrieben, suchete aus dieser Begebenheit einigen Vortheil zu ziehen. Er dachte dahero bey sich selbst: Du kannst deinen anjetzo auf das höchste gestiegenen Hunger auf eine recht gute Manier stillen, wenn du die Entdekung einer Sache, von der du doch nichts weißst, über dich nimmst; und solltest du ja allenfalls nichts herausbringen, so hast du doch beständig zu der Gnade des Fürsten das zuversichtliche Vertrauen, er werde, wenn du ja die Diebe nicht zum Vorscheinen bringen könntest, dieses dein Unternehmen, weil es aus sehr grosser Armuth geschehen, dir gnädigst verzeihen. Er gieng also dreuste zum Fürsten, und versprach ihm, ein Mittel ausfindig zu machen, die Schatzdiebe an Tag zu bringen; man müßte ihm aber drey Tage Bedenkzeit lassen. Er wurde hierauf in einer besondern Stube verwahret, und mit Essen und Trinken überflüßig versorget. Er ließ sich es zwar recht gut schmecken, unterdessen aber brach er dennoch, nach dem Abendessen, sehr wehmüthigst in folgenden Seufzer aus: Das ist nun einer! Dadurch meynete er den einen Tag, der nun schon vergangen und zurückgeleget war; allein, der Bediente, welcher ihm das Essen zum erstenmale gebracht, und einer von den Dieben gewesen, deutete diese Worte auf sich, und glaubete, er wolle dadurch soviel sagen, daß dieser nun schon einer von den Dieben sey. Ganz erschrocken erzählete er diesen Ausdruck seinen beyden andern Kameraden, die an dem Diebstahle mit Theil genommen. Von diesen kam der andere am andern oder folgenden Tage, und brachte dem Kohlenbrenner das Essen; und, als dieser nun abermals mit fast eben dergleichen Worten sich herausließ: Das ist der zweyte! So zweifelte dieser andere Bediente keinesweges auch, daß der Kohlenbrenner ihn nicht, als den zweyten Dieb, anzeigen wolle, ohngeachtet er abermals die Tage meynete. Endlich brachte ihm auch der dritte Bediente, als der dritte Dieb, am dritten Tage das Essen, und, nachdem der Köhler voller Freuden zum dritten= und letztenmale ausrieff: Das ist nun der dritte und letzte! So hielten es nunmehro alle drey Bediente für ganz gewiß, daß sie, als Diebe, verrathen wären, und kamen also alle drey miteinander zum Kohlenbrenner, bathen ihn flehentlich, und sprachen: Ach! lieber Kohlenbrenner, seyd doch so gut, und gebt uns nicht an. Hierbey versprachen sie zugleich, alle geraubte Schätze wiederum herbey zu schaffen und auszuliefern. Hieraus kann man nun erkennen, wie das Gewissen zuweilen nicht eher ruhet, bis es die Schuldigen dahin bringet, daß sie ihr strafbares Verbrechen augenblicklich bekennen müssen; und so mußte auch hier dieses Schicksal den Kohlenbrenner aus seiner größsten Verlegenheit helfen, indem er von dem Fürsten Zeitlebens eine reichliche Versorgung erhielt.

Quelle: Neuer Bienenkorb voller ernsthaften und lächerlichen Erzählungen. Achte Sammlung. Cöln 1771, 36 ff., Nr. 31.

C. Wie die Mutter wider Willen wahrsagte

Eine Mutter hatte einen sehr faulen Sohn, der räkelte sich bloß zu Hause und tat gar nichts. Eines Tages sagte die Mutter zu ihm: „Söhnchen, was werden wir künftig essen ? Du bist faul, ich bin alt, wer wird etwas verdienen ?" – „Das braucht dir keine Sorge zu machen, Mutter, ich weiß schon, wie wir zu essen bekommen werden. Hier unser Nachbar hat morgen Hochzeit, da will er einen großen Ochsen schlachten, den werde ich stehlen." – „Um Gottes willen, Söhnchen, tu das nicht, das wäre ja eine große Sünde." – „Es wird keine Sünde sein; in Wirklichkeit werde ich ihn ja gar nicht stehlen, ich werde ihn nur forttreiben und an die große Fichte binden. Dann werde ich dem Nachbar erzählen, daß meine Mutter eine große Wahrsagerin ist, und sie habe gesagt: Der Ochs ist da und da angebunden. Nun, und dann wird mir der Nachbar in seiner Freude Gott weiß wie viel Essen schenken."

Die Mutter widersetzte sich zwar nach Kräften, er solle das nicht tun, aber der Sohn tat es doch: er stahl den Ochsen und prahlte sich: „Meine Mutter weiß Bescheid, sie hat herausgetüftelt, daß der Ochs im Walde an einer Fichte angebunden ist."

Der Nachbar fand seinen Ochsen, und auf der Hochzeit posaunte er es in alle Welt hinaus, die Mutter des faulen Burschen sei die größte Wahrsagerin, sie habe ihm seinen gestohlenen Ochsen wiedergeschafft, und weiß Gott, was sie sonst noch getan haben sollte. Und, wollt ihr's glauben, diese Rede drang sogar bis zum Schloß des Königs. Dabei blieb es einstweilen.

Aber was geschah? Einmal verlor die Königstochter ihren teueren, teueren Ring. Man suchte sich dumm, aber der Ring war und blieb verschwunden. Da kam dem König der Einfall, nach der berühmten Alten zu schicken, sie solle um des Himmels willen den verlorenen Ring zurückschaffen.

Die Alte rang die Hände, was der Sohn da angerichtet habe, er werde sie in ihrem Alter noch ins Unglück bringen. Aber der König wollte von ihren Ausflüchten nichts hören, sie solle nur schnell von ihrem Zauber Gebrauch machen, was brauche sie sich da zu schämen, was sie verstehe, verstehe sie.

Nichts zu machen, die Alte ergab sich in ihr Schicksal, nur das eine bedang sie sich noch vom König aus, daß er ihr drei Tage Bedenkzeit lasse.

„Gut, meinetwegen auch vier," sagte der König, aber nun solle sie sich auch schnell ans Werk machen.

Die Arme saß und saß den runden Tag und ließ den Kopf hängen, und am Abend war sie nicht weiter, als daß sie seufzend sagen konnte: „So, das war schon einer!" Die Mutter hatte sagen wollen: „So, nun habe ich schon einen Tag hinter mir!" Aber der Koch, der mit der Köchin und einem Diener gemeinsam den Ring gestohlen hatte (und an der Tür horchte), erschrak bei diesem Wort nicht wenig, denn er meinte, es sei auf ihn gemünzt.

Gut. Den ganzen nächsten Tag saß die Mutter ebenso da, und am Abend seufzte sie in ihrer Not: „So, jetzt sind es schon zwei." Da stieß der Diener, der es hörte, die Köchin an und sagte: „Uns beide hat die Hexe schon erraten."

Am dritten Tage gegen Abend aber sagte die Mutter ganz verzweifelt zu den Dienstboten: „Liebe Leute, komme es, wie es wolle, jetzt ist es mit allen dreien vorbei." – „Was, weißt du wirklich, daß wir alle drei schuldig sind? Erbarm dich, liebes, goldenes Mütterchen, und sag es dem König nicht, sonst sind wir alle drei verloren," so flehten sie die Dienstboten an.

Die Mutter stand mit offenem Mund da: „Wie, was? Sollte mein Sohn wirklich recht haben?" Aber die baten in einem fort. Nun, was war da zu tun, sie besprachen folgenden Plan: Sie wollten den gestohlenen Ring in Teig kneten und einem Truthahn zu fressen geben. Dann sollte dem König gesagt werden, die Alte habe herausgebracht, daß der Ring in des Truthahns Magen sei. Gut. Da sie so sehr baten, so mochte ihnen der Gefalle geschehen. Und so ging die Mutter am Abend des dritten Tages zum König und sagte, er solle den Truthahn schlachten, der habe den Ring gefressen.

„Schau, wie sie es erraten hat, wie sie es erraten hat!" schmunzelte der König und ließ sogleich den Truthahn schlachten. Man schneidet ihn auf, richtig, da ist der Ring wie hingelegt. Was nun? Natürlich beschenkte der König in seiner Freude die Mutter mit Gold und Silber und ließ sie noch dazu in seinem eigenen Wagen nach Hause fahren. Aber während die Pferde angeschirrt werden, kommt dem König der Gedanke: „Wart mal, sie soll mir noch eine Kleinigkeit wahrsagen, ich möchte doch sehen, ob sie wirklich alles wird erraten können." Und da ihm in der Eile nichts anderes einfiel, so legte er zwei, drei Eier unter den Wagensitz. Während nun die Alte sich in den Wagen setzte und der Kutscher eben abfahren wollte, trat der König noch einmal an den Wagen heran und sprach ihr zu: „Nun, setz dich bequem im Wagen zurecht; hast du da unten etwas, daß du nicht recht sitzen kannst?" – „Was sollte ich denn da unten haben? Ich sitze ja in dem Wagen wie eine Henne auf ihren Eiern," antwortete die Alte schmunzelnd, denn sie wußte in ihrer Seligkeit nicht, was sie sonst sagen sollte. Aber der König dachte: Die würde dir ja selbst eine Nadel im Brunnen ausfindig machen, und gab ihr noch so eine Handvoll Gold. Heimgekehrt, zeigte sie ihrem Sohn das Gold, aber der Sohn sagte: „Wollen wir uns jetzt ein Schloß bauen und die Hütte, alt genug ist sie, verbrennen." Gut, sie bauten sich ein Schloß und verbrannten die Hütte.

Aber von jenem Tage an hatte die Mutter keine ruhige Stunde mehr, denn es kamen ohne Ende Leute, die wollten, daß sie ihnen wahrsagen sollte. Aber der Sohn wies alle ab, indem er sagte: „Als unsere Hütte abbrannte, da ist unser Zauberbuch mitverbrannt, und auswendig kann meine Mutter kein Wort."

Quelle: Böhm, Max: Lettische Schwänke und verwandte Volksüberlieferungen. Reval 1911, 73–76, Nr. 43.

D. Doktor Allwissend

Es war einmal ein Schuster, der hieß Frosch mit Familiennamen. Der Stadtarzt ließ sich bei ihm Stiefel machen, an denen zwei Männer zwei Wochen arbeiteten. Dann brachte der Schuster die Stiefel hin, und der Doktor fragte nach dem Preis. Da sagte der Schuster: „Darüber werden wir schon einig, ich bin nicht recht auf dem Posten und möchte, daß Sie mir raten." Der Arzt sagte: „Machen Sie sich mal frei!" Dann schaute er ihn ein wenig an, schrieb einen Zettel und hieß ihn aus der Apotheke Medizin holen. Der Schuster tat das, ging wieder zum Arzt und fragte, was er ihm schulde. „Die Stiefel tun es schon", meinte der Doktor. Da ärgerte sich der Schuster, daß die Arbeit von zwei Männern in zwei Wochen auf die Augenblicksarbeit eines Herren ging. In der Wut warf er sein Schusterwerkzeug in den Ofen. Er beschloß, Doktor zu werden, da man in diesem Beruf offenbar so leicht viel verdient. Er ging zum Schreiner, ließ sich dort ein Arztschild machen, auf dem mit großen Buchstaben stand: Doktor Allwissend. Allen, die ihn um Rat fragten, verschrieb er nur Magenreinigungsmedizin und Brechmittel.

Da zieht dann einmal ein Feldherr vorbei, dem werden die Pferde unterwegs gestohlen, er weiß nicht, wo sie zu finden wären. Er fährt dann mit einem Fuhrmann in die Stadt und dieser bemerkt das Schild vom allwissenden Doktor. Und er meint: „Vielleicht weiß der, wo die Pferde sind!" Der Herr schickt ihn also dorthin. Der Arzt verschreibt ihm die gewöhnliche Medizin. Als sie dann die Stadt verlassen, muß der Fuhrmann andauernd raus aus dem Wagen an den Wegrand, da die Mittel wie gewöhnlich wirkten. Der Herr war darüber schon beinahe böse, als der Fuhrmann die Kunde brachte, er habe, als er sich wieder einmal am Wegrand übergeben hatte, die Pferde auf der Wiese vor der Scheune gesehen, die Räuber lagen wohl in der Scheune. Sie nehmen die Pferde, kehren zurück in die Stadt und der Schuster erhält fünfhundert Rubel vom Feldherrn. Da spricht der Schuster zu seiner Frau: „Schau, jetzt habe ich für ein Augenblick Arbeit mehr Geld als für ein ganzes Jahr Sitzen! Dieses Doktoramt ernährt uns doch wohl!"

Die Geschichte kam dem König zu Ohren, und er rief den Schuster zu sich. Dem König war alles Geld gestohlen worden. „Du weißt doch sicher, wo das Geld ist? Wenn du es weißt, bekommst du eine ewige Rente mit deiner Frau." – „Ja, ich weiß es schon, doch brauche ich ein Jahr Zeit dafür." Der Schuster führt dann ein gutes Leben mit seiner Frau im Schloß des Königs, er ißt und faulenzt nur den ganzen Tag. Als das Jahr bald um ist, fragt ihn ein Diener: „Der Herr Doktor weiß ja sicher schon, wo das Geld ist?" – „Aber ja." – „Sagt aber auf keinen Fall, daß ich es genommen habe", spricht ängstlich der Diener, der das Geld gestohlen hatte, „darum flehe und bitte ich." Er erklärte noch genau, wo und wie das Geld versteckt sei. Der Doktor freute sich sehr über diese Nachricht und versprach, kein Wort zu verraten. Nach dem einen Jahr fragt der König ihn, ob er etwas von dem Geld wisse. „Warum denn nicht?" meint der Doktor, spaziert, einen Stock in der Hand, mit dem König im Garten, stößt plötzlich mit dem Stock auf die Erde und spricht: „Da liegt das Geld, zuoberst das Kupfer, dann das Silber, zuunterst das Gold." – Man gräbt die Erde aus und findet tatsächlich das Geld.

Da überlegt der König mit seiner Frau, ob der Doktor jetzt die ewige Rente verdient habe. Sie beschließen jedoch, seine Wissenskraft noch einmal auf die Probe zu stellen. Der König gibt ihm auf, er solle binnen 24 Stunden eine Sache bestimmen, von der ihm kein Wort gesagt wird. Ein Frosch wird in ein Trinkglas getan in eine Schublade. Der Doktor stöhnt betrübt in seinem Zimmer: „O armer Frosch, deine Tage!" – Der König schläft im Zimmer nebenan und hört den Doktor stöhnen. Er weiß nicht, daß er Frosch hieß und glaubt, der Doktor wisse schon die Angelegenheit mit dem Frosch. Er berichtet es seiner Frau und ist ärgerlich, daß er dem Doktor morgen die ewige Rente geben müsse. Dieser hat es dann nicht weiter schwer, da er die Kameraden reden hört! Am Morgen geht er hin und spricht: „Ist das vielleicht schwer zu erraten, daß ein Frosch im Glas in der Schublade ist?" Der König kann nichts anderes tun, er muß dem Doktor die ewige Rente geben. So wurde der ehemalige arme Schuster durch die Launen des Glücks so reich, daß er ein gutes Auskommen hatte. Das war die Geschichte.

Quelle: Simonsuuri, Lauri/Rausmaa, Pirkko-Liisa: Finnische Volkserzählungen. Berlin 1968, 152–153, Nr. 129.

E. Heimchen

Zuerst laßt euch sagen, Freunde, daß ein alter Soldat, der zu jener Zeit gedient hatte, als Jesus Christus bei den Hundert-Schweizern Korporal war, so ins Elend gekommen war, daß er nicht mehr wußte, wohin. Der arme Mann hieß Heimchen. Eines Tages, als er über sein Elend nachdachte, sagte er: „O mein Gott! Ich bin sehr heruntergekommen und werde wohl verhungern müssen. Wenn ich wenigstens, bevor ich sterbe, drei gute Mahlzeiten bekäme, dann würde ich freudig einschlafen."

Da hörte er, daß einer Prinzessin ein Diamant gestohlen worden war.

‚Mein Geschäft ist gemacht', dachte er bei sich. Er ging also ins Schloß und sagte, er wolle diesen Diamanten wiederfinden, und wenn man ihm freie Hand ließe, so würde es ihm gelingen. Aber er brauche drei Tage; das war, wie ihr euch denken könnt, um zu drei guten Mahlzeiten zu kommen.

Als er die erste Mahlzeit verspeist hatte, kam ein Diener, um abzuräumen, und Heimchen, indem er sich den Bauch streichelte, sagte: „Schön, das wäre also Nummer eins."

Der erschrockene Diener ging zu seinen Kameraden und sprach: „Freunde, wir sind entdeckt. Dieser Mann ist ein Zauberer."

Am folgenden Tag war es ein anderer Diener, der ihn bediente, und als Heimchen seine Mahlzeit beendet hatte, rief er lachend: „Es ist mir gleich, was sonst noch kommt, dies wäre also Nummer zwei."

Am folgenden Tag mußte der dritte Diener Heimchen bedienen, denn die andern wagten sich nicht mehr in seine Nähe, so sicher waren sie, entdeckt zu sein.

Als Heimchen gespeist hatte, sagte er: „Da bist du aber froh, jetzt habe ich sie alle drei."

Der Diener lief zu seinen Kameraden und rief ganz entsetzt: „Bringen wir so viel Geld zusammen, wie nur möglich, um es diesem Zauberer zu geben; sonst sind wir verloren!"

Sie kamen also zu Heimchen und gaben ihm sechzig Louisdors und dazu den gestohlenen Diamanten. Als Heimchen das sah, sagte er zu ihnen: „Jetzt sorgt euch nicht mehr; ich werde die Sache schon in Ordnung bringen." Er nahm den Diamanten und legte ihn in einen Brotknödel; den warf er in den Hühnerhof, wo Gänse und Truthähne umherliefen. Ein Truthahn verschlang den Knödel, wie die Tiere das so machen, und sofort ging Heimchen zu der Prinzessin und sagte ihr, sie möge das Tier schlachten lassen, dieser Truthahn hätte den Diamanten gestohlen.

Da seht ihr, daß Heimchen gar nicht so dumm war; nichts ist so gewitzt und so erfinderisch wie ein alter Soldat, wenn er sich aus der Klemme ziehen muß.

So wurde der Diamant wiedergefunden, und die Prinzessin war außer sich vor Freude. Sie fragte Heimchen, ob er nicht im Schloß bleiben möchte. Sie bot ihm Geld, gutes Essen, guten Feuerplatz, erstklassiges Bett, kurz, alles, was er sich nur wünschen konnte, und gab ihm die Zusicherung, daß er als Freund des Hauses behandelt würde. So was hört man immer gern aus dem Munde einer hübschen Frau und besonders einer Prinzessin, die zu einem Soldaten spricht. Heimchen war einverstanden. Das war ein zu schönes Angebot, um abgelehnt zu werden.

Aber der Prinz, der auf Urlaub nach Hause kam und hörte, daß sich ein Zauberer in seinem Schloß niedergelassen hatte, der noch dazu von seiner Frau als Freund des Hauses behandelt wurde, sah aus, als leuchte ihm das nicht ganz ein; er wollte den Zauberer auf die Probe stellen.

Eines Abends ließ sich der Prinz ein Heimchen bringen und sperrte es zwischen zwei Tellern ein. Dann, als sie bei Tisch saßen und Heimchen, neben der Prinzessin, die ihn mit sanften Augen betrachtete, in Erwartung des guten Essens wollüstig seine Serviette auseinanderfaltete und ein Glas Wein herunterschluckte, wie ihr noch keinen getrunken habt, sagte der Prinz zu ihm: „Zauberer!", denn er wußte seinen andern Namen nicht. „Was ist hier drin? Wenn du's nicht errätst, bist du ein toter Mann."

Da war der arme Soldat aber in Verlegenheit, wie ihr euch denken könnt. Wer, zum Teufel, hätte sich auch vorstellen können, daß es einem Prinzen Spaß mache, ein Heimchen zwischen zwei Tellern einzusperren? Dies zu erraten, schien ihm hoffnungslos, und da er sein Glück und sein Leben plötzlich vernichtet sah, rief der Soldat mit schmerzlicher Stimme: „Ach, du armes Heimchen, jetzt bist du verloren!"

Der Prinz glaubte, er habe wirklich erraten, was sich zwischen den beiden Tellern befand, und so blieb der Soldat in seinem Schloß und wurde der persönliche Adjutant der Prinzessin.

Quelle: Soupault, Ré: Französische Märchen. Düsseldorf/Köln 1963, 301–303, Nr. 67.

F. Das Glück des Hodscha

Es war einmal einer, einer so wie ich's bin, mit einer Alten. Der gab und nahm und verdiente nichts. Er sagt zu der Frau: „Gib mir dein Kopftuch, weil ich zur Tekje, zur Moschee, in Krasta gehen will."

Er band das Tuch der Frau um den Kopf wie den Turban von einem Hodscha. Er kommt an den Rand der Straße. Dort, auf dieser Straße, verkehrten die Händler, die türkische Post.

Inzwischen bleibt da ein Pferd bei einem Dornbusch stehen, wo eine Sackgasse war, und dort weidete es. Na, der Hodscha merkte sich, wo das Pferd weidete. Nun, später, kehrt der Besitzer zurück, um das Pferd zu suchen. Er findet den Hodscha, er sagt zu ihm: „Du, hast du hier ein Pferd gesehen?“ – „Ich schau mal in den Kitap, in das Buch, vielleicht finde ich es. Hm, es ist dort und dort und weidet an einem Dornbusch neben der Straße.“

Der Mann geht hin und findet das Pferd, er gab dem Hodscha Geld, dort, wo er war. Dann geht der Händler nach Istanbul.

Nun verlor die Tochter des Königs einen Edelsteinring. Er war nicht zu finden! Der Händler sagte: „Den könnte nur der Hodscha mit dem Kopftuch, der aus Elbasani, finden.“

Der König schickte nach dem Hodscha mit dem Kopftuch, er läßt ihn aus Istanbul rufen und sagt zu ihm: „Meine Tochter hat einen Edelsteinring verloren: entweder du findest ihn, oder ich lasse dich köpfen. Innerhalb von vierzig Tagen mußt du ihn finden.“

Er sperrte den Hodscha für vierzig Tage ein. Der arme Hodscha zählte die Tage mit Maiskörnern:“Wenn vierzig Tage vergangen sind, läßt er mich köpfen!“ sagte er zu sich.

Es vergingen neununddreißig Tage. Der Hodscha sagt:“ Der neununddreißigste Tag verging, der vierzigste ist hinter der Tür!“ Die Frau, die den Ring gestohlen hatte, wartete hinter der Tür und lauschte, was der Hodscha zu sich selbst sagen würde. Dann kommt sie herein und sagt: „Bitte, Hodscha, ich hab ihn genommen! Was soll ich tun?“

Der Hodscha sagt, sie solle den Ring in ein Stück Teig hineintun und sie solle ihn einer Gans in den Schnabel stopfen, damit die es war, und der Gans solle sie den Flügel brechen, so daß die Gans den Flügel hängen läßt.

Der König, als die vierzig Tage vergangen waren, ließ den Hodscha zu sich rufen. Der Hodscha sagte: „Kein Mensch aus deinen Palästen hat den Ring genommen; ich sehe mir mal die Gänse an.“

Der König ließ die Gänse herausbringen. Der Hodscha sieht diese Gans, er nimmt sie, er schlachtet sie, schneidet ihr den Bauch auf und findet den Edelsteinring. Und so wurde der Ring gefunden.

Der Hodscha wurde berühmt, weil er ihn mit dem Kitap gefunden hatte. Der König schenkte dem Hodscha Geld und Sachen. Eines Tages ging der König mit dem Hodscha und dem Sadriazem, dem Minister, spazieren. Während sie im Garten spazieren, griff sich der Sadriazem eine Heuschrecke aus einem Baum und versteckte sie in der Hand.

Er sagt: „Hodscha, weißt du, was ich in der Hand habe?“

Der arme Hodscha, der's nicht wußte, sagte – wie man so sagt: „Furze, Heuschrecke, furze!“ – „Hoheit, wie konnte das sein? Der Hodscha hat die Heuschrecke gefunden!“

Quelle: Camaj, Martin/Schier-Oberdorffer, Uta: Albanische Märchen. Düsseldorf/Köln 1974, 215–217, Nr. 69.

G. Die feine Nase

Es war einmal ein Mann. Eines Tages webte seine Frau eine Länge Stoff und sagte: „Verkaufe diesen Stoff und kaufe mit dem Geld die größte Kostbarkeit am Ort.“ Der Mann verkaufte ihren Stoff, doch wollte ihm gar nichts von Wert einfallen, das er hätte kaufen können. Er dachte nach und lief dabei ohne Ziel herum.

Schließlich traf er einen Bauern, der auf seinem Feld seine Arbeit tat, und auf demselben Feld standen viele weiße Kraniche. Er wußte aber nicht, daß diese Vögel ‚Kranich‘ heißen, und er meinte, der Bauer hätte sie gezüchtet. Er dachte nun daran, sie für seine Frau zu kaufen und fragte bei dem Bauern an, was sie kosten würden. Der Bauer merkte, daß der Mann von nichts eine Ahnung hatte. Er beschloß, ihn zu betrügen, und nannte einen Preis. Der Mann gab dem Bauern all sein Geld. Nun fürchtete der Bauer, daß der Mann die Wahrheit gleich entdecken könnte, und deshalb sagte er: „Meine weißen Vögel sind eigenartig. Solange sie mich sehen, würden sie nicht mit dir gehen, sondern mir nachfolgen. Deshalb will ich mich entfernen, und wenn ich so weit weg bin, daß du mich nicht mehr siehst, dann kannst du deine Vögel zu dir nach Hause treiben.“

So wartete der Mann vertrauensvoll, bis der Bauer verschwunden war. Jetzt wollte er die weißen Kraniche zusammentreiben, aber alle flogen fort! Da war ihm klar, man hatte ihn betrogen, und er wußte nicht, was er zu Hause sagen sollte.

Schließlich dachte er sich etwas aus und ging nach Hause. Als er vor der Tür stand, war seine Frau beim Kochen. Schnell stieg der Mann auf einen Baum, der gerade vor der Küche wuchs, und sah in ihre Töpfe. Als er dann ins Haus trat, fragte seine Frau: „Was hast du Kostbares gekauft?“ Er sagte: „Eine feine Nase, die habe ich gekauft.“ Das glaubte seine Frau ihm nicht und wollte ihn gleich prüfen: er solle ihr mal sagen, was es heute zu essen gebe. Der Mann tat so, als ob er schnüffelte, und sagte: „Ich rieche Weißkohl, Fisch und Eier.“ Das stimmte, denn er hatte es ja selbst gesehen. Die Nachricht über seine feine Nase wurde schnell in der Nachbarschaft bekannt.

Eines Tages fiel ein Schweinchen, das zum Nachbarhaus gehörte, in den Abwassertümpel. Durch Zufall hatte es der Mann gesehen, und als der Nachbar darum bat, mit Hilfe seiner feinen Nase das Schweinchen aufzustöbern, tat er wieder so, als ob er schnüffelte, und sagte dann: „Das Schweinchen ist im Tümpel.“ Sie gingen alle hin und richtig, sie fanden dort das Schwein. Dies Ereignis wurde von einem Menschen zehn andern weitererzählt, und zehn erzählten es dann hundert andern, und schließlich kam die Sache dem Kaiser zu Gehör.

Eines Tages war des Kaisers Jadesiegel spurlos verschwunden. Der Kaiser schickte also zwei Gardeoffiziere zu dem Mann, um ihn zum Siegel-Suchen in den Palast zu holen. Bevor der Mann das Haus verließ, gab er seiner Frau den Auftrag, den Schweinestall in Brand zu stecken, sobald er etwa eine Meile weg sei. Als er dann etwa eine Meile weg war, sagte er den beiden Gardeoffizieren, er röche einen Brand in seinem Schweinestall; er wolle zurück, um das Feuer zu löschen. Schnell kehrten sie um, und wirklich fanden sie den Stall in Flammen.

Angst packte jetzt die Gardeoffiziere, denn sie waren es, die des Kaisers Jadesiegel gestohlen hatten! Sie dachten: ‚Wenn der Mann von einer Meile her das Feuer riechen kann, dann kann er sicher riechen, wo das Siegel ist.' Sie sagten deshalb zu dem Mann: „Das Siegel ist von uns gestohlen, und wir haben es versteckt: in dem alten Brunnen! Verzeih uns bitte, und verrate nichts davon beim Kaiser! Wir wollen es auch niemals wieder tun!" Frohlockend sagte er: „Ich hatte es schon gerochen, daß ihr das Siegel habt. Aber ich wollte euch Gelegenheit zur Reue geben. Ich werde euch dem Kaiser nicht verraten."

Nach seiner Ankunft im Palast tat er wieder so, als ob er schnüffelte, und sagte dann zum Kaiser, das Jadesiegel wäre in dem alten Brunnen. Der Kaiser schickte Leute hin, um nachzuforschen, und wirklich: sie fanden es! Der Kaiser war sehr froh, daß er sein Siegel wieder hatte, und deshalb schenkte er dem Mann eine Wagenladung Kostbarkeiten.

Dabei fiel dem Mann auf einmal ein, daß sein Geheimnis eines Tages herauskommen könnte. Das wäre arg für ihn! Also warf er sich absichtlich auf den Boden. Der Kaiser fragte: „Hat er sich verletzt?" Er sagte: „Ach, meine feine Nase ist gebrochen! Ich kann jetzt nichts Besonderes mehr riechen!" Von nun an bat ihn deshalb niemand mehr um Hilfe!

Quelle: Eberhard, Wolfram/Eberhard, Alide: Südchinesische Märchen. Düsseldorf/Köln 1976, 141–143, Nr. 61.

9. Die vier kunstreichen Brüder

A. Die vier kunstreichen Brüder

Es war ein armer Mann, der hatte vier Söhne, wie die heran gewachsen waren, sprach er zu ihnen: „Liebe Kinder, ihr müßt jetzt hinaus in die Welt, ich habe nichts, das ich euch geben könnte; macht euch auf und geht in die Fremde, lernt ein Handwerk und seht, wie ihr euch durchschlagt.“ Da ergriffen die vier Brüder den Wanderstab, nahmen Abschied von ihrem Vater und zogen zusammen zum Thor hinaus. Als sie eine Zeit lang gewandert waren, kamen sie an einen Kreuzweg, der nach vier verschiedenen Gegenden führte. Da sprach der älteste: „Hier müssen wir uns trennen, aber heut über vier Jahre wollen wir an dieser Stelle wieder zusammen treffen und in der Zeit unser Glück versuchen.“

Nun gieng jeder seinen Weg, und dem ältesten begegnete ein Mann, der fragte ihn, wo er hinaus wollte und was er vor hätte. „Ich will ein Handwerk lernen“, antwortete er. Da sprach der Mann: „Geh mit mir und werde ein Dieb.“ – „Nein“, antwortete er, „das gilt für kein ehrliches Handwerk mehr, und das Ende vom Lied ist, daß einer als Schwengel in der Feldglocke gebraucht wird.“ – „Oh“, sprach der Mann, „vor dem Galgen brauchst du dich nicht zu fürchten: ich will dich bloß lehren, wie du holst, was sonst kein Mensch kriegen kann, und wo dir niemand auf die Spur kommt.“ Da ließ er sich überreden, ward bei dem Manne ein gelernter Dieb und ward so geschickt, daß vor ihm nichts sicher war, was er einmal haben wollte. Der zweite Bruder begegnete einem Mann, der dieselbe Frage an ihn that, was er in der Welt lernen wollte. „Ich weiß es noch nicht“, antwortete er. „So geh mit mir und werde ein Sterngucker: nichts besser als das, es bleibt einem nichts verborgen.“ Er ließ sich das gefallen und ward ein so geschickter Sterngucker, daß sein Meister, als er ausgelernt hatte und weiter ziehen wollte, ihm ein Fernrohr gab und zu ihm sprach: „Damit kannst du sehen, was auf Erden und am Himmel vorgeht, und kann dir nichts verborgen bleiben.“ Den dritten Bruder nahm ein Jäger in die Lehre und gab ihm in allem, was zur Jägerei gehört, so guten Unterricht, daß er ein ausgelernter Jäger ward. Der Meister schenkte ihm beim Abschied eine Büchse und sprach: „Die fehlt nicht, was du damit aufs Korn nimmst, das triffst du sicher.“ Der jüngste Bruder begegnete gleichfalls einem Manne, der ihn anredete und nach seinem Vorhaben fragte. „Hast du nicht Lust, ein Schneider zu werden?“ – „Daß ich nicht wüßte“, sprach der Junge, „das Krummsitzen von Morgens bis Abends, das Hin- und Herfegen mit der Nadel und das Bügeleisen will mir nicht in den Sinn." – „Ei was", antwortete der Mann, „du sprichst wie dus verstehst: bei mir lernst du eine ganz andere Schneiderkunst, die ist anständig und ziemlich, zum Theil sehr ehrenvoll." Da ließ er sich überreden, gieng mit und lernte die Kunst des Mannes aus dem Fundament. Beim Abschied gab ihm dieser eine Nadel und sprach: „Damit kannst du zusammen nähen, was dir vorkommt, es sei so weich wie ein Ei oder so hart als Stahl; und es wird ganz zu einem Stück, daß keine Naht mehr zu sehen ist."

Als die bestimmten vier Jahre herum waren, kamen die vier Brüder zu gleicher Zeit an dem Kreuzwege zusammen, herzten und küßten sich und kehrten heim zu ihrem Vater. „Nun", sprach dieser ganz vergnügt, „hat euch der Wind wieder zu mir geweht?" Sie erzählten, wie es ihnen ergangen war und daß jeder das Seinige gelernt hätte. Nun saßen sie gerade vor dem Haus unter einem großen Baum, da sprach der Vater: „Jetzt will ich euch auf die Probe stellen und sehen, was ihr könnt." Danach schaute er auf und sagte zu dem zweiten Sohne: „Oben im Gipfel dieses Baums sitzt zwischen zwei Ästen ein Buchfinkennest, sag mir, wieviel Eier liegen darin?" Der Sterngucker nahm sein Glas, schaute hinauf und sagte: „Fünfe sinds." Sprach der Vater zum ältesten: „Hol du die Eier herunter, ohne daß der Vogel, der darauf sitzt und brütet, gestört wird." Der kunstreiche Dieb stieg hinauf und nahm dem Vöglein, das gar nichts davon merkte und ruhig sitzen blieb, die fünf Eier unter dem Leib weg und brachte sie dem Vater herab. Der Vater nahm sie, legte an jede Ecke des Tisches eins und das fünfte in die Mitte und sprach zum Jäger: „Du schießest mir mit einem Schuß die fünf Eier in der Mitte entzwei." Der Jäger legte seine Büchse an und schoß die Eier, wie es der Vater verlangt hatte, alle fünfe, und zwar in einem Schuß. Der hatte gewiß von dem Pulver, das um die Ecke schießt. „Nun kommt die Reihe an dich", sprach der Vater zu dem vierten Sohn, „du nähst die Eier wieder zusammen und auch die jungen Vöglein, die darin sind, und zwar so, daß ihnen der Schuß nichts schadet." Der Schneider holte seine Nadel und nähte, wies der Vater verlangt hatte. Als er fertig war, mußte der Dieb die Eier wieder auf den Baum ins Nest tragen und dem Vogel, ohne daß er etwas merkte, wieder unter legen. Das Thierchen brütete sie vollends aus, und nach ein paar Tagen krochen die Jungen hervor und hatten da, wo sie vom Schneider zusammengenäht waren, ein rotes Streifchen um den Hals.

„Ja", sprach der Alte zu seinen Söhnen, „ich muß euch über den grünen Klee loben, ihr habt eure Zeit wohl benutzt und was rechtschaffenes gelernt: ich kann nicht sagen, wem von euch der Vorzug gebührt. Wenn ihr nur bald Gelegenheit habt, eure Kunst anzuwenden, da wird sichs ausweisen." Nicht lange danach kam großer Lärm ins Land, die Königstochter wäre von einem Drachen entführt worden. Der König war Tag und Nacht darüber in Sorgen und ließ bekannt machen, wer sie zurück brächte, sollte sie zur Gemahlin haben. Die vier Brüder sprachen unter einander: „Das wäre eine Gelegenheit, wo wir uns könnten sehen lassen“, wollten zusammen ausziehen und die Königstochter befreien. „Wo sie ist, will ich bald wissen“, sprach der Sterngucker, schaute durch sein Fernrohr und sprach: „Ich sehe sie schon, sie sitzt weit von hier auf einem Felsen im Meer und neben ihr der Drache, der sie bewacht.“ Da gieng er zu dem König und bat um ein Schiff für sich und seine Brüder und fuhr mit ihnen über das Meer, bis sie zu dem Felsen hin kamen. Die Königstochter saß da, aber der Drache lag in ihrem Schooß und schlief. Der Jäger sprach: „Ich darf nicht schießen, ich würde die schöne Jungfrau zugleich tödten.“ – „So will ich mein Heil versuchen“, sagte der Dieb, schlich sich heran und stahl sie unter dem Drachen weg, aber so leis und behend, daß das Unthier nichts merkte, sondern fortschnarchte. Sie eilten voll Freude mit ihr aufs Schiff und steuerten in die offene See: aber der Drache, der bei seinem Erwachen die Königstochter nicht mehr gefunden hatte, hinter ihnen her und schnaubte wüthend durch die Luft. Als er gerade über dem Schiff schwebte und sich herablassen wollte, legte der Jäger seine Büchse an und schoß ihm mitten ins Herz. Das Unthier fiel todt herab, war aber so groß und gewaltig, daß es im Herabfallen das ganze Schiff zertrümmerte. Sie erhaschten glücklich noch ein paar Bretter und schwammen auf dem weiten Meer umher. Da war wieder große Noth, aber der Schneider, nicht faul, nahm seine wunderbare Nadel, nähte die Bretter mit ein paar großen Stichen in der Eile zusammen, setzte sich darauf und sammelte alle Stücke des Schiffs. Dann nähte er auch diese so geschickt zusammen, daß in kurzer Zeit das Schiff wieder segelfertig war und sie glücklich heim fahren konnten.

Als der König seine Tochter wieder erblickte, war große Freude. Er sprach zu den vier Brüdern: „Einer von euch soll sie zur Gemahlin haben, aber welcher das ist, macht unter euch aus.“ Da entstand ein heftiger Streit unter ihnen, denn jeder machte Ansprüche. Der Sterngucker sprach: „Hätt ich nicht die Königstochter gesehen, so wären alle eure Künste umsonst gewesen: darum ist sie mein.“ Der Dieb sprach: „Was hätte das Sehen geholfen, wenn ich sie nicht unter dem Drachen weggeholt hätte: darum ist sie mein.“ Der Jäger sprach: „Ihr wärt doch sammt der Königstochter von dem Unthier zerrissen worden, hätte es meine Kugel nicht getroffen: darum ist sie mein.“ Der Schneider sprach: „Und hätte ich euch mit meiner Kunst nicht das Schiff wieder zusammengeflickt, ihr wärt alle jämmerlich ertrunken: darum ist sie mein.“ Da that der König den Ausspruch: „Jeder von euch hat ein gleiches Recht und weil ein jeder die Jungfrau nicht haben kann, so soll sie keiner von euch haben, aber ich will jedem zur Belohnung ein halbes Königreich geben." Den Brüdern gefiel diese Entscheidung, und sie sprachen: „Es ist besser so, als daß wir uneins werden." Da erhielt jeder ein halbes Königreich, und sie lebten mit ihrem Vater in aller Glückseligkeit, solange es Gott gefiel.

Quelle: Kinder und Hausmärchen gesammelt durch die Brüder Grimm. Große Ausgabe. Siebente Auflage. Göttingen 1857, 206–210, Nr. 129.

B. Die vier kunstreichen Brüder

Der König von Jerusalem hatte vier Söhne. Diese waren sehr höflich und von besonders schöner Gestalt. Aber sie waren leichtsinnig im Geldausgeben, so daß sie mehr brauchten, als das Einkommen ihres Vaters betrug, weshalb sie in kurzer Zeit das ganze Königreich verbraucht hätten. Darum versammelten sich die Ratgeber des Königs und berieten, was zu tun wäre, um dieses zu vermeiden. Und sie kamen zu dem Beschluß, daß die Söhne mit ihren unmäßigen Ausgaben aufhören und außer Landes ziehen sollten, ihr Glück selber zu suchen. Der König sollte unterdessen das Reich weiterverwalten. Und die vier Söhne verabredeten untereinander, daß sie nach Ablauf von zehn Jahren wieder heimkehren wollten, aber nicht vorher. Und so fanden sie darin eine glückliche Lösung. Da sprach der älteste der vier Brüder: „Ich reise über das Meer und will nach Paris in Frankreich gehen." Der zweite: „Und ich fahre mit dem Schiff nach Sizilien." Der dritte versicherte: „Und ich gehe nach Katalonien." Und der vierte: „Ich fahre mit dem Schiff nach Genua." Und so wurden sie miteinander einig, und jeder reiste in sein Land, wie sie es abgemacht hatten.

Der älteste Bruder kam nach Paris und schaute sich daselbst um, welchen Beruf er am besten lernen könne. Er überlegte sich's reiflich und faßte zuletzt den Entschluß, alle Wissenschaften gründlich zu studieren.

Der zweite Bruder gelangte nach Sizilien. Und nachdem er sich eifrig umgetan hatte, fand er, daß er nichts Besseres lernen könne als Armbrustschütze. Und dies lernte er auch und wurde der beste Schütze, den man irgend finden konnte.

Der dritte Bruder gelangte nach Katalonien, sah sich dort um, was er anfangen könnte, fand aber nichts als Diebe, so daß er keinen andern Beruf zu lernen wußte, als auch ein Dieb zu werden. Und er wurde der schlaueste und durchtriebenste, den es geben konnte.

Der vierte Bruder fuhr übers Meer nach Genua und überlegte, was er nun tun könnte. Es gefiel ihm, zuzuschauen, wie man im Hafen Segel-

und Galeerenschiffe baute. Diesen Beruf wollte er lernen, und er wurde der beste Schiffsbaumeister der Welt.

So lernten alle vier Brüder ihre Kunst und wurden darin so vollendet, wie oben erzählt.

Nun geschah es, daß die zehn Jahre vorüber waren, und jeder gedachte in seine Heimat zurückzukehren. Ein jeder machte sich auf die Reise und kehrte ins Königreich seines Vaters heim. Dort hielten sie ein großes Fest und viele Lustbarkeiten zum Dank für die glückliche Heimkehr. In dieser Weile vergingen manche Tage in Freude. Danach ließ der König von Jerusalem seine Barone versammeln, berief seine vier Söhne zu sich und sprach zu ihnen: „Meine lieben Söhne, ihr seid zehn Jahre außer Landes gewesen und wißt, daß ich besorgt war, das Königreich zu regieren. Ich habe es verwaltet und euer Erbe vermehrt, wie wir abgemacht hatten. Nun wünsche ich, daß ihr in meiner Gegenwart und vor allen diesen Ratsherrren uns berichtet, was ihr in den zehn Jahren gelernt habt."

Als die Söhne den Willen ihres Vaters hörten, begann der älteste: „Ich ging nach Paris in Frankreich und habe dort alle Wissenschaften studiert und so viel Mühe darauf verwendet, daß ich sie vollkommen beherrsche." Und in dieser Weise erzählte ein jeder, welchen Beruf er erlernt habe, bis der letzte von seiner Schiffsbaukunst berichtete. Nun sollt ihr wissen, daß man in Jerusalem nicht weiß, wie Segel- und Galeerenschiffe gebaut sein müssen, und darum wurde die Kunst des vierten Sohnes als ein großes Werk betrachtet, weil man dortzulande das Schiffahren nicht versteht.

Als der älteste der vier Brüder gehört hatte, was alle andern gelernt hatten und ein jeder seine Kunst meisterhaft verstand, sagte er: „Lieber Vater, wir sind alle reich an Kenntnissen, und was wir gelernt haben, kann uns jetzt nützen. Ich weiß einen reichen Schatz an Gold, der einer Prinzessin gehört. Er befindet sich auf einer Insel des Meeres in einem Gewölbe. Es wird aber dieser Schatz von einem Drachen bewacht. Darum wollen wir vier, von denen jeder eine Kunst versteht, den Schatz suchen."

Darauf sprach der Schiffsbaumeister, sein Schiff liege bereit, sie sollten nur ans Meeresufer kommen und einsteigen. Das taten sie sogleich. Sie segelten also von dannen und fuhren so lange, bis sie zu der Insel kamen, wo der Schatz begraben war. Dort stiegen sie aus. Der älteste Bruder, welcher genau die Stelle wußte, wo das Grabgewölbe war, ging mit dem Meisterdieb voraus und stieg hinab, und sie suchten den Schatz zu rauben. Da sah der Dieb, daß der Drache schlief. Darauf gab er der Prinzessin einen Wink, und das Edelfräulein verhielt sich mäuschenstill. Jetzt ließ der Dieb seinen Mantel hinunter, verbarg das Gold darin, befestigte ihn auf seinem Kopf, hob auch die Prinzessin aus dem Gewölbe heraus und versteckte sie in einem Sack. In dieser Weise brachten sie mit aller Vorsicht auch alle andern Reichtümer, die sie gefunden hatten, in Sicherheit. Und als sie das alles ganz in der Stille getan hatten, stiegen sie mit dem Edelfräulein und dem Gold auf das Schiff und segelten mit großem Jubel von dannen.

Sie waren aber noch nicht weit vom Ufer entfernt, da wachte der Drache auf, schaute um sich und sah die Prinzessin nicht mehr. Sogleich fuhr er aus der Höhle heraus und suchte auf der Insel nach den Flüchtlingen. Er schaute in die Ferne und blickte aufs Meer, wo die Flüchtigen mit aller Macht davonfuhren. Sogleich warf er sich in die Wellen und schwamm hinter ihnen drein, wobei er ein furchtbares Geschrei erhob. Da wurde es denen im Schiff sehr angst, und sie glaubten sich des Todes. Jetzt sprach der Armbrustschütze: „Liebe Brüder, habt keine Furcht, ich will euch alle retten.“ Dann nahm er seine Armbrust und schoß dem Drachen einen Pfeil mitten in das eine Auge. Darauf zielte er abermals, und siehe, der zweite Pfeil traf in das andere Auge. So wurde der Drache blind, konnte das Licht nicht mehr sehen und wußte nicht, in welcher Richtung er sie verfolgen sollte.

Dann fuhren sie mit günstigem Wind hinweg aus dem Bereich des gefährlichen Drachens und kehrten wieder in ihre Heimat zurück, wo sie ein großes Fest veranstalteten zur Feier ihrer glücklichen Wiederkehr.

Nun hatte jeder der vier Brüder genug Geld zum Leben. Wer aber die schöne Prinzessin bekam, steht in der Geschichte nicht, weil der Schluß fehlt.

Quelle: Keller, Walter: Italienische Märchen. Jena 1929, 40–43, Nr. 8 (nach dem *Novellino*).

C. Die drei Brüder

Es wohnte in dieser hochedlen Stadt Venedig einmal ein Mann, der hatte drei Söhne. Er konnte sie aber wegen seiner zu großen Armut nicht ernähren. In dieser Not sahen sich die Söhne gezwungen, für sich selbst zu sorgen und berieten untereinander, was zu tun sei. Und angesichts der großen Dürftigkeit, in der ihr Vater lebte und seiner schwachen Kräfte beschlossen sie, ihm seine Last zu erleichtern und mit Tasche und Stab die Welt zu durchwandern, um zu suchen, irgend etwas zu verdienen, womit sie sich durchs Leben bringen könnten.

Sie knieten also vor ihren Vater hin, baten ihn um die Erlaubnis, auf Gewinn ausziehen zu dürfen und versprachen ihm, nach zehn Jahren in die Heimat zurückzukehren. Mit diesem Vorsatz machten sie sich auf, und als sie an einen Ort gekommen waren, der ihnen geeignet schien, trennten sie sich.

Der älteste geriet durch Zufall in ein Lager von Soldaten, die im Kriege standen, und er verdingte sich als Diener bei einem Generalobersten. Er wurde in kurzer Zeit so erfahren in der Kriegskunst und ein so geschickter Soldat und tüchtiger Kriegsmann, daß er den Vorrang vor allen seinen Kameraden gewann. Ja, er zeigte sich so gewandt und behend, daß er mit einem Dolche in jeder Hand jede Mauer einer hochragenden Burg zu erklimmen vermochte.

Der zweite gelangte zu einem Hafenplatz, wo man Schiffe baute, und ging zu einem Schiffsbaumeister, der in seiner Kunst Hervorragendes leistete, in die Lehre. Und es währte nicht lange, so brachte er es darin so weit, daß man nicht seinesgleichen fand und er berühmt wurde im ganzen Land.

Der dritte endlich hatte an den süßen Liedern der Nachtigall ein ganz besonderes Gefallen gefunden und war ihren Spuren und Gesängen durch dunkle Täler und dichte Gehölze, über Seen und durch einsame, echowiderhallende Wälder und verlassene und unbewohnte Orte nachgezogen. Und so sehr bezauberte ihn die Süßigkeit des Gesanges der Vögel, daß er darüber die Heimkehr vergaß und ein Bewohner jener grünen Waldeinsamkeit wurde. Auf solche Weise lebte er zehn Jahre lang in dieser Einöde und Wildnis, ohne je ein Obdach zu haben und bekam schließlich ganz das Aussehen eines Waldmenschen. Und durch die stete Aufmerksamkeit und lange Gewohnheit lernte er nach und nach die Sprache aller Vögel, hörte ihnen mit großem Entzücken zu und verstand ihre Worte und war unter ihnen bekannt wie der Waldgott Pan unter den Faunen.

Als dann der Tag der Rückkehr gekommen war, fanden sich die beiden älteren Brüder an dem verabredeten Orte ein und warteten auf den jüngsten. Und wie sie ihn ganz mit Haaren bewachsen und ohne Kleider ankommen sahen, liefen sie ihm entgegen, umarmten und küßten ihn unter Tränen und verschafften ihm Kleider. Als sie nun zusammen im Wirtshaus aßen, siehe, da flog ein Vogel auf einen Baum und sang folgende Worte: „Wisset, ihr Esser, im Winkel dieses Gasthauses liegt ein großer Schatz verborgen, der euch schon seit langer Zeit bestimmt ist. Geht hin und holt ihn.“ Und damit flog er fort. Da erklärte der zuletzt angekommene Bruder den beiden andern, was der Vogel gesagt hatte. Sie gruben am genannten Orte nach und nahmen den Schatz zu sich, den sie dort fanden. Und überglücklich und steinreich kehrten sie zu ihrem Vater zurück. Dort war die Freude des Wiedersehens groß. Sie umarmten ihren Vater und feierten ihre Rückkehr mit prächtigen Gelagen und üppigen

Schmausereien. Eines Tages hörte der zuletzt gekommene Bruder einem Vogel zu, welcher sang: „Im Ägäischen Meer liegt eine Insel von etwa zehn Meilen Umfang, Chios genannt. Auf dieser baute die Tochter des Apolls eine starke Burg aus Marmor. Deren Eingang wird von einer Schlange bewacht, die Feuer und Gift aus ihrem Rachen sprüht, und an die Schwelle dieses Schlosses ist ein Basilisk gebunden. Dort drinnen wohnt Agläa, eine der schönsten Frauen der Welt, eingeschlossen samt ihrem ganzen Schatz, den sie gesammelt. Und es ist eine ungeheure Menge Geld, das sie aufgehäuft hat. Wer dort hingelangt und den Turm ersteigt, gewinnt den Schatz und Agläa."

Und nachdem der Vogel das gesagt hatte, flog er fort. Und der jüngste teilte seinen Brüdern mit, was er vernommen, worauf sie alle drei beschlossen, ihr Glück zu wagen. Der älteste versprach, mit zwei Dolchen die Burg zu erklettern, der zweite ein schnellsegelndes Schiff zu bauen. Und wie dieses in kurzer Zeit fertig war, stachen sie eines Tages unter günstigen Anzeichen und bei gutem Wind in die See, fuhren übers Meer und segelten gegen die Insel Chios. Sie langten in einer Nacht dort an. Und ehe noch der Morgen dämmerte, erkletterte der mutige Kriegsmann, mit zwei Dolchen bewaffnet, die Burg. Er bemächtigte sich Agläas und ließ sie an einem Seil zu seinen Brüdern hinunter. Dann nahm er die Rubine und Schmucksachen und einen Berg voll Gold, den er dort fand, mit sich und stieg vergnügt wieder hinunter, indem er die Burg leer und ausgeplündert zurückließ. Und hernach kehrten sie alle gesund und wohlbehalten in ihr Vaterland zurück. Wegen der schönen Frau jedoch, die sie nicht teilen konnten, gerieten die drei Brüder in Zwist. Und es entstanden viele und lange Streitigkeiten darüber, wer sie am meisten verdiene. Und die Frage ist bis jetzt noch nicht entschieden. Wem aber Agläa mit Recht gebühre, das überlasse ich euch, zu beurteilen.

Quelle: Keller, Walter: Italienische Märchen. Jena 1929, 195–197, Nr. 26 (nach Straparola 7, 5).

D. Zar und Zarenfloh

Es war einmal ein Zar, der lauste sich eines Tages und fand einen Floh. Er nahm den Floh und fütterte und fütterte und fütterte ihn, und später schlachtete er ihn.

Darauf befahl der Zar dem Telal, die Leute zusammenzurufen, sie sollten ins Zarenschloß kommen und erraten, von wem die Haut sei: Wer errate, was für eine Haut das sei, dem gäbe er seine Tochter. Es kamen die

Leute aus dem ganzen Zarenreich, um die Haut anzuschauen. Der eine sagte: „Das ist eine Schweinshaut!", der zweite sagte – eine Ochsenhaut, der dritte – eine Büffelhaut, der vierte – eine Schafshaut, der eine dies, der andre das – niemand konnte es erraten. Schließlich kam auch der Teufel. Er tat so, als wüßte er nicht, was für eine Haut das war, und fing an zu sprechen, es sei eine Büffelhaut, sagte dann, es sei eine Ziegenhaut, danach, es sei eine Hasenhaut, und zum Schluß rief er plötzlich aus: „O, das ist eine Flohhaut!"

Der Zar gab ihm seine Tochter, aber er wußte nicht, daß es der Teufel war. Es kamen lauter Teufel zur Hochzeit, die Braut heimzuführen. Als sie ein Stück Weges hinter sich hatten, sah das Mädchen, daß es bei den Teufeln war. Sie hatte aber zwei Tauben bei sich, sie schrieb einen Brief und schickte die Tauben, daß sie zu ihrem Vater flögen und ihm sagten, sie habe einen Teufel geheiratet, ihr Vater solle kommen und sie entführen.

Als der Zar erfuhr, daß seine Tochter in Teufelshände gefallen war, befahl er dem Telal, es auszurufen, damit sich Leute fänden, die seine Tochter dem Teufel entführten. Wieder kamen sie zusammen, aber dem Zaren wollte niemand gefallen, daß er ihn schicke, seine Tochter zu entführen. Zu guter Letzt kamen sechs Brüder. Der Zar fragte sie, was jeder könne. Da sagte der erste: „Ich kann einen Wagen machen, der weder im Himmel noch auf der Erde fährt."

Der zweite sagte: „Ich höre sehr weit."

Der dritte sagte: „Ich kann von des Hasen Lager die Häschen stehlen, ohne daß es die Häsin merkt."

Der vierte sagte: „Ich kann einen Mühlstein so drücken, daß Wasser aus ihm fließt."

Der fünfte sagte: „Ich kann im Nu einen Turm bauen, daß wir alle uns darin verstecken."

Der sechste sagte: „Ich kann, sehe ich einen Habicht ein Rebhuhn tragen, eine Lanze werfen und das Rebhuhn mit den Händen auffangen, und der Habicht – der steckt auf der Lanze."

Als der Zar solches hörte, sprach er: „Ihr könnt meine Tochter retten! Vorwärts, los!"

So zogen sie fort. Sie gingen und gingen und wurden durstig. Da drückte der, der ihnen zu trinken geben konnte, mit den Händen einen Mühlstein, der ließ Wasser, und sie tranken. Darauf zogen sie weiter. Sie gingen und gingen, und am Ende sahen sie die Teufel, die sich auf einer Wiese ausruhten, und die Zarentochter lauste in ihrem Schoß einen großen Teufel, ihren Mann. Da trat der dritte Bruder heran und nahm die Zarentochter, ohne daß die Teufel es merkten. Der erste Bruder machte den Wagen, der weder im Himmel noch auf der Erde fährt, und sie flohen. Sie flohen, und erst später sahen die Teufel, daß die Zarentochter nicht mehr da war, und setzten ihnen nach. Da fragten die Brüder, ob sie nahe seien, und der, der weit hören konnte, sagte: „Habt keine Angst, sie sind sehr weit!"

Wieder flohen sie, bis schließlich der, der weit hörte, sagte: „Sie sind da, sie sind sehr nahe, sie holen uns ein!"

„Los, mach den Turm!" sagten alle.

Da machte der fünfte Bruder schnell einen starken Turm, und alle versteckten sich darin. Der Turm hatte bloß ein Löchlein, so klein, daß man den kleinen Finger eines Menschen hineinstecken konnte. Die Teufel kamen und umringten von allen Seiten den Turm, aber nirgendwo konnten sie hinein. Da erblickte der Oberteufel das Löchlein und sagte zu den Brüdern: „Ihr habt sie uns nun einmal entführt, laßt mich wenigstens ihren kleinen Finger durch dies Loch da sehen."

Die Brüder sagten zueinander: „Ach was, lassen wir es ihm, was kann uns schon passieren!"

Da steckte die Zarentochter den Finger durch das Loch, und der Teufel sog an ihrem Finger, daß er sie hinauszog. Die Brüder kamen sofort aus dem Turm heraus, und da der jüngste Bruder den Teufel mit der Zarentochter wegfliegen sah, warf er seine Lanze, fing die Zarentochter in seinen Armen auf, und den Teufel hatte er auf die Lanze gespießt.

Darauf gingen sie zusammen mit dem Mädchen zum Zaren. Der Zar fragte sie: „Nun Tochter, wer hat dich dem Teufel entführt?"

Sie sagte: „Alle haben mich entführt, Vater, aber wäre der Jüngste nicht gewesen, ich wäre bei den vermaledeiten Teufeln geblieben."

Da gab der Zar sie dem zur Frau, und sie bereiteten eine Hochzeit, wie man sie nie gesehen hat.

Quelle: Šuljić, Leticija: Die schönsten Märchen aus Jugoslawien. Zar und Zarenfloh. Rijeka 1968, 62–66 (mazedonisch).

E. Wem gehört die Braut?

In alten Zeiten lebte in Tiflis ein Kaufmann. Der hatte eine Tochter, Mariat mit Namen. Ein sehr schönes, sehr gescheites und sehr gelehrtes Mädchen war sie. Ihr Vater wollte sie nur dem zur Frau geben, der ihm ein ganz besonderes Kunststück würde vorführen können. Die Kunde von dem Mädchen aber und von dem Entschlusse ihres Vaters war in die ganze Welt hinausgegangen.

Nun lebte da in Erzerum ein Mann; wenn der die Hand an die Augen tat und sich niederlegte, so sah er alles, was auf der ganzen Welt vor sich ging. Und in der Stadt Buchara lebte ein Mann, der hatte eine Flinte, die nie ihr Ziel verfehlte. Und in Afghanistan war einer, der verfertigte aus Holz verschiedene Sachen; wenn man sich daraufsetzte, konnte man in einer Stunde einen monatelangen Weg zurücklegen.

Alle drei machten sie sich auf die Suche nach der Kaufmannstochter. Sie kamen nach Tiflis und baten dort um ihre Hand.

„Ja, so geht das nicht“, sagte der Kaufmann, „zuerst will ich wissen, was ihr könnt.“

„Ich kann alles sehen, was auf der Welt vorgeht“, antwortete der Erzerumer.

„Ich habe eine Flinte, die nie ihr Ziel verfehlt“ sagte der aus Buchara.

„Und ich kann Dinge aus Holz schnitzen, mit denen man in einer Stunde einen monatelangen Weg zurücklegen kann“, fügte der aus Afghanistan hinzu.

„Danke schön!“ sagte der Kaufmann, „ich sehe schon, ich darf keinen von euch ohne weiteres wegschicken. Jetzt laßt mich nur nachdenken, wem ich sie geben soll.“

„Gut, wir erwarten deine Entscheidung“, sagten die drei.

Am Morgen kam der Kaufmann zu den drei Bewerbern und teilte ihnen mit, seine Tochter sei in der Nacht spurlos verschwunden. „Jetzt ist es Zeit, eure Künste zu zeigen“, setzte er hinzu, „macht euch bereit sie zu suchen und sie mir zurückzubringen.“

Da schauten sich die drei an. „Du“, sagte einer von ihnen zum Erzerumer, „schau nach, wo sie ist.“ Der legte sich auch gleich nieder, tat die Hand an die Augen, suchte und sprach dann: „Im Schwarzen Meer ist eine Insel; auf der Insel eine Djinnfestung, in dieser Festung sitzt das Mädchen gefangen.“

„Gleich werd’ ich dort sein“, sagte der Afghane, und der aus Buchara setzte hinzu: „Ich gehe mit, und bringe sie zurück und wenn’s mich das Leben kostet!“

Der Afghane machte sich ein Reitzeug, setzte sich darauf und nahm den Bucharer mit. Bald waren sie auf der Insel der Djinnen, die der Bucharer mit seinem nie fehlenden Gewehr einen nach dem andern abschoß. Dann holten sie das Mädchen und brachten es zu ihrem Vater zurück.

Zu Hause aber brach ein Streit aus zwischen den dreien. Jeder wollte sie haben, denn jeder hatte ein Recht darauf.

„Wenn ich sie nicht gesehen hätte...“ sagte der Erzerumer.

„Wenn ich das Reitzeug nicht gemacht hätte...“ der Afghane und „Wenn ich die Djinnen nicht totgeschossen hätte...“ der Bucharer.

So stritten sie.

Quelle: Dirr, Adolf: Kaukasische Märchen. Jena 1920, 101–103, Nr. 20.

F. Die drei getreuen Brüder

In einem großen Dorfe lebte einst ein reicher Mann. Er hatte drei Söhne, die ihm treu zur Seite standen. Leider konnte sich der Vater nicht von seinem Reichtum trennen; auch konnte er ihn nicht mehren. Die Brüder besprachen alles miteinander und traten eines Tages zum Vater und baten ihn, sie in die Ferne ziehen zu lassen, damit sie dort ihr Glück versuchen könnten. Jeder wünschte sich eintausend Rupien für die Reise und für den Anfang, die der Vater schweren Herzens gewährte. Nachdem die Brüder abgemacht hatten, daß sie sich nach sechs Monaten wieder im Heimatdorfe treffen wollten, ging ein jeder seines Weges.

In der weiten Welt wußten sie sich jedoch nicht zurecht zu finden. Der Älteste kam nach langen Wanderungen mit dem Rest seines Geldes auf einen großen Markt. Hier wurde ihm ein Pferd angeboten, das er auch kaufte. Seinem jüngeren Bruder ging es noch schlechter. Ihm verblieb nur soviel, daß er sich einen Spiegel erstehen konnte. Der jüngste hatte am meisten Geld vertan und konnte sich nur einen Griffel erstehen. Da nun die Frist sich ihrem Ende näherte, machte sich ein jeder auf den Heimweg. Der älteste Bruder erreichte zuerst das Ziel, nach ihm der zweite und schließlich am letzten Tage erschien auch der jüngste. Groß war die Freude, daß sie sich gesund wieder hatten.

Unter dem großen Banyanenbaum außerhalb des Dorfes ließen sie sich nieder und erzählten sich ihre Erlebnisse. Als der zweite seinen Spiegel zeigen wollte, warf er einen Blick in denselben und erkannte im gleichen Augenblick, daß im fernen Lande ihre Base gestorben sei und daß die Leute zur Bestattung rüsteten. Man war sich schnell darüber einig, daß sie miteinander dabei sein wollten. Wie sollte das aber geschehen, denn der Weg war weit und beschwerlich. Kurz entschlossen nahm der älteste seine beiden Brüder zu sich auf das Pferd und sauste in wenigen Augenblicken in das ferne Land, wozu sie sonst 6 Monate gebraucht hätten. Groß war das Erstaunen aller Verwandten, als sie eintraten. Es wurde noch größer, als der jüngste seinen Griffel herauszog, die Lippen der verstorbenen Base berührte, und sie wieder lebendig wurde.

Die Freude im ganzen Haus war unbeschreiblich. Der Vater zeigte sich sofort bereit, seine Tochter mit dem jüngsten Sohn zu verheiraten. Dieser aber weigerte sich. „Wie kann ich heiraten, solange meine ältesten Brüder unverheiratet sind?“ rief er aus. Alle verstanden diesen Einwand. Nun wurde die Hochzeit mit dem ältesten Bruder gefeiert. Die jüngeren Brüder erhielten das Pferd und eilten damit ihrer Heimat zu. Lange lebten sie hier glücklich und in tiefem Frieden.

Quelle: Tauscher, Rudolf: Märchen aus dem Jeyporeland. Berlin 1959, 95–96, Nr. 43.

G. Der prahlerische König

Es lebte einst ein König, der verstand mit Pfeil und Bogen meisterlich umzugehen. Er konnte zielsicher und weit schießen, und es gab niemanden, der es mit ihm aufzunehmen vermochte.

Jeden Morgen sah er zu, daß er schnell mit seinen Staatsgeschäften fertig wurde, dann nahm er seinen Bogen und seine Pfeile und eilte in den Palastgarten. Dort schoß er den ganzen Tag lang nach den verschiedensten Dingen. Jedesmal, wenn er getroffen hatte, rief er aus: „Gibt es wohl jemanden im Lande, der so weit und sicher schießen kann wie ich?“

Eines Tages fand der König kein Vergnügen mehr daran, auf die Früchte und Blumen seines großen Gartens zu schießen. Deshalb nahm er seine Königin bei der Hand und stellte sie an dem einen Ende des Gartens auf. Er pflückte eine Birne von dem einzigen Birnbaum, der in seinem Garten stand, und legte sie auf den Kopf der Königin. Dann ging er zum entgegengesetzten Ende des Gartens und spannte den Bogen. Die Königin stand da und zitterte vor Furcht. Der Pfeil verließ den Bogen des Königs, flog geradeaus zum Haupte der Königin und spaltete die Birne in zwei Teile.

„Gibt es wohl jemanden im Lande, der so weit schießen kann und der so treffsicher ist wie ich?“ prahlte der König.

„Nein, Herr, es ist niemand gleich Euch“, antwortete die erschrockene Königin und rannte zitternd zurück.

Am nächsten Tag, am übernächsten und noch ein weiteres Mal tat der König das gleiche. Er legte eine Birne auf den Kopf der Königin, spaltete sie mit dem Pfeil in zwei Teile und prahlte in der gleichen Weise. Jedesmal, wenn die arme Königin mit der Birne auf dem Kopf im Garten stand, zitterte sie vor Angst, daß der König sein Ziel verfehle. Immer wieder dachte sie darüber nach, wie sie den König davon abbringen könne, ihren Kopf als Ziel zu benutzen. Da kam ihr ein Gedanke. Während der König schlief und laut schnarchte, stand sie auf, stahl sich in den Garten, pflückte alle Birnen, die auf dem Baum wuchsen, und warf sie weg.

Als der König sie am nächsten Morgen bei der Hand nahm, folgte sie ihm bereitwillig. Er ließ sie sich wieder auf den gleichen Platz stellen, dann ging er, um eine Birne zu pflücken. Doch am Baum war keine einzige Frucht. Die Königin lächelte erleichtert und wollte schon ihren Platz verlassen.

„Warte, meine Liebe, geh nicht fort!“ rief der König. „Ich bin ganz froh, daß die Birnen weg sind. Ich schieße nicht gern auf leichte Ziele. Laß es mich mal mit Pflaumen versuchen. Wir haben davon ja den ganzen Garten voll.“

Da merkte die Königin, daß sie einen großen Fehler gemacht hatte, als sie die Birnen entfernte. Die Pflaumen waren ja um vieles kleiner. Als der König eine auf ihren Kopf legte, schlugen ihr die Zähne aufeinander, so groß war ihre Angst.

Der König zielte vorsichtig und traf die Pflaume. Da begann er wiederum zu prahlen. Und die Königin konnte nur noch murmeln, daß ihm niemand ebenbürtig sei. Die arme Königin wurde mit jedem Tag blasser und magerer. Eines Tages hörte sie, daß ein gelehrter Eremit in ein nahes Kloster gekommen war, um einige Tage dort zu verbringen. Zu dem eilte die Königin, um ihm von ihren Kümmernissen zu berichten.

„O weiser Mann, bitte helft mir und bringt den König davon ab, mich als Zielscheibe zu benutzen!" bat sie.

„Das ist gar nicht so schwierig", antwortete der Eremit. „Wenn der König das nächste Mal prahlt, dann sage ihm, daß die Welt voll von Männern sein kann, die besser sind als er."

Als der König am nächsten Tag wieder eine Pflaume von ihrem Kopf geschossen hatte und wie gewöhnlich zu prahlen begann, indem er sagte „gibt es wohl jemanden im Lande, der so weit schießen kann und der so treffsicher ist wie ich?", antwortete die Königin: „Soviel ich weiß, gibt es auf der Welt noch bessere Schützen als dich." Der König war ob dieser Antwort höchst überrascht. Dann dachte er nach.

„Vielleicht hast du recht", sagte er schließlich, „ich will sehen, ob es einen Schützen gibt, der besser ist als ich."

Der König nahm Bogen und Pfeile und verließ den Palast. Er ritt viele, viele Tage, aber er traf niemanden, der es mit ihm aufgenommen hätte. Schließlich, als er schon im Begriff war umzukehren, begegnete er einem Mann, der auf einem Felde stand. Dieser Mann hielt ein Stück Holz in der Hand und blickte zum Himmel. Der König staunte über das seltsame Benehmen und fragte: „Was machst du denn da, guter Mann?"

„Als ich heute morgen in meinem Dorf war, schoß ich einen Pfeil ab", antwortete der Mann. „Dieser Pfeil ist jetzt auf dem Weg abwärts, und ich warte darauf, daß ich ihn mit diesem Holzstück auffangen kann."

Der König hielt diesen Mann zwar für einen Lügner, aber er blieb, weil er neugierig war, was dieser Mann weiterhin tun würde. Kurz darauf hörte er in der Luft ein Schwirren, und ein Pfeil sauste in das Holz hinein.

„Du bist wirklich ein bemerkenswerter Bogenschütze!" erklärte der König. „Komm mit mir, ich werde dich zum Obersten meiner Bogenschützen machen."

„Ich danke sehr, Herr", antwortete der Mann, „aber sicher gibt es andere auf dieser Welt, die viele Male besser sind als ich."

„Das möchte ich bezweifeln“, sagte der König, „aber dennoch! Es ist besser sicherzugehen. Laß uns beide weiterreisen und sehen, ob wir einen solchen Mann finden.“

So machten sich der König und der Bogenschütze auf den Weg. Sie wanderten viele, viele Tage und kamen schließlich an einen breiten Fluß; an dessen Ufer stand ein Bogenschütze, der gedankenvoll über den Fluß schaute.

„Was findest du so Besonderes, guter Mann?“ fragte der König.

„Ich beobachte die Bienen, welche Honig von den Blumen sammeln, die dort drüben am Ufer wachsen“, antwortete der Mann.

„Wirklich?“ lachte der König und war höchst belustigt. „Wir können nicht einmal das andere Ufer des Flusses sehen. Und du behauptest, daß du die Bienen und Blumen erblickst. Das ist wirklich ein köstlicher Spaß.“

„Das ist kein Spaß, Herr“, antwortete der Bogenschütze ruhig. „Warum sollte ich Euch belügen?“

„Ich weiß nicht recht“, sagte der König, „aber wenn du wirklich so weit sehen kannst, dann sieh doch bitte mal, was meine Königin jetzt macht!“

Der Mann wandte sein Gesicht in die Richtung, in der des Königs Palast viele Tagesreisen vom Fluß entfernt lag, und schaute geschärften Blickes. Dann wandte er sich wieder zum König. „Die Königin ist sehr krank und liegt in ihrem Bett“, berichtete er dem König. „Eure Hofärzte stehen um sie herum, aber keiner von ihnen scheint zu wissen, wie er ihr helfen kann.“

„Ein Scherz ist ein Scherz, aber jetzt treibst du es zu weit“, sagte der König. Doch der Bogenschütze beachtete diese Worte nicht. Er wandte sich wieder in Richtung des Palastes. „Ist Euer Erster Hofarzt einer mit einem Muttermal auf der Nase?“ fragte er.

Als der König das hörte, wurde er blaß. Wenn der Bogenschütze log, wie konnte er dann wissen, daß der Hofarzt ein Mal auf seiner Nase hatte? „Sprich weiter!“ sagte der König, der jetzt wirklich beunruhigt war. „Was macht der Erste Hofarzt?“

„Er schüttelt den Kopf“, antwortete der Bogenschütze, „und jetzt flüstert er einem anderen Arzt zu, daß die Königin in zwei Tagen sterben wird, wenn sie nicht das Purpurpuder der Gesundheit bekommt.“

„Das Purpurpuder der Gesundheit?“ rief der König aus. „Ich will dem die Hälfte meines Königreiches geben, der mir sagen kann, wo es zu finden ist.“

„Dafür braucht Ihr nichts zu zahlen, Herr!“ sagte der erste Bogenschütze. „Das füttern wir in unserem Dorf den Hühnern, damit sie größere Eier legen. Ich habe eine Menge hier in meinem Beutel.“

Der König, der seine Königin sehr liebte, packte den Beutel und sprang auf sein Pferd.

„Wartet!“ hörte er den zweiten Bogenschützen rufen. „Der Erste Hofarzt hat gesagt, daß die Königin noch zwei Tage zu leben hat. Euer Pferd braucht mindestens zwanzig Tage bis zu Eurem Palast. Dann wird sogar das Purpurpuder der Gesundheit ohne Nutzen sein.“

„Das ist wahr“, meinte der erste Bogenschütze. „Was sollen wir also tun?“

„Die einzige Sache, die wir tun können, ist, den besten Bogenschützen von uns dreien zu bitten, den Beutel an seinen Pfeil zu binden und vor das Bett der Königin zu schießen“, sagte der zweite Bogenschütze. „Laßt das den König tun, denn er ist ein großer Bogenschütze.“

„Nein“, sagte der König, „ich bin nicht halb so gut wie einer von euch beiden. Möge es doch einer von euch machen.“

Da nahm der zweite Bogenschütze den Beutel, band ihn an den Pfeil, spannte den Bogen so weit wie möglich und ließ den Pfeil sausen. Dann begaben sich der König und die beiden Bogenschützen auf den Weg in Richtung des Königspalastes, und der König war glücklich, daß er dort seine Frau bei guter Gesundheit antraf.

„Ich lag im Sterben“, erzählte sie dem König. „Aber da kam auf ganz sonderbare Weise durch die Lüfte ein Pfeil, an den ein Beutel mit dem Puder der Gesundheit gebunden war.“

Jetzt war der König überzeugt, daß beide Bogenschützen viele Male besser waren als er. Er bot ihnen hohe Stellungen an, aber beide weigerten sich, sie anzunehmen. Da belohnte er sie großzügig auf andere Weise.

Aber das ist nicht das Ende dieser seltsamen Geschichte. Die beiden Bogenschützen gingen geradewegs zu dem Eremiten, und der erste Bogenschütze sagte: „Wir haben getan, worum Ihr uns gebeten habt, und der König hat eine Lektion erhalten. Als wir ihn kommen sahen, kletterte mein Freund auf einen Baum, und ich wartete mit einem Stück Holz in meiner Hand auf dem Feld. Während der König mich beobachtete, schoß mein Freund einen Pfeil herunter in das Holz, und der König war überzeugt, daß der Pfeil vom Himmel gefallen sei.“

Der zweite Bogenschütze berichtete: „Als der König und mein Freund auf die Suche gingen, um jemanden zu finden, der besser sei als sie, kletterte ich vom Baum herab, eilte zum Fluß und wartete auf sie. Ich machte alles, wie Ihr es gesagt habt. Dann band ich den Beutel mit gefärbtem Reispuder an einen Pfeil und schoß ihn, so weit ich konnte. Er muß irgendwo im Wald zu Boden gefallen sein, aber der König hegte keinen Verdacht.“

„Ihr habt beide gut gehandelt“, sagte der Eremit. „Auch die Königin hat ihre Rolle gut gespielt. Der König ist jetzt überzeugt, daß sie wirklich im Sterben lag und nur eure Geschicklichkeit ihr das Leben gerettet hat. Ohne Zweifel ist der König der beste Bogenschütze im Land, aber wirklich große Leute sind nur die, welche sich nicht brüsten. Dank eurer Hilfe hat er eine Lektion erhalten. Er hat gelernt, diejenigen zu achten, die besser sind als er. Und das macht ihn jetzt wirklich zu einem großen Mann."

Quelle: Esche, Annemarie: Märchen der Völker Burmas. Leipzig 1976, 109–114.

H. Die geraubte Häuptlingstochter

Es waren einst vier Männer. Die vier Männer gingen zusammen aus, um sich Arbeit zu suchen. Der eine war ein Schütze, der zweite war ein Dieb, der dritte war ein Fahrer und der vierte war ein Loswerfer. Damals warfen die Loswerfer Steinchen, und dann lasen sie allerlei daraus ab, wie die Steinchen gefallen waren. Suchte man etwa einen Dieb, und das Steinchen rollt hier zu der Großmutter hin, dann zeigte es, daß diese Großmutter die Sache gestohlen hatte. In der alten Zeit haben viele Leute unter den Nama so mit den Steinchen gearbeitet. Heutzutage nehmen sie lieber die Karten und solche Dinge und wahrsagen damit.

Nun, diese vier Männer kamen zum Haus eines Häuptlings, und sie fragten, ob er Arbeit für sie hätte. „Nein," sagte der Häuptling, „ich habe keine Arbeit für euch. Die einzige Sache wäre, mir meine Tochter zu suchen. Das Mädchen ist schon viele Jahre verschwunden, und ich finde sie nicht. Ich weiß einfach nicht, wo ich sie suchen soll. Es ist nun schon Jahre, daß sie nicht mehr da ist. Aber," so fragte er die Männer, „was für eine Arbeit könnt ihr überhaupt tun?" Da antwortete der erste: „Ich bin ein Fahrer. Ich kann Wagen und Schiffe fahren." – „Und du?" – „Ich kann schießen," sagte der zweite. – „Und du?" – „Oh, ich kann nur stehlen," antwortete der dritte. Und als der vierte gefragt wurde, antwortete er: „Ich kann Loswerfen. Ich werfe Steinchen."

„So," sagte der Häuptling zu dem letzten Mann, „wenn du aus den Steinchen liest, kannst du mir dann erst einmal sagen, ob mein Kind noch lebt und wo es ist?" – „Ja," sagte der Loswerfer, „das kann ich." Und er warf seine Steinchen. „Deine Tochter lebt noch. Aber sie ist tief unten im Meer. Die Große Schlange hat deine Tochter geraubt, und das Mädchen lebt nun bei der Großen Schlange unten im Wasser." – „Ach," sagte der Häuptling, „das ist ja schrecklich: Doch könnt ihr mir meine Tochter wohl zurückholen?" – „Ja," antworteten die Männer, „das können wir."

Da bekamen sie ein Fahrzeug, um damit bis zum Meer zu fahren, und ein Schiff, um dann auf dem Wasser weiterzufahren. Sie nahmen auch den, der stehlen konnte, mit. Sie waren ja vier Männer und konnten nicht nur zu dritt fahren und den vierten einfach zurücklassen. Sie bekamen Essen und alles, was sie für die Fahrt brauchten, und nun fuhren sie ab. Nun fuhren sie mit dem Schiff. Und sie fuhren und sie fuhren mit dem Schiff, sie fuhren, fuhren, fuhren, fuhren mit dem Schiff.

Und der Loswerfer, der warf seine Steinchen und las daraus ab, wie weit sie schon waren, er warf immer wieder die Steinchen und guckte. Und so fuhren sie und so fuhren sie. Und als sie endlich die Stelle erreicht hatten, da ließ er das Schiff genau da halten, wo tief darunter die Schlange wohnte. Nun mußte der Mann, der stahl, der gesagt hatte: „Ich kann stehlen!“ arbeiten. Der stieg nun hinunter ins Wasser, bis er zu der Schlange und dem Mädchen kam. Und während die Schlange da lag und schlief, stahl er vorsichtig das Mädchen von der Schlange fort. Dann stieg er schnell mit dem Mädchen hinauf. Das Mädchen war inzwischen ganz stumm geworden, sie konnte gar nicht mehr sprechen, denn es waren ja so viele Jahre, die sie bei der Schlange gelebt hatte.

Nun kam der Mann mit dem Mädchen nach oben und lud das Mädchen schnell auf das Schiff. Und nun fuhren sie und nun fuhren sie und nun fuhren sie, und der andere Mann, der das Loswerfen besorgte, der guckte immer nach den Steinchen. Er warf die Steinchen und guckte, ob die Schlange schon aufgewacht wäre oder ob sie noch schlafe. Und als sie aufwachte, da rief er: „Ja, jetzt ist sie aufgeschreckt! Sie ist hinter uns her! Schütze, mach dich jetzt fertig!“ Der Mann, der schießen sollte, machte sich nun fertig.

Sie fuhren und sie fuhren und sie fuhren. Der Loswerfer schaute nur auf seine Steinchen, schaute immer nur auf seine Steinchen. Da rief er plötzlich: „Oh, jetzt ist sie schon ganz in der Nähe! Aber Schütze, höre! Du darfst nicht auf sie schießen, wenn sie ankommt. Warte ab! Laß sie vorbeisausen! Erst wenn sie von der anderen Seite noch einmal kommt, dann kannst du sie totschießen, dann erst!“ Und sie fuhren nun, fuhren, fuhren. Und wie der Loswerfer gesagt hatte, kam die Schlange herbeigeflogen! Die Leute erzählen ja, daß die Große Schlange fliegen kann. Sie sauste über das Schiff hinweg. Dann drehte sie um und flog wieder auf das Schiff zu. Und als sie gerade über dem Schiff war, feuerte der Schütze ab. Er traf sie genau vor den Kopf. Da fiel sie tot auf das Schiff herunter.

Nun hielten sie an und zogen der Schlange die Haut ab. Die Haut behielten sie und nahmen sie zurück, und als sie vom Schiff wieder in den Wagen umstiegen, luden sie auch die Schlangenhaut mit um.

Endlich kamen sie wieder beim Häuptling an. Sie waren sehr lange unterwegs gewesen. Die anderen Leute hatten schon gesagt: „Ach, die vier

Männer sind nichts als Betrüger! Die haben das alles nur gesagt, um den Wagen und das Essen und all die anderen Sachen zu kriegen. Die sind doch längst damit über alle Berge!“ Aber da kehrten sie zurück. Sie kamen ans Haus. „Seid ihr wieder zurück?“ – „Ja, wir sind wieder da.“ – „Habt ihr das Mädchen mitgebracht?“ – „Wir haben das Mädchen mitgebracht, ja.“ – „Wo ist sie denn?“ – „Hier ist sie!“ Sie holten das Mädchen herbei und übergaben sie den Eltern. Und als sie nun die Schlangenhaut auspackten, um sie ihnen zu zeigen, da fiel die Mutter vor Schreck in Ohnmacht.

Der Mann, der die Steinchen warf, war auch ein Medizinmann. Nun sagte er zu den Eltern: „Jetzt muß das Mädchen erst einmal allein in einer Hütte bleiben. Niemand darf zu ihr gehen. Denn der Geruch, dieser gräßliche Gestank von der Großen Schlange, ist noch in dem Mädchen drin. Das muß erst auskuriert werden.“ Er lief ins Feld und suchte allerlei Strauchwerk, und das verbrannte er in ihrem Raum. Er allein brachte ihr auch immer das Essen. Und dabei fing er an, ihr wieder das Sprechen beizubringen. „Gib mir ein bißchen Wasser! Gib mir ein bißchen Essen!“ So übte er mit ihr. Da fing sie allmählich an zu reden. Sie begann zu erzählen und schließlich wie ein Mensch zu sprechen. Und als das Mädchen nun ganz und gar wiederhergestellt war, da heiratete sie den, der sie verarztet hatte. Und die andern drei Männer, die bekamen nun eine Farm vom Häuptling.

Quelle: Schmidt, Sigrid: Aschenputtel und Eulenspiegel in Afrika. Entlehntes Erzählgut der Nama und Damara in Namibia. Köln 1991, 69–72, Nr. 15.

10. Die drei Faulen

A. Die drei Faulen.

Ein König hatte drei Söhne, die waren ihm alle gleich lieb, und er wußte nicht welchen er zum König nach seinem Tode bestimmen sollte. Als die Zeit kam, daß er sterben wollte, rief er sie vor sein Bett und sprach: „Liebe Kinder, ich habe etwas bei mir bedacht, das will ich euch eröffnen: welcher von euch der Faulste ist, der soll nach mir König werden.“ Da sprach der älteste: „Vater, so gehört das Reich mir, denn ich bin so faul, wenn ich liege und will schlafen, und es fällt mir ein Tropfen in die Augen, so mag ich sie nicht zuthun, damit ich einschlafe.“ Der zweite sprach: „Vater, das Reich gehört mir, denn ich bin so faul, wenn ich beim Feuer sitze mich zu wärmen, so ließ ich mir eher die Fersen verbrennen, eh ich die Beine zurück zöge.“ Der dritte sprach: „Vater, das Reich ist mein, denn ich bin so faul, sollt ich aufgehenkt werden, und hätte den Strick schon um den Hals, und einer gäbe mir ein scharf Messer in die Hand, damit ich den Strick zerschneiden dürfte, so ließ ich mich eher aufhenken, eh ich meine Hand erhübe zum Strick.“ Wie der Vater das hörte sprach er: „Du hast es am weitesten gebracht und sollst der König sein.“

Quelle: Kinder- und Hausmärchen. Gesammelt durch die Brüder Grimm. Zweiter Band. Große Ausgabe. Sechste vermehrte und verbesserte Auflage. Göttingen 1850, 323, Nr. 151.

B. Die drei faulen Brüder

Polemius herrschte in der Stadt Babylon, und er hatte drei Söhne, die er gar sehr liebte, und darum gedachte er über sein Reich zu verfügen, und er beschied seine drei Söhne zu sich und sagte zu ihnen: „Welcher von euch ist der Faulste? Der soll nach meinem Hinscheiden mein Reich innehaben.“

Der erste sagte: „Dann, Herr, gebührt das Reich mir, und der Grund ist der: ich bin so faul, daß ich mir, wenn ich am Feuer sitze, lieber das Bein verbrennen lasse, als daß ich es von dem Brande wegzöge.“ Und der zweite sagte: „Ich tauge mehr zum Herrscher, denn wenn ich den Hals in der Schlinge habe und gehenkt werden soll, und ich habe ein Schwert in der Hand, so rühre ich aus Faulheit die Hand nicht, um den Strick zu zerschneiden." Und der dritte sagte: „Herr, herrschen muß ich, weil ich der Allerfaulste bin: liege ich zu Bette, und in beide Augen tropft mir Wasser, so rücke ich ob meiner Faulheit auf meinem Pfühl weder nach rechts noch nach links." Dies gehört, vermachte der König ihm das Reich, da er ihn für den Faulsten erachtete.

Quelle: Wesselski, Albert: Märchen des Mittelalters. Berlin 1925, 62, Nr. 21 (nach dem 22. Kapitel der Gesta Romanorum).

C. Von drei faulen Söhnen

Es war ein Künig, der het drei Sün. Und da er sterben wolt, da berufft er sie zusamen und sprach zu inen: „Wer under Euch der allerfulest ist, dem wil ich das Regiment, mein Künigreich, geben." Da sprach der ein: „Her Vatter, so gehöret es mir zu. Wan ich bin so ful, wan ich lig und wil schlaffen, so tropfft es mir in meine Augen, so bin ich so ful, das ich die Augen nit zuthun mag, das ich entschlaff."

Der ander sprach: „Es gehört mir zu. Wan ich by dem Feuer leg mit den Füssen, so ließ ich lieber die Versen verbrennen, dan das ich sie zu mir zuch." Der drit sprach: „Es gehört mir zu. Ich bin so ful, wan ich ein Strick an dem Hals het und man wolt mich hencken und ich het ein Messer in der Hand, den Strick abzuschneiden, so ließ ich mich ee hencken, dan das ich den Strick abschnitt."

Disen dreien reden wir übel und sein wir fuler und treger, dan sie sein gewesen.

Manchem Menschen tropfft es in sein leibliche Augen, lüstlich Gesichten, davon er sich versündet und in die Augen seines Hertzens böß gedenckt, noch so thut er seine Augen zu, das er im selber vor dem Schaden wer.

Zu dem andern. Wie vil sein deren, dy da haben die Füß der Begird zu böser Geselschafft, darumb sie ewiglich werden brennen, noch so ziehen sie ire Begird selber nit hinder sich.

Die dritten, die fürt der Tuffel an dem Strick der Scham, zu beichten an den helschen Galgen, und sie haben das Messer der Beicht in der Hand und mochten beichten und mochten sich selber erlösen, aber sie wollen es nit thun. Darumb von Recht so gehört inen allen dreien das Reich der Hellen zu. Hüt Du Dich darvor!

Quelle: Pauli, Johannes: Schimpf und Ernst [1522]. Herausgegeben von Johannes Bolte. Teil 1. Berlin 1924, 167, Nr. 261.

D. Faulheitswettbewerb

Drey faule Gesellen stellten mit ein ander eine Wette an, welcher unter ihnen der fäuleste währe: Der Erste sprach: Ich bin so faul, wenn man mir das Essen auf den Tisch setzte, ich möchte nicht essen. Der ander sprach: und wenn man mirs in den Mund stekte, und kaute mirs, ich möchte es nicht hinunter schlukken: Der dritte wolte vohr Faulheit kaum den Mund aufthun, und sprach: Ach wie möcht ihr reden.

Quelle: Gerlach, Samuel: Eutrapeliae / Philologico-Historico-Ethico- / Politico-Theologicarum / Libri III. / Das ist: „Drey Tausend schöner, nütz- / licher, nachdenklicher [...] und / frölicher / Historien / Oder Geschicht und Reden, [...]. Leipzig 1656. Teil 1, 115–116, Nr. 533.

E. Die selbst gerühmte Faulheit

Drey Schwaben wetteten mit einander, welcher der Fäuleste wäre; Der erste sagte: wann ich auf der Gasse läge, und schlaffen wolte, und die Dach-Tropfen mir in die Augen fallen thäten, so bin ich so faul, daß ich die Augen nicht mag zuthun, damit ich einschliefe: Der andere sagte, wann ich bey dem Feuer läge mit den Füssen, so ließ ich lieber die Fersen brennen, als daß ich sie zu mir ziehete. Der dritte sprach, ich bin aber so faul, daß, wann ich einen Strick am Hals hätte, und nun hencken solte, und ich hätte ein Messer in der Hand, den Strick abzuschneiden, so ließ ich mich viel lieber hencken, als daß ich den Strick abschneiden thäte.

Quelle: Der / vermehrte kurtzweilige / Polyhistor, /In welchem / 400. auserlesene lustige, / poßirliche, / [...] Historien / und / Geschichte /erzehlet und beschrieben / [...]. [Erfurt] 1729, Teil 3, 164, Nr. 50.

F. Kaiser Joseph und die Faulenzer

Einmal ging Kaiser Joseph unerkannt spazieren, es war in der Erntezeit. Er kam zu einem Baum, und unter dem lag ein Wanderer. Der bat ihn um ein Almosen. Der Kaiser musterte den Mann und sprach, er sei jung genug, sich selbst etwas zu verdienen. Da antwortete der Wanderer: „Herr, ich bin ein Faulenzer, ich kann nicht arbeiten."

Daraufhin gab ihm der Kaiser ein Zweiguldenstück. Als er es ihm reichte, sagte der Wanderer: „Herr, bückt Euch, damit ich mich nicht danach zu strecken brauche."

Der Kaiser bückte sich und legte ihm das Zweiguldenstück in die Hand. Er war kaum einige Schritt gegangen, rief ihm der Faulpelz nach: „Herr, kommt zurück."

Der Kaiser kehrte zurück und fragte ihn, was er wünsche. Der Faulenzer antwortete:

Schließt mir die Hand, denn käme jemand vorbei, könnte er mir das Zweiguldenstück wegnehmen."

Der Kaiser schloß ihm die Hand, und er war kaum ein Stückchen gegangen, da rief der Faulenzer: „Herr, kommt zurück."

Der Kaiser ging zurück und fragte ihn: „Was soll ich tun?"

„Steckt mir das Zweiguldenstück in die Tasche."

Das tat der Kaiser, und als er sich wieder ein Stück von ihm entfernt hatte, rief der Faulpelz ein drittes Mal: „Herr, kehrt noch einmal zurück."

Der Kaiser kehrte zurück und fragte ihn: „Was willst du nun noch?"

„Dreht mich auf die andere Seite. Denn griffe mir einer in die Tasche, so könnte er mir das Geldstück wegnehmen."

Also drehte ihn der Kaiser auf die andere Seite und ging fort. Als er heimkam, erzählte er seinen Beamten von dem Faulenzer und fragte sie, ob es überhaupt einen fauleren Menschen auf der Welt gäbe. Einer meinte, das könnte man feststellen. Ungesäumt ließ der Kaiser kundtun, es solle sich melden, wer glaube, ein richtiger Faulenzer zu sein. Es meldeten sich drei. Sie sollten mit ihm Mittag essen; einer kam pünktlich, der zweite eine Stunde später und der dritte zwei Stunden nach der festgesetzten Zeit. Sie meldeten sich als Faulpelze. Als der Kaiser fragte, warum sie nicht pünktlich gekommen seien, redeten sich die Säumigen heraus, das wäre nicht gegangen, weil sie gewartet hätten, ob er sie nicht abhole.

Nach dem Mittagessen sagte der Kaiser zu den dreien, sie könnten nun heimgehen. Aber sie antworteten, er möge sie heimfahren, gehen könnten sie nicht. Da behielt sie der Kaiser und kaufte ihnen ein Holzhäuschen, in dem sich die drei niederlegten. Er gab ihnen ein Büchlein und sagte, sie sollten damit einkaufen, was sie sich wünschten, sie würden alles umsonst bekommen.

Einige Tage später besuchte der Kaiser seine drei Faulenzer und fragte, wie es ihnen gehe. Sie beklagten sich schrecklich, müßten sie sich doch die Nahrung selbst besorgen, ja ob er ihnen denn keinen Menschen schicken könnte? Also bekamen sie einen Diener, der ihnen die Nahrung bringen mußte. Nach ein paar Tagen besuchte sie der Kaiser wieder, und da klagten sie noch mehr, sie müßten alles roh essen, denn zum Kochen seien sie zu faul. Also schickte ihnen der Kaiser einen Koch. Wieder ein paar Tage später suchte er die Faulenzer erneut auf, um sich nach ihrem Ergehen zu erkundigen. Die drei antworteten. es gehe ihnen von Tag zu Tag schlimmer. Da gab ihnen der Kaiser einen Mann, der sie füttern mußte. Also wurden sie gefüttert, aber als der Kaiser zum vierten Male kam, klagten sie wiederum, daß der Mann es ihnen zwar ins Maul stecke, schlucken aber müßten sie selber. Und täten sie es nicht, litten sie Hunger. Da fragte der Kaiser seine Dienerschaft, ob es wohl Faulere gäbe als diese. Ein Bediensteter antwortete, das könnte man doch feststellen. Auf welche Weise sollte er das tun? Man riet ihm, das Häuschen anzünden zu lassen. Also beorderte der Kaiser Soldaten zu dem Häuschen der Faulenzer, damit sie es anzündeten. Und sie sollten auch bereitstehen, um den Faulenzern zu helfen, falls die fliehen wollten.

Nun, das Häuschen brannte, die drei lagen in ihren Betten, und als die Decke durchgebrannt war, fiel einem ein brennendes Holzstück auf den Kopf, so daß seine Haare in Flammen aufgingen. Da öffnete er die Augen und sagte zu dem, der neben ihm lag: „Schau, es scheint zu brennen."

Der zweite Faulpelz antwortete: „Nur Ruhe, man wird uns schon hinaustragen."

Sie blieben liegen. Nach geraumer Zeit rührte sich der dritte auf seinem Bett und murmelte: „Ich versteh nicht, Jungs, daß ihr darüber sprechen mögt! Die Mäuler müssen euch doch weh tun!"

Die an der Tür bereitstehenden Soldaten hörten das. Sie meldeten es dem Kaiser und fragten, ob sie die Faulpelze heraustragen sollten. Aber der Kaiser meinte, wenn sie zu faul seien, über so etwas zu sprechen, solle man sie drin lassen. Also verbrannten die drei Faulenzer, und von dieser Zeit an gab es keine solch faulen Leute mehr.

Quelle: Jech, Jaromir: Tschechische Volksmärchen. Berlin 1961, 448–450, Nr. 59.

G. Die drei Faulen

No, König Mathias hatte drei Faule. Angeblich. No, König Mathias nahm irgendein bißchen Geld. Weil die in irgendeiner Scheune, sagt der Ungar, hausten. Er wird ausprobieren, welcher der Faulste ist.

No, als König Mathias angekommen ist, sind alle drei von ihren Liegestätten aufgestanden. „Zu Befehl, Majestät!"

„Hier ist dieses Geld", sagt er. „Welcher sich als der Faulste erweist", sagt er, „der kriegt das."

No, dann hat sich der eine, auch der andere hingelegt. Sie haben angefangen, sich zu räkeln, der dritte bewegte sich nicht.

„No“, sagt König Mathias, „warum liegst du nicht?“

„Mein Herr“, sagt er, „weil ich schon zu faul bin, mich auch hinzulegen“, sagt er. Er war der Faulste. So bekam er das Geld.

Dann hat er eine Probe gemacht. Ob die wirklich faul sind. „Jetzt probier ich das aus.“ Er ging hin und hat diese Scheune angezündet. Der König Mathias. Welcher jetzt der Faulste sein wird? Dort drinnen sind aber alle drei verbrannt. Keiner von ihnen ist aufgestanden. No, so hat sie der Teufel geholt. Seitdem gibts nicht mehr so faule Leute.

Quelle: Gaál, Károly: Die Volksmärchen der Magyaren im südlichen Burgenland. Berlin 1970, 225–226, Nr. 89.

H. Die drei Faulpelze

Es waren einmal drei Brüder, die waren alle drei Faulpelze.

Eines Tages gingen sie spazieren, da fand der älteste auf der Erde einen Doppelschilling und sagte zu dem nächsten: „Mensch, da auf der Erde ist ein Doppelschilling, heb ihn auf!“

„Warum ich?“, sagte der, „bück du dich doch selbst und nimm ihn!“ und dann sagte er zum jüngsten: „Heb du ihn auf, Junge!“

„Nein“, sagte der wieder, „warum soll ich mir die Mühe machen. Laßt uns uns alle drei bücken und ihn zusammen aufheben“.

Schließlich bückten sie sich alle drei und hoben ihn zusammen auf.

Da fragte der älteste: „Nun, wer soll ihn jetzt tragen?“ – „Der jüngste soll ihn tragen“, sagte der zweite.

„Gut, ich will ihn wohl tragen“, sagte der Kleine, „aber was wollen wir dann damit anfangen?“

Sie grübelten und grübelten. Endlich entschlossen sie sich, ein großes Backblech voll Baklavas zu kaufen.

„Nun“, meinte der älteste, „wer wird dies Backblech nach Hause tragen?“ Darüber gab es eine lange Diskussion; zuletzt schlug der jüngste vor: „Laßt es uns abwechselnd tragen, ich nehme es bis zu dem und dem Punkt, der mittlere bis zu jenem, und der älteste kann es dann bis nach Hause bringen“.

Ihr Haus war gegenüber dem Haus des Königs. Als der älteste bis an ihre Hoftür gekommen war, setzte er das Blech nieder und sagte: „Nach der Abmachung sollte ich es bis hierher tragen, von hier an könnt ihr es wieder nehmen“.

Die beiden anderen kamen überein, daß der eine die Tür öffnen und der andere das Blech hineinbringen solle. Sie setzten es mitten auf die Terrasse.

„Wer soll nun aber die Tür schließen?“, fragte der jüngste, „du schließt sie nicht und du auch nicht“. Sie ließen sie offen und saßen um das Blech herum.

Gegenüber von ihrem Haus war – wie gesagt – der Palast des Königs mit dem Zimmer der Königstochter, die krank war und zu Bette lag. Der König hatte alle Ärzte gerufen, aber sie fanden keine Heilung für sie. Als das Mädchen so in ihrem Bett lag, sah sie die drei Faulpelze, die das Backblech nach Hause gebracht und es jetzt mitten auf der Terasse niedergesetzt hatten. Sie beobachtete, was die drei nun wohl tun würden.

Sie hörte, wie der älteste sagte: „Laßt uns hier sitzen, bis wir Appetit bekommen, und dann laßt uns mit Essen anfangen“.

Der mittlere stimmte zu: „Das ist gut, aber es darf niemand reden, bis die Essenszeit gekommen ist“.

Der jüngste meinte: „Wer redet, bekommt kein Essen“.

Während du noch sprichst, mein Mädchen, saßen die drei auf der Erde, schauten den Baklavas an und taten keinen Muck. Die Königstochter war neugierig, setzte sich in ihrem Bett auf und wartete, was nun geschehen würde. Wer würde, nach dem Vertrag, den sie geschlossen hatten, zuerst reden und verkünden, daß die Zeit zum Essen gekommen sei?

Nach einer Weile sieht die Königstochter einen Hund hereinlaufen. Er hält gerade auf das Backblech zu und fängt an, den Baklavas aufzufressen. Die Brüder sitzen alle drei da und hindern ihn in keiner Weise. Als nun der Hund den Kuchen aufgefressen hat und nur noch ein Stück nachgeblieben ist, sagt der älteste zum jüngsten: „Jag ihn fort, du, sonst frißt er uns noch alles auf“.

„Ha, du darfst jetzt nichts essen“, ruft der mittlere, „du hast geredet“.

„Iß du nur“, sagt der erste, „ich will ihn nicht“.

Während sie so redeten, fraß der Hund den letzten Baklavas und zog ab. Die Königstochter, die sie beobachtet hatte, schüttelte sich vor Lachen. Sie lachte ohne Unterbrechung, hielt sich die Seiten und konnte nicht aufhören. Durch das heftige Lachen bekam sie einen Husten und erbrach einen Krebs. Der war die Ursache für all ihre Leiden gewesen. Von dieser Stunde an wurde sie gesund. Als das der König erfuhr, kam er eiligst in das Zimmer seiner Tochter, die ihm die ganze Geschichte erzählte und ihm auch den Krebs zeigte. Der König freute sich sehr, daß seine Tochter geheilt war und befahl, ihm die drei Faulenzer vorzuführen.

Als sie gekommen waren, gab er jedem ein Trinkgeld und erklärte ihnen, wer von den dreien seine Faulheit ablegen und auch die andern beiden zur Arbeit bringen würde, der solle seine Tochter zur Frau haben und sein Schwiegersohn werden, denn sie hätten ihm eine große Wohltat erwiesen.

Der jüngste merkte sich diese Worte, ging am nächsten Tag zum König und bat ihn um Arbeit. Der König ließ ihn die Blumen begießen. Allmählich veranlaßte der Junge auch seine Brüder dazu, ihm zu helfen. Nach kurzer Zeit begossen zwar die Brüder weiter die Blumen, aber der jüngste wurde Einkäufer des Palastes. Und der König verheiratete ihn mit seiner Tochter. Und sie lebten gut und wir noch besser.

Quelle: Diller, Inez: Zypriotische Märchen. Athen 1982, 260–262, Nr. 82.

I. Der Träge und der Faule

Der Träge und der Faule liegen beisammen im Hause. Der Träge sagt: „Wenn mir Äpfel in den Mund herunterhingen, würde ich sie essen". Der Faule sagt: „Wie bist du nicht zu faul, dies auch nur zu denken".

Die Leute hören die Rede das Gespräch des Trägen und des Faulen, brachten die Obrigkeit hin, und man zündete das Haus des Trägen und des Faulen an. Und das Feuer begann den Trägen und den Faulen zu brennen. Der Träge sagt: „Komm – sagt er –, mein Lieber, fliehen wir, wir verbrennen!" Der Faule sagt: „Wie bist du nicht zu faul, diese Worte auch nur zu denken! Und du sagst sogar noch diese Worte!"

Und das Feuer begann die Sohlen des Faulen und des Trägen zu brennen. Der Träge sprang auf, lief hinaus, der Faule blieb dort. Und die Leute gingen hinein, um den Faulen zu holen; sie brachten ihn heraus. Den Trägen begannen sie arbeiten zu lassen, den Faulen erhält die Krone noch jetzt.

Quelle: Fokos-Fuchs, D. R.: Volksdichtung der Komi (Syrjänen). Budapest 1951, 191–192, Nr. 19.

J. Die drei faulen Bettler

Es waren einst drei Bettler, die lagen im Schatten einer Moschee. Sie schliefen so gut, „als ob sie ihre Pferde schon verkauft hätten". Alle drei waren im Dorf für ihre Faulheit bekannt, und keiner konnte sie in dieser Kunst übertreffen. Da kam ein Mann des Wegs und rüttelte die faulen

Schläfer, doch vergebens; es gelang ihm nicht, sie wachzukriegen. Erst als er seinen Beutel – prall gefüllt mit Geld – klingeln ließ, da blinzelte der eine mit den Augen, räkelte der andre sich und setzte sich der dritte auf.

Da sagte der Mann mit dem Beutel voll Geld: „He, ihr Erzfaulen, ich möchte wohl wissen, wer von euch der Faulste ist. Und wer so faul ist, daß ihn kein andrer übertreffen kann, der soll meinen Geldbeutel bekommen."

Ha, da guckten die drei Faulen sich an, gähnten einmal lang und laut, und der erste sprang auf und schrie: „Ich bin der faulste der Faulen", und streckte seinen Arm nach dem Beutel voller Rupien aus. Der zweite hingegen blieb sitzen und sagte: „Gib schon her, der Beutel gehört mir, denn ich bin der Faulste." Der dritte aber, der hielt nur seine Tasche auf.

So gehörte ihm der dicke Beutel voll Geld, da er der faulste der Faulen war.

Quelle: Sheikh-Dilthey, Helmtraut: Märchen aus dem Pandschab. Köln 1976, 218–219, Nr. 75.

Register zur Herkunft der Texte

albanisch (3 e, 8 f)
birmesisch (9 g)
bulgarisch (1 e)
ceylonesisch (1 g)
chilenisch (1 h)
chinesisch von den Hakka (8 g)
estnisch (1 d)
finnisch (5 c, 6 c, 8 d)
französisch (8 e)
griechisch aus Samos (3 f)
indisch (6 i, 9 f)
isländisch (7 c)
italienisch aus Tirol (1 f)
kaukasisch (9 e)
Komi (10 i)
kroatisch (6 f)
ladinisch (5 e)
lappisch (4 f)
lettisch (8 c)
maltesisch (7 f)
marrokkanisch (4 d)
mazedonisch (6 g, 9 d)
norwegisch (1 c)
ostafrikanisch (4 h)
pakistanisch (2 g, 10 j)
persisch (2 f, 5 g)
polnisch (3 d)
portugiesisch (4 e)
provenzalisch (2 d)
russisch (3 c, 7 d)
serbisch (7 e)
sizilianisch (5 f, 6 h)
südwestafrikanisch (9 h)
tschechisch (6 e, 10 f)
tscheremissisch (2 e, 6 d)
türkisch (3 g)
tuwinisch (7 g)
ungarisch (10 g)
usbekisch (2 h)
wallonisch (2 c)
wendisch (4 c, 5 d)
zypriotisch (10 h)